Conspiração contra o Vaticano

Dan Kurzman

Conspiração contra o Vaticano

O plano secreto de Hitler para seqüestrar o papa Pio XII

Tradução:
Vivian Mannheimer

ZAHAR
Jorge Zahar Editor
Rio de Janeiro

Para Florence, minha querida mulher, cuja presença serena ilumina um mundo sombrio e repleto de guerra, ganância e desumanidade.

Título original:
A Special Mission
(Hitler's Secret Plot to Seize the Vatican and Kidnap Pope Pius XII)

Tradução autorizada da primeira edição norte-americana,
publicada em 2007 por Da Capo Press,
um membro do Perseus Books Group, de Cambridge, EUA

Jorge Zahar Editor Ltda.
rua México 31 sobreloja
20031-144 Rio de Janeiro, RJ
tel.: (21) 2108-0808 / fax: (21) 2108-0800
e-mail: jze@zahar.com.br
site: www.zahar.com.br

Projeto gráfico e composição: Leo Boechat
Capa: Sérgio Campante
Ilustração da capa: © Hulton – Deutsch Collection/Corbis/Latinstock
e © Bettmann/Corbis/Latinstock

CIP-Brasil. Catalogação-na-fonte
Sindicato Nacional dos Editores de Livros, RJ.

K98c

Kurzman, Dan,
Conspiração contra o Vaticano (O plano secreto de Hitler para seqüestrar o papa Pio XII) / Dan Kurzman; tradução, Vivian Mannheimer . – Rio de Janeiro: Jorge Zahar Ed., 2008.
il.

Tradução de: A special mission (Hitler's secret plot to seize the Vatican and kidnap pope Pius XII)
Inclui bibliografia
ISBN 978-85-378-0057-7

1. Pio XII, Papa, 1876-1958. 2. Seqüestro político. 3. Holocausto judeu (1939-1945). 4. Igreja Católica – Relações exteriores – Alemanha. 5. Alemanha – Relações exteriores – Igreja Católica. 6. Cidade do Vaticano – Aspectos estratégicos. I. Título.

CDD: 940.548743094634
08-0141 CDU: 94(100)"1939/1945"

Sumário

Apresentação

O plano de Adolf Hitler para seqüestrar – e provavelmente matar – o papa Pio XII e saquear o Vaticano, após a deposição do ditador italiano Benito Mussolini, foi um episódio dos mais importantes e intrigantes da Segunda Guerra Mundial. Até agora, mesmo os mais abrangentes livros de história sobre a guerra pouco comentaram o episódio, e o que foi relatado se refere ao fato como um boato sem grande repercussão.

A conspiração, contudo, realmente ocorreu e teve grandes conseqüências por estar vinculada à ameaça nazista de manter o papa Pio XII calado publicamente, enquanto ocorria a planejada captura dos judeus de Roma. Não importa o que o papa teria feito caso não tivesse sofrido tal pressão, oficiais alemães em Roma que se opunham ao plano do seqüestro lhe deram duas opções: selar os lábios ou o seu destino.

Aparentemente, não há nenhum documento oficial alemão sobre a conspiração, uma vez que Hitler proibiu qualquer registro escrito, mantendo-a tão secreta quanto sua intenção de praticar um genocídio contra os judeus. No entanto, minhas entrevistas com o general nazista encarregado do plano, com outros alemães envolvidos e com oficiais do Vaticano bem conhecidos deixam poucas dúvidas sobre a seriedade da operação, com desdobramentos que mancharam uma parte dramática da história.

Apesar de a ação não ter sido posta em prática, a informação de que era real ajudou não apenas a traçar o destino dos judeus de Roma, cuja presença na Cidade Eterna data da época de César, mas a moldar o comportamento e as decisões do papa, de Hitler e de seus subordinados nos meses que se seguiram à queda de Mussolini em junho de 1943.

Pio XII e Hitler se odiavam. O papa, que alguns anos antes havia se envolvido em um plano para derrubar ou matar o Führer, temia que ele destruísse a Igreja. O Führer, por sua vez, considerando o papa um possível rival na luta do pós-guerra pelo controle de corações e mentes de grande parte da humanidade, temia que Pio XII se manifestasse publicamente contra o genocídio dos judeus, em especial se este ocorresse logo embaixo da janela do pontífice. Dessa forma, Hitler pôs os católicos contra o papa, inclusive os do Exército alemão.

O golpe contra Mussolini trouxe à tona essa hostilidade mútua. Hitler então enviou tropas a Roma, onde poriam em prática o plano contra Pio XII. Alguns oficiais e diplomatas alemães, no entanto, sentindo que o seqüestro seria desastroso para a Alemanha, vislumbraram uma saída: convencer o papa a não se manifestar publicamente contra a deportação dos judeus de Roma. Talvez assim Hitler desistisse do seqüestro.

Por ironia, o homem na liderança da operação para salvar o papa e os judeus fora o escolhido de Hitler para preparar o plano do seqüestro: o general da SS Karl Wolff, líder nazista pouco conhecido, mas com muita influência nos bastidores, que se tornara comandante da SS na Itália após ter liderado a tropa de Heinrich Himmler, o organizador do Holocausto. Wolff, portanto, era o elo entre Himmler e Hitler.

Por razões pessoais, Wolff, que havia sido o responsável por garantir que os vagões abarrotados de judeus chegassem aos campos de extermínio na hora planejada, agora ajudaria a salvar não apenas o papa, mas também os judeus, em uma extraordinária confluência de acontecimentos. Wolff contava com um senso de oportunidade formidável. O general tinha a capacidade de arrancar confidências tanto do Vigário de Cristo quanto do Anticristo.

Entrevistei o general Wolff por muitas horas após ele ter sido libertado de uma cadeia para prisioneiros de guerra, onde estava devido à participação no plano do seqüestro que alegava ter ajudado a frustrar. Wolff não dizia sempre a verdade. Com certeza mentiu quando disse que, na época, não sabia da matança dos judeus, ciente de que uma confissão desse crime o condenaria à forca caso os aliados vencessem a guerra.

No entanto, outros que ajudaram a impedir o plano do seqüestro me ofereceram provas claras que sustentavam o relato de Wolff. Entre eles, Rudolph Rahn, embaixador alemão da República criada por Mussolini no norte da Itália após o *Duce* ter sido deposto de Roma; Albrecht von Kessel, adjunto de Ernst von Weizsäcker, embaixador alemão no Vaticano; e o coronel da SS Eugen Dollmann, o elo entre Wolff e o marechal-de-campo Albert Kesselring, comandante militar supremo na Itália.

Além disso, o padre Peter Gumpel, que, por estar encarregado de estudar a carreira de Pio XII, para determinar se o papa deveria ou não ser beatificado, tinha livre acesso a documentos e testemunhos. Ele me disse que haveria evidências de que Wolff realmente desempenhou o papel alegado. Recolhi informações de centenas de outras pessoas que tomaram parte no episódio ou tinham informações relevantes. Também juntei material de arquivos de Roma, Washington, Londres, Berlim, Munique e de outras cidades alemãs.

Nada neste livro é ficcional e todos os diálogos foram retirados de memórias, diários, depoimentos em tribunais ou entrevistas, como indicado nos agradecimentos e nas notas.

DAN KURZMAN
Roma, 2006

Introdução

Em maio de 1945, à medida que a guerra na Europa se tornava mais branda, as tropas norte-americanas tinham nas mãos um prisioneiro digno de recompensa. General Karl Wolff, o comandante supremo da SS na Itália, não apenas havia se rendido, como também entregue todo o Exército alemão baseado neste país. Agora, esperava ser tratado com a dignidade e deferência que um homem dessa patente merecia. Afinal de contas, agiu mesmo sem a aprovação de seu chefe, Adolf Hitler – que o considerava, como recordava o oficial com orgulho, o tipo ideal de guerreiro ariano.

Wolff fazia jus ao título: cabelo louro meticulosamente penteado para trás deixando à mostra a testa alta, penetrantes olhos azuis com certa pitada de ironia e lábios finos quase sempre curvados em um leve sorriso debochado. Também exalava um charme pessoal que conferiu uma face humana à SS, e até mesmo um toque de glamour boêmio. No entanto, Hitler não era atraído apenas pela personalidade de Wolff. O líder, sobretudo, estava convencido de que o general lhe era completamente fiel.

Embora Wolff devesse sua meteórica carreira ao Führer, há mais de um ano começara a perceber que a Alemanha perderia a guerra. Assim, decidiu que no momento oportuno abandonaria seu protetor para escapar da revanche que certamente o inimigo imporia aos derrotados.

Nunca, nem mesmo em sonho, Wolff imaginava que gozaria da paz e do conforto que tinha como prisioneiro. Com o corpo ágil e ligeiramente curvado, esparramado em uma espreguiçadeira de bambu, ele podia sentir o aroma doce das rosas em um ensolarado terraço do palácio do duque de Pistóia, nas montanhas da cidade italiana de Bolzano. Que maravilha a primavera nos Alpes!

"Aqui é muito mais agradável, Eugenio", disse, com moderado deleite, ao coronel da SS Eugen Dollmann, oficial da Inteligência nazista e companheiro de prisão que o ajudou com as negociações da rendição.

Era então 13 de maio de 1945, o 45º aniversário do general, e que belo presente recebera.

Para Dollmann, contudo, um aristocrata de instintos mais refinados, o dia ainda não havia chegado ao fim. "Sinto", respondeu hesitante, "que esse será o seu último aniversário na ensolarada Itália, Herr general."

Wolff discordou. Os norte-americanos com os quais negociara gostavam dele e confiavam nele. Apenas um dia antes, os agentes do alto escalão da Inteligência norte-americana que o visitaram quase pregaram outra medalha em sua casaca de general da SS, quando ele os levou para um vilarejo vizinho. Lá havia guardado peças de arte de museus de Florença retiradas das mãos dos partisans – pinturas de grandes artistas, como Rafael e Rubens, além de esculturas de Michelangelo e Donatello.

Vejam que "férias" lhe foram dadas. Ao menos pareciam férias, especialmente quando sua mulher, a alta, loura, e reservada Maria, ex-condessa Bernstorff, os chamou para o almoço, enquanto reunia os quatro filhos do casal que brincavam e colhiam flores no jardim.

Oficiais da sua um dia assassina SS, vestidos com uniformes bem passados, vieram dar os parabéns a Wolff e participar de uma festa regada a champanhe e iguarias, enquanto respondiam às saudações de um pelotão que exibia armas como em uma parada militar. Os gritos de "feliz aniversário, Herr general" ecoaram pelo campo repleto de barracas do Exército norte-americano, paradoxalmente erguidas atrás de um arbusto de rosas.

Que festa! Todos estavam extasiados. A Alemanha havia realmente perdido a guerra? Wolff deu "permissão" à 38ª divisão do Quinto Exército dos Estados Unidos* para montar um posto de comando, e os soldados norte-americanos assistiram surpresos aos seus prisioneiros nas ruas, em carros imponentes, confraternizando-se com civis e jantando em restaurantes destinados quase exclusivamente aos soldados alemães. Grupos de 15 ou 20 membros da juventude hitlerista marchavam à noite pelas ruas principais gritando "*Hitler é meu* Führer" e *Horst Wessel Lied***. Até os jornais alemães publicaram o acontecimento por diversos dias. Agora, os homens do general faziam uma alegre festa de aniversário para ele.

---

* Nome dado ao Exército norte-americano encarregado de atuar no Mediterrâneo durante a Segunda Guerra Mundial. (N.T.)

** Hino do Partido Nacional-Socialista, feito por Horst Ludwig Wessel, transformado em herói do movimento nazista. (N.T.)

Aos poucos, contudo, a cantoria de "parabéns" começou a se confundir com o barulho dos tanques que se aproximavam. Antes que as borbulhantes garrafas de champanhe pudessem ser esvaziadas, policiais militares norte-americanos, de capacetes brancos, entraram na sala de jantar, apontaram pistolas automáticas para os convivas e lhes ordenaram que pegassem alguns poucos objetos pessoais e se aprontassem para partir.

Dez dias antes, um comandante norte-americano mandou seus subordinados suspenderem as restrições impostas a Wolff e suas tropas – aparentemente em agradecimento ao general por ele ter ordenado a rendição das tropas alemãs aos aliados na Itália. De acordo com um documento sem data do Escritório de Serviços Estratégicos (OSS, na sigla em inglês) na Suíça, após a rendição, Allen Dulles, chefe do escritório tornou-se responsável pela segurança da família de Wolff, trazendo os pertences e familiares do general da Alemanha para Bolzano, cidade transformada em base alemã. Os Wolff ficariam "retidos no local e mais tarde seriam utilizados para ajudar na reconstrução da Alemanha".

Agora, com os soldados norte-americanos confusos, sem saber quem havia ganhado a guerra, os líderes do Exército dos Estados Unidos finalmente davam uma posição a Wolff e seus homens: a guerra e a festa haviam terminado!

Os dois altos oficiais da SS foram espremidos num jipe. A família de Wolff foi levada para outro e todos seguiram para o campo de Modena, um pântano infestado de mosquitos, onde os prisioneiros eram forçados a se exercitar nus. Wolff ficou chocado. Esperava mais dos norte-americanos.

"A forma como os norte-americanos estão se comportando é lamentável", disse mais tarde a Dollmann.

A decepção do general aumentou quando foi levado para o pátio de uma escola transformada em prisão e "confinado em um cubículo escuro", onde "se ouvia o alvoroço dos ratos correndo por trás da estrutura de madeira podre."

"Muito provavelmente esta será a nossa última noite", observou Wolff. Ele se sentia traído pelos norte-americanos, por ter sido abandonado, apesar de ter se rebaixado em favor deles. "Sinto que vão nos matar."

Desesperado, se aproximou de um oficial norte-americano e desabafou: "Vocês não sabem quem nós somos!"

Provavelmente, foi uma sorte o oficial e seus superiores não terem percebido quem Wolff era: o ex-braço direito do chefe da SS Heinrich Himmler, o maior assassino da história. Wolff sentia, no entanto, que o seu oportuno abandono a Hitler o levaria a cair nas graças do inimigo, mesmo que eles não lhe dessem mais um jardim de rosas.

Wolff e Dollmann não foram mortos. Mais tarde, entretanto, o general relatou os "terríveis incidentes" e "até suicídios de outros prisioneiros" nos campos norte-americanos: "Vi com meus próprios olhos um de meus companheiros ficar louco, verdadeiramente louco."

Enquanto esperava pela morte em uma cela que parecia um palácio se comparada àquelas de quem Wolff "não vira" morrer nos campos de concentração que ajudara a administrar, ele se perguntava também se não estaria enlouquecendo. Será que merecia isso? Não foi ele o responsável pelo fim da guerra na Itália, quem arriscou a vida para frustrar o plano do Führer de seqüestrar o papa Pio XII e saquear o Vaticano?

1.
Prelúdio à loucura

O plano começou a tomar forma quase imediatamente após o ditador italiano Benito Mussolini ter sido deposto do poder em 25 de julho de 1943 pelo rei Vítor Emanuel III e um grupo fascista rival. Hitler estava furioso especialmente com o "amigo dos judeus", o papa Pio XII, a quem acusava de ter estimulado a revolta. Ele havia sido traído por todos eles – e logo no momento em que os aliados ameaçavam invadir a Itália. No dia seguinte, convocou a chefia militar para uma reunião em seu quartel-general perto de Rastenburg, no Leste da Prússia, para decidir como se vingariam de tal humilhação. Entre os convocados estavam os dois principais conselheiros militares de Hitler, os marechais-de-campo Alfred Jodl e Wilhelm Keitel.

A ira do Führer refletia-se na pouca mobília da sala de conferência – uma mesa comprida no centro e nenhuma cadeira. Em uma reunião anterior, o ministro Hermann Göring, responsável pela *Luftwaffe**, foi pego cochilando durante um inflamado discurso de Hitler. Dessa vez, o Führer obrigou os participantes a ficarem de pé. Ninguém dormiria enquanto Roma estivesse em chamas!

Mussolini precisava ser libertado e voltar ao poder, gritou Hitler. O rei e o primeiro-ministro tinham que ser encontrados e presos. Roma deveria se livrar dos inimigos, o que incluía os judeus. Para isso, as tropas alemães teriam que ocupar a cidade.

Alguém perguntou sobre o Vaticano, onde, certamente, muitos judeus estavam escondidos. Seria preciso fechar todas as estradas de acesso ao local?

---

* A Força Aérea alemã. (N.T)

"Irei diretamente ao Vaticano", respondeu Hitler. "Você acha que o Vaticano me preocupa? Vamos ocupá-lo imediatamente! Para mim, é tudo a mesma coisa. A escória está lá. Vamos expulsar aquele bando de porcos. Mais tarde, nos desculpamos."

E acrescentou: "Precisamos destruir o poder do Vaticano, capturar o papa, deportá-lo para a Alemanha e dizer que estamos protegendo-o."

Como seria possível para um rei fraco e covarde depor o poderoso Mussolini – o melhor amigo da Alemanha e o que mais colaborava com o país – sem a ajuda e o estímulo de figuras influentes como o papa, que odiava o *Duce*?

O ódio era profundo e já havia sido demonstrado anteriormente, quando Joseph Müller, conspirador alemão anti-Hitler, me disse ter entregue ao papa documentos que relatavam com detalhes os crimes da SS cometidos na Polônia contra judeus e poloneses. Pio XII mostrou os documentos ao embaixador da Itália na Santa Sé e lhe pediu que contasse a Mussolini sobre os crimes. O *Duce* ficaria zangado com o envolvimento do papa nessas questões, advertiu o embaixador.

Pio XII não se intimidou. Talvez fosse mandado para um campo de concentração, respondeu, mas seria responsável "diante da humanidade" se tais atrocidades acontecessem na Itália e queria que Mussolini soubesse disso. O papa estava preocupado especialmente com a possibilidade de Hitler convencer o *Duce* a enviar as forças fascistas para o Vaticano. O Führer, agora, queria saber mais sobre a aproximação do papa com o embaixador. Também suspeitava que Pio XII havia traçado o plano do golpe – e planejava denunciar o genocídio dos judeus. O papa revelaria ao mundo o maior segredo da SS, e talvez até o povo alemão não entendesse por que tal política era necessária.

Pio XII, sugeriu Hitler, talvez tivesse que ser morto. Enquanto isso, mandou soldados procurarem o rei e seus homens para lhes mostrar o que acontece com os traidores.

Vítor Emanuel III subiu ao trono em 1900 e se tornou um fantoche nas mãos de uma extensa lista de primeiros-ministros. O último foi Mussolini, que o rei trouxera para o poder em 1922 com o objetivo de salvar a corrupta e agonizante monarquia. Desde então, o monarca nunca havia se recusado a assinar um decreto fascista, apesar de suas posições políticas geralmente mais moderadas.

Em 1938, até aprovou, embora relutantemente, as leis anti-semitas dos fascistas e saudou Hitler com pompa e sorrisos em uma visita do Führer a Roma. Apenas após o Grande Conselho Fascista – abalado pela invasão dos aliados à Sicília e pelo primeiro bombardeio em Roma – ter exigido a renúncia de Mussolini no dia 25 de julho, é que o rei tomou coragem para enfrentar o *Duce*.

Naquele dia, vestido em um terno azul-marinho e com olheiras que denunciavam a noite passada em claro, Mussolini entrou na residência real, Villa Savoia, para o encontro mostrando um discreto otimismo, apesar da amargura. Parecia menos insolente que de costume com o nanico de enorme bigode branco, enquanto questionava a legalidade da ação do Grande Conselho. Os olhos azuis do rei, habitualmente inquietos e indiferentes, fixaram-se incansáveis no visitante. O monarca foi franco: "Meu caro *Duce*, a situação não está nada boa. A Itália encontra-se despedaçada. O moral do Exército está muito baixo. Os soldados não querem mais lutar. O voto do Grande Conselho é imbatível. ... Neste momento, você é o homem mais odiado da Itália e não pode contar com mais de um amigo. Mas há um que continua a seu lado: eu. Essa é a razão pela qual digo que não precisa temer por sua segurança pessoal. Eu lhe garanto proteção. Creio que o homem ideal para essa função seja o marechal Badoglio."

Mussolini ficou chocado. Há apenas alguns anos, em 1939, ele havia assinado um pacto de conquistas com Hitler, sonhando com um novo Império Romano, e agora estava sendo expulso por aquele que considerava um rei fraco, traiçoeiro e figurativo.

Vítor Emanuel acompanhou o *Duce* até a entrada do palácio, abriu um meio sorriso e apertou-lhe a mão. Alguns minutos depois, um grupo de policiais agarrou o ditador e o empurrou para uma ambulância. Ele estava preso.

O marechal Pietro Badoglio, o conquistador da Etiópia, foi o próximo convidado do rei – nenhuma surpresa, já que estava sempre tentando se recuperar de alguma derrota. Apesar de as tropas de Badoglio terem sido massacradas na Primeira Guerra Mundial, alguns anos depois ele ressurgiu como chefe do Estado Maior. Em dezembro de 1940, Mussolini o forçou a deixar o Exército após um quase desastre militar na Grécia, no entanto, mais uma vez, ele reapareceu – dessa vez, como primeiro-ministro.

Com o fascismo longe de ser extinto, ao menos formalmente, o mesmo medo e oportunismo que um dia levaram o rei e Badoglio a agradar Mussolini, agora os tornava hesitantes quanto a romper com o Eixo. Garantiram aos alemães que "a guerra continuaria", mas, ao mesmo tempo, nada ingênuos, começavam a negociar um armistício com os aliados.

Diziam não poder negar apoio político ao Eixo até os aliados garantirem que quinze divisões aéreas chegariam para proteger Roma – e eles próprios. Os aliados, por fim, decidiram mandar apenas uma divisão de pára-quedistas a Roma. Ao mesmo tempo, planejavam a aterrissagem de forças norte-americanas em Salerno, no sul do país.

Em 7 de setembro de 1943, um dia antes do marcado para a invasão aérea, Badoglio recebeu a visita, em Roma, de dois norte-americanos, o general-de-brigada Maxwell Taylor e outro oficial. Os dois foram "contrabandeados" para dentro do país por um navio da Marinha italiana e levados para a capital escondidos em uma ambulância. O objetivo deles era estabelecer as condições para a aterrissagem dos pára-quedistas.

De pijama e roupão, Badoglio estava prestes a receber os dois em seu quarto, quando o major-general Giacomo Carboni – cuja tarefa era defender Roma dos alemães – se mostrou chocado com a aparência do primeiro-ministro. Achou a "visão desmoralizante: careca, pescoço comprido enrugado e amarelado, além de olhos vidrados sem sobrancelhas, ... um pássaro depenado esquisito".

"Vossa Excelência", disse o general, "o senhor não pode se apresentar dessa forma a dois oficiais norte-americanos desconhecidos. O senhor continua sendo uma autoridade na Itália. Por favor, vá se lavar e se vista."

Badoglio concordou, mas roupas elegantes não cobririam o medo que sentia. As forças italianas, disse aos norte-americanos, não estavam prontas para garantir a segurança dos três locais onde a divisão aterrissaria. Também não parecia que algum dia estariam prontas. Para Badoglio e seus subordinados, seria muito trágico transformar sua amada Roma, a base de sua fortuna, a fonte de seu poder, a raiz de sua cultura, em um campo de batalhas devastado. Para piorar, qual seria a represália que os alemães lhes imporiam caso a operação falhasse?

"Se eu anunciar o armistício e os norte-americanos não mandarem o reforço necessário e não aterrissarem perto de Roma, os alemães vão ocupar a cidade e colocar no governo um fantoche fascista", disse Badoglio, quase com lágrimas nos olhos, por ainda estar preso às lembranças de uma carreira militar gloriosa.

Segurando o pescoço com as mãos acrescentou: "É a minha garganta que os alemães vão cortar!"

Os aliados, entretanto, procederam como o planejado, insistiram no anúncio do armistício, que deveria coincidir com a aterrissagem em Salerno. Garantiriam, assim, que as tropas italianas não ajudariam os alemães a resistirem à invasão.

Após hesitar, Badoglio falou pelo rádio com voz moderada e triste; confirmou que a Itália havia se rendido aos aliados e pediu ao povo que não resistisse aos vitoriosos, mas sim "a qualquer ataque que viesse de outras partes".

Nas primeiras horas do dia 9 de setembro, Badoglio, temendo por sua vida, acordou o rei e sugeriu que os dois pegassem um avião para a região dos aliados no sul.

"Sou um homem velho", murmurou o monarca. "O que eles podem fazer comigo?"

Não esperou para ver. Vestindo uma capa de chuva leve sobre o uniforme e carregando uma mala velha de fibra, entrou na limusine Fiat, entregando os romanos, que ainda dormiam, à própria sorte.

Um general, então, disse a Badoglio: "Darei algumas ordens antes de partir. Presumo que o senhor queira fazer o mesmo."

Badoglio respondeu: "Não, vou partir agora mesmo."

E ele, também, abandonou os romanos – horas antes de as tropas alemães entrarem na eternamente atormentada Cidade Eterna. Já era tarde demais para capturar os dois renegados líderes italianos antes de eles se jogarem nos braços dos norte-americanos.

Hitler ficaria furioso ao tomar conhecimento da fuga. Porém, sabia ao menos onde encontrar o papa – quando chegasse a hora, mostraria a Pio XII a quem o futuro pertencia.

2.
Wolff na Toca do Lobo

O general Wolff disse-me ter ficado furioso quando o telefone tocou no seu alojamento na Toca do Lobo (*Wolfsschanze*), como era chamado o quartel-general de Hitler, perto de Rastenburg, no Leste da Prússia. Isso foi no início da manhã de 13 de setembro de 1943. Quem o acordaria a essa hora? Uma voz familiar foi a resposta. Heinrich Himmler, chefe da SS, superior do general, gritou no telefone que o Führer queria vê-lo com urgência.

Wolff suspeitava do motivo para tanto. Himmler, secretamente, já o havia informado. Em 10 de setembro, as tropas alemãs entraram em Roma, ponto alto no espetáculo cômico protagonizado pelos esforços do rei e de Badoglio para romperem com o Eixo e se aproximarem dos aliados. Tudo estava em movimento desde 25 de julho, quando Mussolini foi retirado do poder e escondido em uma estação de esqui nos montes Apeninos, a cerca de 160 quilômetros de Roma.

A Inteligência alemã descobriu onde o *Duce* estava preso e no dia 12 de setembro pára-quedistas alemães o levaram de lá; dois dias depois, foi posto em um avião e mandado para o quartel-general do Führer. Após tê-lo recebido de forma calorosa, Hitler prometeu que o colocaria novamente no poder – em uma nova República que compreenderia a maior parte do Norte da Itália.

Wolff sabia que o Führer estava em perigo com a deposição do *Duce* semanas antes e que o líder nazista continuava com sede de vingança contra aqueles que considerava os principais responsáveis, incluindo o papa Pio XII – apesar de não haver nenhuma evidência sobre o seu envolvimento. Karl Wolff sabia também que Hitler tinha a intenção de mandá-lo à Itália para garantir que o ditador liberto continuasse sendo um fantoche fiel e que a "ralé" esquerdista não tomasse as ruas de Roma ou de outras cidades italianas ocupadas.

Himmler deu a entender ainda que Hitler também tinha em mente uma missão especial e secreta para ele e que, Wolff desconfiava, era por isso que o Führer queria vê-lo. Era compreensível que o venerado chefe de Wolff quisesse vê-lo, mas por que tão cedo? Afinal de contas, o general se recuperava de uma doença séria.

No dia em que Mussolini estava para chegar, Wolff se vestiu rapidamente e seguiu por entre os pinheiros que tapavam parcialmente a visão do *bunker* de Hitler. Na sala do Führer, foi cumprimentado por um homem que apesar de cordial mostrava impaciência. De acordo com anotações feitas por Wolff durante e depois do encontro, Hitler, após ter praguejado contra o papa e o "traiçoeiro" rei, e explicado a nova tarefa do general na Itália, deu uma ordem a Wolff: "Tenho uma missão especial para você, Wolff. Não diga nada a ninguém até que eu lhe dê permissão para fazê-lo. Apenas o *Reichsführer* [Himmler] sabe disso. Você está entendendo?"

"Claro, meu Führer."

"Quero que você e suas tropas", prosseguiu Hitler, "ocupem a Cidade do Vaticano o mais rápido possível, confisquem documentos e obras de arte valiosas e levem o papa e a cúria para o norte. Não quero que ele caia nas mãos dos aliados ou fique sujeito às pressões políticas e influência deles. O Vaticano já é um ninho de espiões e o centro da propaganda contra o nacional-socialismo."

"Vou organizar tudo para que o papa seja levado à Alemanha ou ao neutro Liechtenstein, o que dependerá dos desenvolvimentos militares ou políticos. Qual seria o prazo mais curto no qual você poderia cumprir essa missão?"

Atônito, Wolff respondeu que não seria possível dar uma previsão exata, pois a operação levaria tempo. Unidades adicionais da SS deveriam ser transferidas para a Itália, o que incluía algumas vindas do sul do Tirol. Além disso, para assegurar-se da posse de documentos e obras de arte preciosas, deveriam ser encontrados tradutores bem versados em latim, grego, italiano e outras línguas modernas. O mais cedo que poderia começar a operação, concluiu Wolff, seria dentro de quatro a seis semanas.

O olhar de Hitler penetrou ainda mais fundo nos olhos de Wolff. O seqüestro precisava ocorrer enquanto os alemães ainda estivessem ocupando Roma e era possível que eles fossem forçados a partir logo.

"É muito tempo para mim", urrou Hitler. "Corra com os preparativos mais importantes e me mantenha informado dos desdobramentos a cada duas semanas aproximadamente."

Wolff concordou e partiu perturbado. Até aquele momento havia se comprometido, com disposição e orgulho, a atender a qualquer ordem do Führer –

mas seqüestrar o papa? Loucura! Isso poderia pôr toda a Itália e a Igreja católica contra a Alemanha.

Apreensivo, o general planejou ir para Fasano, no Norte da Itália, cidade ao pé dos Alpes, acomodada na beira do lago Garda, a sudeste da vizinha Salò. Ali seria formado o novo governo do *Duce*. Atuar como uma espécie de babá política de Mussolini não se encaixava bem nos planos de carreira de Wolff. No entanto, o general estava certo de que poderia transformar esse retrocesso em triunfo. E se fosse preciso, trairia o Führer.

Wolff sabia que Hitler confiava plenamente nele, em parte porque havia sido bem recomendado por Himmler para a tarefa. Além disso, a reputação anti-semita do general era exemplar. Afinal de contas, havia sido o principal ajudante de Himmler e nunca se esquivara de auxiliar o chefe a lidar com os judeus, tarefa desgastante emocionalmente, mas necessária.

Wolff era tão reconhecido que fora o único a receber o título de "o mais alto líder da SS e da polícia" (*Hochster SS und Polizeiführer*), posição abaixo apenas de Himmler na hierarquia da SS e no mesmo nível de Ernst Kaltenbrunner, chefe do Escritório de Segurança do Reich. O general parecia ser o homem ideal para frear Mussolini, que provavelmente lutaria por mais independência que a permitida pela polícia nazista.

O Führer também estava especialmente irritado com a antiga relutância do *Duce* em tomar atitudes enérgicas contra os judeus. Quando o ministro das Relações Exteriores, Joachim von Ribbentropp, visitou Mussolini em Roma meses antes de ele ser retirado do poder, o ditador recusou-se a falar sobre "o problema dos judeus". Também não apoiava as ações da SS contra os judeus na Itália ou na parte da França ocupada pelos italianos.

A primeira atitude de Wolff diante da repentina ordem do seqüestro foi pensar em uma forma de evitar pô-lo em prática. Estava preocupado não apenas com a reação violenta dos italianos a essa operação, mas também com a sua própria reputação.

Embora Wolff não demonstrasse incômodo por ter seu nome envolvido na deportação e morte de milhões de judeus, temia a possibilidade de ficar para sempre associado ao seqüestro e, possivelmente, assassinato do papa.

Wolff abandonou a fé protestante após entrar para a SS. Sentia que o Partido Nazista era um substituto à altura, ao menos se desejasse subir na vida. O seu conhecimento sobre catolicismo ia apenas um pouco além do que aprendera com as pregações de Himmler contra a Igreja católica. Porém, venerava o poder, e o papa Pio XII – assim como Adolf Hitler – era um dos líderes mais poderosos do mundo e tinha a habilidade de capturar a alma do povo e moldar sua mente. Para o general calculista, os dois homens eram dádivas terrenas. E agora havia recebido de um deles a ordem de destruir o outro.

A missão, porém, poderia ser útil a Wolff – caso pudesse sabotá-la e obter a gratidão do papa. Isso seria realmente útil, se o pior acontecesse e a Alemanha perdesse a guerra. Uma bênção de Sua Santidade por salvar sua vida talvez pudesse salvar-lhe a própria. Tendo atingido uma posição de destaque em um universo criminoso, sem qualquer preocupação com a vida humana, Wolff começou a sentir que apenas um oportunismo extremo poderia fazê-lo escapar da responsabilidade quando caísse nas mãos dos inimigos. E quem mais precisava tanto de uma oportunidade para escapar da forca que o principal ajudante do maior genocida da história? Agora, nessa missão especial para seqüestrar o papa, ele percebeu uma oportunidade única.

Wolff tentaria adiar, ou mesmo sabotar, o plano do seqüestro. Enfrentava, contudo, um dilema que poderia ser fatal. Caso Hitler suspeitasse da desobediência, arquitetaria uma vingança que faria com que morrer na forca inimiga parecesse um fim agradável. No entanto, o medo que sentia do Führer se misturava ao sentimento de culpa por desobedecer às suas ordens. O encantamento de Wolff por Hitler ficou evidente em uma carta que o general escreveu para a sua mãe em 1939, dizendo que "era maravilhoso [trabalhar] tão perto do Führer".

Embora, aparentemente, apenas Wolff e Himmler – e talvez Martin Bormann, o poderoso secretário e confidente de Hitler – soubessem da ordem do Führer, outros nazistas do alto escalão estavam cientes do que Hitler tinha em mente, em especial após a reunião de seus chefes militares no dia 26 de julho.

No dia seguinte à reunião, Joseph Goebbels, que, como ministro da Propaganda, acreditava que o seqüestro do papa seria ruim para a imagem da Alemanha, tanto interna quanto externamente, escreveu no diário que ele e Ribbentropp haviam tentado convencer o Führer a desistir da idéia. Mas agora Wolff sabia que, na realidade, Hitler não havia desistido.

O principal problema do general era o pouco tempo dado por Hitler para a elaboração do plano. Por que Hitler estava com tanta pressa para implementá-lo? Será que um dos motivos era o desejo de se livrar do papa antes que Pio XII visse da janela os judeus amontoados nos vagões e se sentisse obrigado a se pronunciar contra as mortes em massa? E mesmo que o papa se mantivesse calado, será que Hitler tinha medo de que Pio XII se pronunciasse caso os aliados chegassem a Roma e exercessem "influência e pressão" sobre o pontífice para que ele assim o fizesse?

Quando lhe fiz essas perguntas, Wolff ficou visivelmente perturbado. Respondeu que, evidentemente, Hitler odiava os judeus e os mandava para os campos de concentração sempre temendo os protestos do papa.

O general, contudo, logo acrescentou: "Você precisa entender que o meu trabalho para Himmler era meramente administrativo e eu não sabia do assassinato dos judeus. Só soube disso após a guerra."

Em 1947, durante o Julgamento de Nuremberg, Wolff disse algo semelhante ao promotor: "Lamento ter que confirmar que hoje sou da opinião de que o extermínio foi perpetrado sem o nosso conhecimento."

O general referia-se à "grande maioria" dos homens da SS, os quais, como disse, eram a verdadeira "elite" do Exército alemão. O general continuou agarrado a esse argumento mesmo após o promotor ter lido cartas trocadas entre ele e o ministro dos Transportes do Reich. Em resposta a um relatório do ministro sobre o transporte de judeus para o campo de concentração de Treblinka, Wolff escreveu:

> Muito obrigado também em nome do *Reichsführer* SS por sua carta do dia 28 de julho de 1942. Em especial, fiquei contente de saber que há 15 dias já existe um trem diário levando cinco mil membros do Povo Escolhido a Treblinka. ... Contatei os departamentos que me cabem para garantir o bom funcionamento de todo o processo.

Wolff admitiu, após "terem-no refrescado a memória", que estava "envolvido com esse tipo de procedimento". No entanto, acrescentou:

> Após tantos anos, é absolutamente impossível lembrar com precisão de cada carta que um dia já passou por minha mesa, e posso também dizer que esse era o

> procedimento habitual ... [A carta] referia-se apenas ao fluxo normal dos meios de transporte, ao fluxo normal de pessoas.... Realmente não consigo identificar nada que possa ser considerado criminoso.

E quanto à referência ao "Povo Escolhido", "os próprios judeus, orgulhosamente, se definem dessa forma".

"Por que cinco mil judeus eram mandados para Treblinka todos os dias?", insistiu o promotor.

"Nao sei", respondeu Wolff, "mas isso era feito com a ordem do *Reichsführer* [Himmler]."

"Bem, hoje você não diria", perguntou o promotor, "que Himmler era um desses da elite que melhor representava os alemães, vai?"

A pergunta parece ter pego Wolff de surpresa, talvez por ele nunca tê-la feito a si mesmo com medo de que a resposta pudesse destruir a imoral ilusão de glória e grandiosidade que impedia sua consciência de reconhecer o mal.

"Não", respondeu Wolff nervoso, "por mais que quisesse, hoje não diria isso."

3.
Os conspiradores

Não surpreende que Wolff gostaria de ter dado aquela resposta, já que há muitos anos era próximo de Himmler. Ambos nasceram em 1900, mas o general, nomeado seu ajudante logo após a subida dos nazistas ao poder, o tratava quase como pai. Devido ao seu charme irreverente, Wolff atuava mais no campo diplomático que no da ação. Portanto, não ameaçava a posição do chefe. Embora os dois homens tivessem algumas características comuns, especialmente uma grande ambição, e o fato de um se utilizar dos pontos fortes do outro para avançar em sua própria carreira, as duas personalidades não poderiam ser mais díspares.

Desde a infância, Himmler, o filho de um professor primário com sonhos grandiosos de ascender socialmente por um dia ter sido o tutor de um príncipe provincial, era solitário, sisudo, feio e repulsivo. Tinha um queixo retraído e olhos azuis acinzentados, como bolas de gude, escondidos atrás de grossos óculos pincenê. Enfim, um renegado social rejeitado pelos colegas de classe porque os dedurava por qualquer descumprimento de regras.

Himmler era um ultranacionalista fanático que desejava o poder para suprir suas necessidades psicológicas a qualquer custo, até mesmo ao custo moral do genocídio. Aderiu com entusiasmo à ideologia de Hitler, que pregava um sangue alemão e europeu puros, livre da contaminação judaica. Teria, contudo, preferido expulsar os judeus por meio da emigração forçada.

Himmler, no entanto, foi movido por um frio oportunismo, quando Hitler exigiu-lhe que se encarregasse do genocídio. Com a esperança de um dia substituir o Führer na liderança de um imenso império que se estenderia até os confins da Ásia, Himmler, relutante, se transformou em um assassino em massa. O igualmente oportunista Wolff seguiu o mesmo caminho demoníaco, o qual acreditava ser uma catapulta para o centro do poder. Realmente, quando tudo indicava que a Alemanha perderia a guerra, os dois homens passaram a considerar a possibilidade de um golpe para acelerar suas próprias ascensões.

Pressionado pelo pai a ascender socialmente, como o próprio havia feito, Himmler tentava compensar suas inaptidões físicas e de relacionamento. Estava, entretanto, mais interessado em se vingar da sociedade do que em obter sua aprovação. Para ele, a sociedade era um grande amontoado de seres hostis que o humilharam no passado e que provavelmente seguiriam fazendo o mesmo no futuro.

Já Wolff levava uma vida prosaica após ter servido heroicamente na Primeira Guerra Mundial, e desejava mais uma vez circular pelas salas do poder e da glória com lustrosas botas negras, o peito reluzente de medalhas e cercado por mulheres boquiabertas de admiração. De qualquer modo, para entender a personalidade de Wolff e o papel por ele representado na história é preciso entender Himmler.

No início da década de 1920, Himmler tentou entrar para o Exército. Dessa forma, poderia provar sua masculinidade para a família, para todos que o conheciam e para si mesmo. Queria também enfrentar os inimigos que humilharam a Alemanha na Primeira Guerra Mundial. Também combateria seus inimigos internos, especialmente os judeus, os quais, para ele, eram a personificação de todos aqueles que o desvalorizaram no passado (embora não conhecesse nenhum judeu pessoalmente). Contudo, devido à aparência ingrata e pouco saudável e à conversa inconsistente, conseguiu apenas os familiares olhares de desdém e o rótulo de "inadequado" nos diversos escritórios de recrutamento que procurou. Em 1925, porém, quando Hitler aceitou Himmler em seu clandestino Partido Nazista, o novo membro passou a se deliciar com a possibilidade de participar de brigas de rua com gangues rivais ou simplesmente jogar pedras nos judeus.

Himmler foi aparentemente estimulado a tomar esse tipo de atitude agressiva após ter estudado a vida de Tomás de Torquemada, o inquisidor-geral da Espanha no século XV. Torquemada expulsou os judeus e confiscou sua riqueza, agindo em nome da Igreja. Esse seria um bom exemplo a ser seguido – em nome de um deus vivo, Adolf Hitler, uma das poucas pessoas que haviam tolerado a sua repulsiva presença.

Himmler parecia ser a melhor opção para liderar a *Schutzstaffel*, ou SS, originalmente um seleto grupo de guarda-costas escolhidos para proteger Hitler e outros líderes nazistas. Ao assumi-la em 1929, Himmler a transformou em uma tropa de elite com objetivos raciais. Fundou o *Sicherheitsdienst*, ou SD, serviço de Inteligência exclusivo da SS. Sob o comando da SS, o setor acabou se juntando à polícia secreta do governo, ou Gestapo, formando o escritório de segurança do Reich.

Quando o Führer chegou ao poder em 1933, o feioso solitário se tornou o "inquisidor-geral" moderno, dirigindo a ordem de elite dos "cabeças de caveira"*, cujos capangas de uniforme preto se tornariam a nova classe dominante da Alemanha. Milhões de judeus e de outros "inimigos do Estado" dependiam da compaixão de Himmler.

Será que teria compaixão para com eles? Talvez tivesse percebido que Torquemada, apesar de ter expulsado os judeus de seu país, não recorreu ao genocídio. Himmler também não o faria. Roubaria a riqueza deles e os mandaria embora da Alemanha, mas assassinatos em massa? Não era louco.

Segundo o médico de Himmler, o finlandês Felix Kersten, que se tornou o confidente do chefe da SS ao tratar de suas crônicas dores de cabeça e de estômago, o paciente havia lhe dito:

"*Ach*, Kersten, nunca quis destruir os judeus. ... Extermínio é um negócio sujo. ... [Mas] há alguns anos, o Führer me deu ordens para livrar-me (deles). ... Comecei de novo e até puni os excessos cometidos pelo meu pessoal. ... Em 1938, Roosevelt perguntou sobre nossas intenções em relação aos judeus. Contamos a ele a nossa intenção: tirar todos os judeus da Alemanha. ... Pedimos o apoio de Roosevelt para executar o projeto. Nunca recebemos resposta. ... Em 1934, propus ao Führer que desse aos judeus um grande território e os deixasse formar um Estado independente no local. Eu queria ajudá-los. Perguntamos a diversos países, mas ninguém queria receber os judeus."

Pensava ele na Palestina?, perguntou Kersten.

"Não, Madagáscar, uma ilha com solo bom e um clima que seria adequado aos judeus. ... Poderíamos ter feito uma conferência internacional para discutir a questão com a França (a dona da ilha), mas os acontecimentos tomaram outro rumo. Por fim, veio a guerra e, com ela, as circunstâncias que selaram o destino dos judeus."

Aparentemente, Franklin D. Roosevelt recebeu e considerou o pedido, que também foi feito a Winston Churchill. Um funcionário britânico contatou o secretário de Estado Cordell Hull, em 20 de fevereiro de 1943, sobre as

* Referência à caveira, símbolo da SS. (N.T.)

possíveis maneiras de resgatar os judeus: "Lembro-me de que antes da guerra havia a idéia de fazer de Madagáscar um lar para os oprimidos judeus, ... [mas] a área não parecia ser adequada em termos de clima e, se possível, receberia outros grupos de refugiados. Além disso, o sistema de transportes apresentava grandes problemas."

Não está claro se Hitler realmente tinha a intenção de enviar os judeus para Madagáscar, mas, após o início da guerra, mandou Himmler organizar o extermínio do povo. Caso quisesse ascender na hierarquia nazista, o chefe da SS não podia descumprir uma ordem. Não fazia sentido pôr em risco o próprio futuro, e possivelmente o pescoço, para salvar uma gente que de qualquer forma desprezava.

Além disso, racionalizou, havia uma certa lógica em exterminá-los. O Führer exigia que toda a Alemanha e áreas controladas pelo país se livrassem dos judeus a fim de assegurar a pureza e o predomínio da raça ariana, mas como nenhum outro país os receberia, que outra opção lhes restava senão o genocídio? Por mais que tentasse, no entanto, tal racionalidade não era suficiente para acabar com a tristeza que sentia diante da ordem de Hitler.

Kersten disse mais tarde ter dado bons conselhos a Himmler: "Ele continuava a ter uma chance de se sair bem perante a história: se mostrar benevolente com os judeus e outras vítimas dos campos de concentração – caso, realmente, não concordasse com a determinação de Hitler para exterminá-los. Poderia simplesmente esquecer algumas das ordens e não cumpri-las."

"Talvez você esteja certo, Herr Kersten", respondeu Himmler, acrescentando que, no entanto, "o Führer nunca o perdoaria e imediatamente ordenaria seu enforcamento".

Essa resposta sugeria não apenas uma lealdade interesseira para com Hitler, mas também medo, sentimento geralmente não compartilhado por aqueles nazistas fanáticos prontos para morrer pelo líder ou com o líder se isso fosse necessário – em um outro momento disse que obedeceria a qualquer ordem de Hitler, mesmo o suicídio. De qualquer modo, agora, precisava matar os judeus. Quando Kersten "implorou a Himmler que desistisse da idéia", abalado, o chefe da SS se lembrou de um precedente. Os norte-americanos não exterminaram os índios?

"É a maldição da grandeza", disse, "precisarmos pisar sobre os mortos para gerar vida nova. Já que precisamos gerar vida nova, devemos limpar o solo ou este nunca nos dará frutos. Esse será um fardo que terei de carregar."

Com Wolff ao lado, compartilhando a opinião oportunista de seu chefe sobre a decisão criminosa mais racionalizada da História, Himmler fez um pacto com o diabo. Não podia pôr em xeque sua lealdade se comprometendo com alguma questão moral. Tinha que optar entre se recolher na obscuridade, talvez no túmulo, ou obedecer ao pé da letra cada ordem de seu mestre. O Führer não perdoaria qualquer vacilo. Como poderia, de forma mais efetiva, provar sua lealdade – e traçar seu caminho em direção ao topo – senão com um programa para matar todos os judeus que pudesse na Alemanha e, quem sabe um dia, na Europa?

Tomada a decisão, Himmler viria a perceber que quanto mais pessoas fossem massacradas, mais fácil seria a tarefa. Transformar humanos em subumanos, que podiam ser esmagados como vermes, logo se tornou um processo cotidiano em sua mente, se não em sua consciência, e parece ter se convertido na dor física quase insuportável que o atormentava com freqüência.

Karl Wolff, aparentemente, nunca sentiu tal dor. Determinou a si mesmo que sua responsabilidade não era dar ordens, mas segui-las e, por vezes, recomendar nomeações ou outras questões mundanas. Por que pensar sobre o que acontecia quando os trens programados por ele para levar uma carga de cerca de trezentos mil seres humanos chegavam ao destino final?

Ou sobre o que tinha acontecido com as centenas de civis tchecos, cujas prisões foram organizadas por ele após o assassinato de Reinhard Heydrich, o principal adjunto de Himmler, perto de Praga em junho de 1942? Operação essa que implicou o assassinato de todos os homens de Lídice e a deportação de todas as mulheres e crianças que viviam no vilarejo.

Ele nada sabia sobre o assassinato de nenhuma dessas pessoas. Wolff disse, no entanto, que uma vez testemunhou um massacre na companhia de Himmler. Em julho de 1941, viu mais de cem judeus morrerem a tiros após a tomada de Minsk, quando os alemães invadiram a União Soviética. Como o oficial alemão Erich von dem Bach-Zelewsky, que estava presente, declarou após a guerra que Wolff também havia visto o massacre, o general, sob juramento, fora forçado a admitir que era verdade, apesar de ter feito sua participação parecer menor. Em 1958, como testemunha no julgamento do comandante de operações, deu o seguinte depoimento:

> Embora tenha sido apenas um mero espectador, essa execução foi uma experiência chocante, da qual, provavelmente, nunca esquecerei. Os que seriam

> mortos foram levados de caminhão até o local da execução, em uma floresta vizinha. Assim que chegamos ao lugar, dois buracos foram cavados. … Os delinqüentes foram levados até o buraco em grupos de oito a dez pessoas. Tinham que descer pelo buraco e se deitar, de barriga para baixo. O executor atirava e, então, era trazido o próximo grupo. … Esse grupo também precisava descer pelo buraco e se deitar sobre as barrigas uns dos outros.
>
> Os corpos do grupo anterior não foram sequer enterrados ou cobertos. As pessoas que agora estavam sendo executadas eram obrigadas a se deitar diretamente sobre os cadáveres. Isso se repetiu até que o buraco estivesse quase cheio e os delinqüentes que restaram foram executados da mesma maneira no outro buraco. Hoje, posso apenas dizer que fiquei enjoado e precisei me virar de costas para não ver essa execução horrível.

Wolff esquecera de dizer que os "delinqüentes" em questão eram judeus inocentes. Argumentou que Himmler tinha lhe dito que eram partisans e, portanto, podiam ser executados legalmente.

Caso Wolff estivesse no lugar de Himmler, tentando agradar o Führer tanto como ele, Wolff, tentava agradar Himmler, será que não teria dado as mesmas ordens? Essa era uma pergunta que Wolff, aparentemente, nunca se fizera. Quem sabe a guerra tomasse outro rumo e o cenário político se transformasse? Por que se atormentar com uma situação hipotética?

❖ ❖ ❖

Às vezes pressionado por Wolff, Himmler se arriscava a desafiar a ideologia com certa compaixão, fosse a pedido de amigos ou, aparentemente, para provar a si mesmo que era um homem piedoso e não a personificação do demônio. Com efeito, se inserido em um outro contexto que não o do genocídio, despido de seu intimidante uniforme da SS, parecia um homem recluso, até mesmo sentimental em relação à família e em uma multidão poderia se fazer passar por um professor primário do interior como o pai.

Como fazendeiro dedicado, a maior felicidade de Himmler era fazer experimentações com plantas e flores. Inventava formas de desenvolver as melhores espécies. Às vezes, Himmler fazia Wolff esquecer que era, de fato, o aprendiz do diabo, de tão gentil e cortês que ele podia ser com muitos, inclusive com um seleto grupo de judeus, mesmo com o monstro dentro dele mandando milhões de outros para uma morte terrível. Embora muitos deles fossem crianças, era apaixonado por uma criança em especial: Bubi, o filho mais novo de Wolff. Uma carta que recebeu em 1937 de Frieda, a mulher do general, dizia o seguinte:

> Você me deixou tão contente ao felicitar meu Bubi em seu aniversário. O ursinho de pelúcia é uma verdadeira beleza e Bubi abriu um imenso sorriso quando lhe entreguei o lindo brinquedo. Aceite, por favor, minha gratidão mais sincera. Lembranças também a sua querida mulher. '*Heil*, Hitler.' Grata, Frieda Wolff.

Às vezes, Wolff achava que a gentileza de Himmler chegava a ser um exagero. Certa vez, o chefe da SS recusou uma oferta para ser ministro da Guerra, trabalho que o tornaria superior ao general-de-campo Keitel.

Por que você recusou um cargo tão importante?, perguntou-lhe Wolff.

"Ele sempre foi tão decente", Himmler respondeu. "Eu teria lhe tomado o cargo!"

Outro que teria se beneficiado da notória compaixão de Himmler foi o médico de sua mãe. Embora fosse meio-judeu, tinha a permissão de continuar ao lado dela em qualquer lugar. Como botânico, recebeu grandes quantias da SS para experiências agrícolas. Ironicamente, tendo em vista a sua raça, o doutor estava trabalhando no desenvolvimento de uma fórmula para exterminar todas as pestes do campo, um esforço que, sem dúvida, para a diversão de Himmler, se transformou brutalmente na maior empreitada genocida do líder da SS.

Em outro momento, Himmler, com o apoio de Wolff, aceitou o pedido de um médico da SS para usar os "criminosos" dos campos de concentração em experiências em grandes altitudes e de congelamento humano. Em 13 de novembro de 1942, Himmler escreveu para um oficial de alto escalão envolvido com questões médicas:

> O senhor deve se lembrar de que, por meio do general Wolff, recomendei para sua consideração o trabalho de um certo Führer da SS. ... Essas pesquisas examinarão o comportamento do organismo humano em grandes altitudes, as manifestações causadas pelo esfriamento prolongado do corpo em água fria e outras questões semelhantes. São de vital importância, especialmente, para a Força Aérea e podem ser desempenhadas por nós com grande eficiência porque assumo pessoalmente a responsabilidade em fornecer para essas experiências indivíduos associais e criminosos dos campos de concentração, que não merecem nada além da morte.

Afinal de contas, em breve, eles morreriam de qualquer forma nas câmaras de gás.

Uma das experiências recriava a situação de uma queda livre "sem oxigênio a uma altura de dezesseis quilômetros levada à frente por um judeu de 37 anos, em boas condições". O relatório do médico concluiu:

> Após quatro minutos, [o homem] começou a transpirar e a torcer a cabeça; após cinco minutos, vieram as cólicas; entre seis e dez minutos, a velocidade da respiração se acelerou e o homem ficou inconsciente; de onze a trinta minutos, a respiração caiu para três inspirações por minuto; e, por fim, tudo parou de funcionar ao mesmo tempo.

Outros cientistas protestaram, alegando que as experiências não eram científicas. Um professor declarou: "Se um estudante do segundo período se atrevesse a me entregar um estudo desse tipo, eu o expulsaria!" E o marechal-de-campo da *Luftwaffe* Erhard Milch escreveu a Wolff em 20 de maio de 1942:

> Querido Wolffy,
>
> Nosso inspetor médico veio me dizer que o prosseguimento de qualquer um desses experimentos nos parece fundamentalmente absurdo.

Himmler e Wolff podiam agora tranqüilizar a consciência. O líder da SS escreveu para o médico-cientista:

> Considerando a longa e continuada ação do coração, as experiências devem, especificamente, ser exploradas de tal forma a determinar se esses homens devem ser devolvidos à vida. Evidentemente, caso a experiência seja bem-sucedida, a pessoa condenada à morte deve ser perdoada do campo de concentração e entregue à vida.

Um verdadeiro ato de misericórdia.

* * *

Tanto Himmler quanto Wolff não deixaram de nutrir simpatia por alguns homens da SS que para o próprio horror descobriram ter sangue judaico. Himmler escreveu a um desses homens:

> Consigo imaginar sua situação e sentimentos. Uma vez que nosso sangue faz diferença, estipulei que o final da Guerra dos Trinta Anos (1648) será o dia a partir do qual cada um de nós deve certificar-se de sua ancestralidade. Se algum homem tiver qualquer sangue judaico após essa data, deve deixar a SS. ... Ao dizer tudo isso a você, espero que entenda o grande sacrifício que lhe estou impondo. No fundo do coração, você ainda é um de nós. Pode continuar se sentindo um homem da SS.

Em outras palavras, um homem que iria massacrar seus semelhantes judeus.

Outro teve mais sorte; foi-lhe dada a oportunidade de fazê-lo. Na realidade, Himmler e Wolff estavam mais do que felizes em serem piedosos com esse homem. Era ele Reinhard Heydrich, o comandante adjunto da SS assassinado na Tchecoslováquia. Sua avó era judia. (Diziam que Heydrich lhe havia feito uma lápide nova omitindo o nome dela, Sarah.) Em uma conversa com outros prisioneiros após a guerra, gravada secretamente, em uma cadeia britânica, Wolff disse que "a amizade entre ele e Heydrich era um dos pilares da SS original". Tentando provar que era leal a Hitler, apesar de ter "sangue ruim", Heydrich fiscalizava os campos de morte com mais zelo e eficiência que o chefe. Era um judeu que valia ser mantido vivo e após o assassinato valia ser honrado – como com o terrível massacre no vilarejo de Lídice que se seguiu às prisões, vingativamente supervisionadas por Wolff, de centenas de pessoas.

* * *

Se Wolff desejava que os momentos de piedade, encenações ou não, humanizassem o chefe – e a ele próprio –, às vezes a decepção era evidente. Certa vez, por exemplo, estavam inspecionando uma fileira de prisioneiras no campo de concentração de Dachau quando Himmler parou em frente a uma jovem, e para ajudá-la fez o seguinte comentário: "Veja, Wolff, ela tem cabelo louro, é do tipo ariano." E se voltou para a jovem: "Ordenarei, imediatamente, a sua liberação se você assinar um documento reconhecendo sua herança ariana."

Se era mesmo ariana, não parecia fazer muita diferença.

Ela parecia ariana, não parecia? Diante do silêncio da moça, Himmler gritou: "Tirem-na daqui!" Um judeu nunca valoriza a generosidade de ninguém! Enquanto Himmler e Wolff continuavam com a inspeção, a jovem foi levada para a execução, embora Wolff, aparentemente, nunca tenha perguntado o que acontecera com a moça. Ele não queria saber.

Como principal confidente de Himmler em qualquer situação, Wolff sabia claramente dos dilemas morais do chefe e se identificava com eles. O homem podia ser pérfido, é verdade, até mesmo cruel, mas será que ao propor apenas a deportação dos judeus para outro lugar o chefe não estava mostrando um lado benevolente? Como a escolha era "forçada", por que pensar sobre o que acontecia quando os vagões abarrotados de seres de carne e osso chegavam ao destino final?

Diferentemente do chefe, Wolff não era um anti-semita fanático. Com efeito, correndo sérios riscos, ajudou a salvar diversos judeus fadados ao campo de concentração. Aparentemente, tais episódios de piedade eram movidos pela sensação de que fazer boas ações de vez em quando, sejam elas relacionadas a judeus ou a outros, iria compensá-lo moralmente pelo envolvimento pragmático em ações demoníacas de conseqüências muito maiores. Dessa forma, aliviava a tensão de sua mente calculadamente submissa.

Em determinada ocasião, quando Adolf Eichmann, o responsável pela divisão nazista encarregada dos judeus, se recusou a resgatar dois médicos judeus, o general usou sua autoridade e o obrigou a obedecer, perguntando com agressividade: "Você sabe com quem está falando?"

Eichmann, então, se atreveu a comprar uma briga com Wolff, mas Himmler, acreditando que somente ele próprio tinha o direito de agir com piedade, acabou com a briga – e, provavelmente, rejeitou o ato misericordioso de Wolff –, deixando o general exposto ao título de "amigo dos judeus".

Em outra ocasião, o chefe da Gestapo, Heinrich Müller, acusou Wolff de "estar se relacionando com uma judia" – acusação que poderia levar alguém menos graduado à prisão. Na verdade, a "judia" em questão era uma velha amiga da família de Wolff, e o general a abandonou apenas quando o futuro dele passou a ser ameaçado.

Wolff também ajudou a salvar, em especial, um judeu renomado. Quando Wolff e Himmler acompanhavam suas tropas em Viena, durante a ocupação nazista da Áustria, viam do carro os homens da SS capturando judeus e os obrigando a limpar as ruas e a lavar carros e caminhões com um ácido que queimava seriamente as mãos, um prelúdio à deportação. Entretanto, em um hotel, encontraram um judeu que tratariam de forma diferente – o barão Louis von Rothschild, que seria considerado por Hitler um daqueles judeus super-ricos e elitistas que desejavam controlar o mundo.

A SS já o havia humilhado ao proibi-lo de fazer a barba e ao publicar uma foto sua, retratando uma "aparência de criminoso". No entanto, quando Wolff chegou, provavelmente a pedido de Himmler, o tratou bem e até perguntou se ele tinha alguma reclamação. Rothschild não tinha, tampouco Himmler. Em vez de ser deportado, o prisioneiro foi liberado – após ter concordado em dar uma boa quantia em dinheiro para financiar a viagem de milhares de judeus para outros países, segundo disse Wolff.

O general, como muitos alemães, achava que os judeus haviam sido influentes demais na economia da Alemanha e do mundo – pensamento comum e invejoso que claramente influenciava a atitude em relação a este povo. Vindo de uma família de classe média alta, Wolff aspirava ao topo da pirâmide social, ao tomar gosto em Darmstadt, sua cidade natal, pela boa-vida da elite, com seus vinhos, mulheres e nobres. Sentia-se superior, em termos sociais e raciais, tanto em relação aos que apodreciam nos guetos quanto aos que se exaltavam nas salas de reuniões. Por ter conseguido subir bastante na escala social graças ao Partido Nazista, não se sentia ameaçado pelos judeus, diferentemente de muitos de seus companheiros.

O problema era que para chegar ao topo precisava seguir as normas raciais nazistas. Não era racista quando entrou para o partido. O que o atraiu foi o brilho, o fervor nacionalista e a oportunidade única de conseguir poder e prestígio. Aos poucos, entretanto, a doutrina de superioridade racial da elite da SS foi se misturando à visão que tinha sobre a diferença de classes, substituindo os comunistas, agora sem qualquer poder, como uma ameaça a seus valores sociais. De qualquer modo, o racismo era uma condição absoluta para a liderança nazista.

Mesmo que raça fosse um conceito importante, não significava que os judeus deveriam ser mortos. Tudo bem, se fosse necessário, Wolff ajudaria a tirá-los do país, mas matá-los? O seu instinto e o seu senso de honra militar rebelaram-se. Mas ele teve escolha? Assim como Himmler, ele se questionou se valia a pena sacrificar seu futuro pelos judeus, embora, diferentemente do chefe, não os odiasse. Na verdade, até se relacionava com alguns. Assim, tentaria não vê-los morrer ou mesmo acreditar no que sabia estar acontecendo.

Se Wolff fosse um anti-semita ferrenho e sangüinário, acharia seu trabalho infinitamente mais fácil. Apenas mataria todos sem qualquer crise de consciência. Wolff, no entanto, desenvolveu uma forma de programar o cérebro para lidar com "a questão dos judeus" de duas formas contraditórias, uma intelectual e outra psicológica, a fim de aliviar o sentimento de culpa.

Sim, Hitler estaria indo longe demais, caso algum dia tivesse de fato ordenado a destruição dos judeus. Até onde Wolff sabia – e ele não queria saber mais –, os judeus estavam sendo confinados em campos semelhantes às reservas indígenas dos Estados Unidos, como teria dito mais tarde em um tribunal de guerra. Sabia obviamente que isso não era verdade, já que havia testemunhado pelo menos um massacre. No entanto, parecia ter apagado todos esses episódios da memória.

Por outro lado, quando possível, salvaria alguns judeus da deportação e até os trataria com cordialidade. Cada um tinha um rosto, com olhos assombrados, refletindo almas torturadas. Eram criaturas que, de repente, passaram a aparecer em suas organizadas listas de transporte. Surpreendentemente, eram seres humanos como ele, embora inferiores por natureza.

Quando apinhados nos vagões de gado, entretanto, os judeus perdiam a identidade humana e, repentinamente, se reduziam a seres sem face, meras estatísticas a serem arquivadas, exatamente como o gado que antes embarcava nesses vagões para o abatedouro. Não nutria pelos judeus um ódio maior do que pelos bois. Como poderia justificar o assassinato em massa senão transformando as vítimas em gado? Essa aptidão para a denegação lhe rendeu uma imensa sensação de poder, especialmente o poder de escolher entre quem viveria e quem morreria.

O chefe de Wolff, Himmler, também participava desse jogo selvagem e psicodinâmico, mas, em relação à morte dos judeus, cada um traía Hitler tendo em mente prioridades diferentes. Wolff optou por salvar principalmente judeus conhecidos e amigos de amigos, mas Himmler, de forma mais superficial, favorecia os louros de olhos azuis, aqueles que seriam aprovados em uma inspeção ideológica. O chefe da SS foi o responsável pelo assassinato de todos com inacreditável zelo, com exceção de alguns poucos beneficiados. Era movido por uma ambição ainda mais forte que a ideologia e que simplesmente se sobrepunha à consciência.

Por mais que viessem a surgir conflitos entre os dois homens da SS, eles estavam unidos para sempre pela culpa que envenenava suas almas por esse crime contra a humanidade, mas cada um tinha um jeito próprio de se adaptar à filosofia nazista extremada de Hitler. Wolff ficou triste quando determinaram que seus dois filhos tinham características não-arianas, o que automaticamente os impedia de entrar para a SS. Em 1939, antes de a Solução Final ter sido posta em prática, escreveu uma carta da Sicília para a mulher:

> O destino me fez um dos colegas mais próximos de um homem único, o *Reichsführer* da SS (Himmler), quem eu não apenas muito admiro por suas características

> extraordinárias, como em cuja missão histórica acredito profundamente. O nosso trabalho, que me é fonte incessante de satisfação ... [é] calcado em conceitos de raça. Todo o meu ser e esforço são destinados à SS e a seus objetivos futuros.
>
> Portanto, não seria uma surpresa que a idéia de meus filhos não preencherem os requisitos para a seleção da SS, que provavelmente valerão pelos próximos 15 ou 20 anos, me cause imensa dor, especialmente porque, na teoria, posso gerar crianças mais bem qualificadas racialmente para meu povo. Não preciso discutir com você a falta de filhos com todas as qualidades exigidas pela SS.

Respeitado oficial do Exército na Primeira Guerra Mundial, Wolff passou a década de 1920 estudando economia política e direito, trabalhando como caixa de banco e gerenciando uma agência de publicidade, atividades prosaicas que o fizeram almejar os dias heróicos, embora inúteis, de luta pela causa nacionalista. Para piorar seu mal-estar, era afetado pelo caos econômico do pós-guerra da República de Weimar, que ameaçava sua frágil empresa, e pela sensação de que suas aspirações sociais sucumbiriam ao implacável lodo do comunismo. Afinal, ele não convivera com a nata da elite de Darmstadt, tivera aulas de dança com uma bailarina famosa e até namorara a filha de um barão?

Assim como Himmler, Wolff percebeu que uma carona no crescente sucesso de Hitler poderia lhe levar às alturas. Ao contrário de Himmler, Wolff não precisava provar sua masculinidade, mas necessitava encontrar um ambiente onde pudesse explorar seu carisma para alcançar o sucesso em um cenário patriótico.

Em uma conversa com outros prisioneiros, gravada secretamente, em uma cadeia britânica, o próprio Wolff explicou como chegou ao embrionário Partido Nazista: "O colapso mundial após a última guerra foi terrível. Continuei como um soldado de linha (oficial do Exército) até 1920 porque me garantiram que me dariam um cargo vago. Mas quando meus ex-comandantes não puderam mais me manter lá, me retirei porque era o mais novo e a minha mãe tinha condições de me garantir educação ou de me deixar estudar. Isso foi anos antes de eu não querer mais ouvir o hino nacional alemão. ... [Por fim] chegou a hora de tomar uma decisão: o comunismo ou o nacional-socialismo – algo precisava acontecer."

Algo aconteceu. Em 1931, Wolff entrou para o Partido Nazista. Disse ele aos seus companheiros: "Posso dizer com sinceridade que fui mais uma vez voluntário para servir pelo meu país por acreditar que todo homem decente e capaz tinha a obrigação de servir a essa nova Alemanha que estava nascendo. Por ter lutado [como soldado] na última guerra, estava feliz em dessa vez também servir na elite do movimento, na SS.

"Todas as minhas atividades tinham esse fim e quem me conheceu ou conheceu o meu trabalho como chefe do Estado Maior [da SS, de Himmler], sabe que a natureza dessa função era benigna e, graças a Deus, não tinha nada que ver com questões políticas. Pelo contrário, estava em uma posição privilegiada, na condição de conselheiro fixo e de confiança [de Himmler] para resolver todos os casos de injustiça ou tratamento inadequado."

Os prisioneiros que o ouviam, todos envolvidos na Solução Final, permaneceram em silêncio. Eles não teriam cumprido ordens do general?

Os líderes do partido receberam com alegria o distinto oficial do Exército em seus quadros, violentos e racistas. O general inspirava uma cooperação maior dentro do Exército e assim facilitaria o acesso de Hitler ao poder. Admiravam a participação de Wolff na elite da SS como membro honorário, e o general logo construiu uma relação de amizade com Himmler, que o via como um alter ego em potencial, o homem que poderia trazer para a divisão dele, com suas atividades macabras, o prestígio de resultados militares admiráveis. Também traria a simpatia e a suavidade que faltavam a Himmler – sem mencionar as vantagens que as relações de Wolff com a aristocracia poderiam render.

Quando Hitler chegou ao poder em 1933, Himmler se tornou o chefe da polícia e escolheu Wolff como ajudante pessoal e, mais tarde, chefe do Estado Maior da SS. O líder da SS, que entendia mais de questões militares do que de administração de empresas ou relações públicas, viu no trabalho do general a melhor forma de manter as finanças da SS transparentes, os dignitários convidados alegres e entretidos, e, o mais importante, os vagões repletos de judeus saindo no horário.

A carreira de Wolff começou a ascender num certo dia de 1937, quando foi escolhido para ser um dos oficiais a receber Mussolini, que fora a Munique se encontrar com Hitler. Enquanto Wolff assistia à banda militar de uma sacada, onde os dois ditadores se protegiam da imensa multidão, a baqueta do bumbo escorregou das mãos de um major e estava prestes a cair sobre os que marchavam, quando Wolff repentinamente se jogou e agarrou-a a tempo de evitar que alguém se machucasse. Aliviada, a multidão aplaudiu. Hitler e Mussolini foram cumprimentá-lo. O incidente fortaleceu a impressão do Führer de que Wolff realmente era o homem ideal para a SS.

Dessa forma, ninguém ficou surpreso quando em 1939 o general foi nomeado oficial de ligação entre Hitler e a SS. Ficaria baseado no quartel-general do Führer, o cerne do poder nazista, onde atuaria como os olhos e os ouvidos de Himmler. Passou a ficar muito mais próximo do próprio Hitler. Antes de tomarem juntos o café-da-manhã, caminhavam pelas trilhas pedregosas da escura floresta que guardava o *bunker* do Führer. Durante essas caminhadas, Wolff podia opinar com franqueza sem que ninguém ficasse com a impressão de que ele desafiava a autoridade de Hitler. Quem poderia ouvi-los em meio a árvores tão altas?

Para a alegria do general, podia agora alegar ter menos tempo para acompanhar Himmler até os campos de concentração, onde tinha que sentir o cheiro podre da decadência e ver esqueletos vivos – o que restava do detestável Povo Escolhido.

Mesmo assim, à medida que os anos passavam, os laços entre Wolff e Himmler se fortaleciam e poucas eram as diferenças aparentes entre os dois, ao menos até 1943, logo antes de o general ser mandado para Roma. Às vezes, entretanto, a relação deles lembrava a ligação conflituosa daqueles casais briguentos que sempre acabam se reconciliando. Wolff, no entanto, gostava de permanecer a maior parte do tempo nos bastidores, não apenas para evitar que o chefe suspeitasse de suas aspirações, mas para impedir que seu nome fosse associado às atividades criminosas de Himmler. Quem, afinal de contas, podia ter certeza de que a Alemanha venceria a guerra?

Ao mesmo tempo, Himmler estimulava Wolff a não saber demais sobre "os assuntos" que carregava nas costas. Segundo Wolff, certa vez em 1942, em um momento de tristeza após ter discutido com a mulher, Himmler disse ao general que não era a questão familiar que o estava preocupando.

"Com isso, querido Wolffchen," disse Himmler carinhosamente, "eu consigo lidar. Mas você não pode nem imaginar tudo o que preciso fazer em silêncio pelo Führer, para que ele, o messias dos próximos dois mil anos, fique absolutamente isento de qualquer pecado. Você sabe muito bem ... que se eu morrer ou não puder mais continuar nessa posição, só você poderá me suceder. Portanto, é melhor para você e para a Alemanha que não participe ou tome conhecimento da questão que carrego nas costas."

Himmler não precisava pedir a Wolff que se distanciasse quanto possível dos horrores que levava à frente. Wolff garantiu-me após a guerra não "ter idéia" de que os vagões que mandava para Treblinka transportavam os judeus para a própria morte.

Wolff disse mais tarde que às vezes se opunha abertamente às visões de Himmler acerca de determinadas questões. Ficou especialmente contrariado quando, após o colapso da Polônia, o chefe recomendou execuções em massa e a transformação do país em uma nação de escravos. Himmler elogiou a "humanidade característica de seu ajudante", mas o acusou de ser um "otimista e idealista" incurável, que não sabia como tratar um inimigo derrotado.

Após essa briga, Wolff, ofendido, ameaçou trocar a SS pela menos ideológica *Wehrmacht*, as Forças Armadas alemãs. No entanto, logo mudou de idéia. É verdade, não precisaria mais lidar com a terrível situação dos judeus, mas como oficial do Exército comum seria muito difícil atingir o topo enfrentando a concorrência de outros líderes igualmente ambiciosos e fortes.

Apesar de suas diferenças com Himmler, Wolff se sentia obrigado a retribuir a lealdade do patrão, refletida, explicitamente, no conselho paternal do chefe da SS para que o general se protegesse. Quando os oficiais alemães se encontraram após a vitória na Polônia para considerar a possibilidade de alguns poloneses se tornarem cidadãos alemães – caso tivessem certas características arianas – Himmler se opôs, dizendo que uma grande quantidade de sangue polonês iria contaminar a nação alemã. Um oficial, então, disse: "Se me parecesse com Himmler, não falaria sobre raça!"

Enfurecido com essa "crítica racial", o chefe da SS, cuja aparência física dificilmente preencheria os requisitos, queria tomar uma atitude em relação à "injúria" do oficial, mas voltou atrás, aparentemente, por temer que seus inimigos apoiassem a terrível verdade. Wolff ficou profundamente decepcionado com o acanhamento de Himmler. Achava que o chefe deveria ter levado o caso para a Suprema Corte.

Wolff simplesmente ignorava, com um sorriso amarelo, algumas das estranhas regras de Himmler, as quais pareciam, em grande medida, ter como objetivo impressionar o Führer e seu perfeccionismo ideológico.

Uma dessas regras dizia que os homens da SS precisavam ter pelo menos um metro e oitenta de altura. Como teria explicado Himmler a um grupo de generais do Exército, "sei que apenas os homens de determinado tamanho têm o sangue com a qualidade necessária". Os candidatos também não podiam ter uma estrutura óssea eslava ou mongol (embora muitos tivessem) e os oficiais precisavam provar uma ancestralidade ariana desde 1750 – desde 1800 no caso dos que não tinham patente de oficial. Himmler, por sua vez, via o popular ajudante como o homem que poderia lhe apoiar na disputa com outros pelo favorecimento de Hitler.

Algo mais que uma ambição mútua, no entanto, unia Himmler e Wolff: eles desenvolveram estreitos laços pessoais. Certa vez, em 1941, quando Himmler interveio diante do Tesouro do Reich para que Wolff pegasse dinheiro emprestado a fim de comprar uma casa, o líder da SS escreveu uma carta de agradecimento ao tesoureiro expressando seu afeto pela ajuda, em um raro momento de demonstração de sentimentos: "Você me fez um grande favor. A cada hora e dia dos últimos oito anos conheço mais o honorável e impecável caráter do SS *Gruppenführer* Wolff. Eu o considero um de meus colegas mais estimados e passei a gostar muito dele como amigo."

Wolff era igualmente cuidadoso em relação aos interesses de Himmler. Quando o chefe da SS, que chamava o ajudante de "Wolffchen", queria impressionar seus homens com sua habilidade atlética, apesar do físico esquálido, Wolff, munido de cronômetro e fita métrica, fazia questão que o chefe passasse em todos os testes. Quando Himmler abriu um escritório em Berlim, Wolff foi à procura de um imóvel. E quando o devoto ajudante viu o chefe – que não confiava mais nos médicos convencionais – caído sobre a mesa, se contorcendo de dor e apertando a cabeça com as mãos, encontrou o dr. Kersten, que se utilizava da medicina natural e cujos dedos precisos aliviaram as severas dores de cabeça e estômago de Himmler.

Tais aflições, aparentemente, eram um subproduto psicológico do esforço incessante de Himmler para executar um genocídio perfeito. E pareciam ser agravadas pelos crescentes ataques de fúria de Hitler, que evidenciavam a séria deterioração da saúde do Führer. Um homem doente poderia conduzir a Alemanha a um destino glorioso? O momento de Heinrich Himmler substituí-lo no trono estaria próximo? Esse pensamento estaria de acordo com o juramento de lealdade que fizera a Hitler? As dores continuavam a aparecer.

❖ ❖ ❖

Em meados de 1943, enquanto os aliados atacavam a Alemanha por todos os lados, Hitler, em meio a crises de frustração, nomeou Himmler ministro do Interior ordenando-lhe que fortalecesse a nação contra os "traidores" e "derrotados", considerados pelo Führer uns dos responsáveis pelas vitórias inimigas. O *Afrika Korps** fora esmagado na Tunísia e a Itália se transformou em um tumultuado campo de batalhas; as melhores divisões de blindados estavam sendo destruídas na União Soviética; e as cidades alemães ruíam com as explosões dos bombardeios aliados. Himmler e Wolff deram-se conta de que a Alemanha realmente poderia perder a guerra.

* Corpo expedicionário alemão na África. (N.T.)

Perceberam uma chance de vitória na contenção de um esperado ataque conjunto dos aliados e na produção de uma "arma secreta" prometida por Hitler. A maior esperança deles, entretanto, residia em convencer a Grã-Bretanha – considerada germânica por Himmler do ponto de vista étnico – de que o país estava lutando a guerra errada. Também queriam convencer os britânicos a se aliar à Alemanha – se possível junto com os norte-americanos – para lutar contra o Exército Vermelho, que avançava para o oeste e ameaçava levar o comunismo para toda a Europa.

Wolff também desejava tal resultado, mas não conseguia tolerar o caráter fantasioso do objetivo final de Himmler. Enquanto os russos eram massacrados, escravizados ou mortos, Himmler sonhava em um dia seguir os passos de Heinrich I, rei da Saxônia, que conquistou os eslavos no século X e foi o primeiro a unificar as terras que viriam a formar o Reich. Segundo o dr. Kersten, um oficial nazista do alto escalão próximo a Himmler disse "ter provas" de que o influente paciente "se considerava a reencarnação" de Heinrich I.

Como ele iria adaptar os sonhos imperiais do rei às circunstâncias do momento atual? Outra figura histórica, este um inimigo terrível, lhe veio à cabeça: Gêngis Kahn. No século XIII, sua horda de seguidores mongóis destruiu cidades e exterminou populações inteiras de inimigos enquanto avançava pela Rússia, China, Coréia, Pérsia, Ásia Menor e Europa oriental até quase os portões do Reich. Por que não seguir o exemplo desse gênio militar que chegou perto de anular as conquistas de Heinrich I, inverter a sua dinâmica ofensiva e, no processo, expulsar 30 milhões de russos e poloneses a fim de abrir espaço para assentamentos alemães?

Essa aparente expectativa de um futuro glorioso, quase místico, provavelmente contribuiu não apenas para os conflitos internos e dores físicas de Himmler, mas também para que Wolff passasse a duvidar da estabilidade mental do chefe.

4.
Flerte com a traição

Embora as aspirações geopolíticas de Wolff fossem menos extravagantes que as de Himmler, em 1943, após dez anos de íntima cooperação, a relação dos dois esfriou de forma tão súbita quanto um vento de inverno. O racha ocorreu quando Himmler descobriu que o subordinado – que atuava como o elo entre o quartel-general central e a SS e tinha acesso freqüente a Hitler – havia feito uso de seu espírito cativante com o objetivo de passar por cima de uma decisão do chefe e da poderosa cadeia de comando.

Nenhum homem da SS podia se casar ou divorciar sem a aprovação de Himmler. Wolff pediu-lhe, sem sucesso, o consentimento para se separar da mulher e poder assim se casar com outra, uma condessa. A atual mulher e os filhos deles não tinham características germânicas. Como oficial do alto escalão da SS e com aspirações de ir ainda mais longe, queria impressionar Hitler com uma família que se aproximasse mais do ideal ariano – como Wolff via a si próprio. O general explicou mais tarde: "Nas recepções oficiais o *Reichsführer*, [Himmler] chegava com a mulher – cabelo louro-claro e olhos azuis, mas os ossos do rosto e os quadris de forma alguma eram germânicos. Então, eu, o homem exemplar, chegaria com uma linda representante dos frísios* ao lado. A diferença ficaria ainda mais evidente."

Wolff conheceu a condessa Ingeborg Maria von Bernstorff, uma viúva linda, jovem e loura, em 1934, numa festa de caridade organizada por Himmler, que parecia estar interessado nela. Wolff apaixonou-se por ela, mesmo sabendo que não se tratava de uma condessa verdadeira (o ex-marido foi um

* Povo germânico de uma região que abrangia parte do Norte da Alemanha e áreas da Holanda e da Dinamarca. São caracterizados pela alta estatura, além de pele, cabelos e olhos muito claros. (N.T.)

empresário influente), que ela passara uma noite na casa de Hermann Göring, o ministro da *Luftwaffe* (ele a havia seqüestrado) e que tinha amigos judeus.

Ele considerava o adultério algo imoral? Bem, por isso é que queria o divórcio.

Divórcio! Himmler ficou chocado. Wolff não sabia que os homens da SS eram proibidos de manchar suas vidas pessoais com tal ato imoral? Ele deveria manter a condessa como amante, ter filhos com ela – e também com a mulher – e deixá-los sob os cuidados do *Lebensborn*, uma organização criada por Himmler para estimular novos nascimentos. Esses bebês viriam a substituir os soldados alemães mortos na guerra.

O próprio Himmler, Wolff sabia, estava separado da mulher, provavelmente porque Hitler não a aprovava. Vivia com uma amante com quem teve dois filhos, entregues por ele ao *Lebensborn*. O chefe da SS, quase tão anticatólico quanto anti-semita, disse ao dr. Kersten sobre o casamento: "Romper com a monogamia seria para nós uma evolução natural. O casamento, na forma existente, é uma vitória satânica da Igreja católica; as leis do casamento são intrinsecamente imorais. ... Com a bigamia, cada mulher seria um estímulo para a outra, já que cada uma tentaria ser a mulher dos sonhos do marido – seria o fim do cabelo desalinhado, o fim do desleixo. O modelo delas, o qual intensificaria esse tipo de reflexão, seria o ideal de beleza projetado pela arte e o cinema."

No entanto, Inge, como era chamada, não consideraria a possibilidade de disputar afeto com a mulher de Wolff, e o general, profundamente apaixonado, não queria desistir dela. Durante muito tempo, havia conduzido a carreira em completa harmonia com Himmler, tanto quanto Himmler conduzira a própria de forma subserviente a Hitler; mas agora, em um momento de imprudência, de paixão fulminante, Wolff recorreu diretamente a Hitler.

O Führer desautorizou Himmler após ter recebido uma carta da mulher de Wolff em que ela dizia concordar com o divórcio, mesmo ainda amando o marido com quem fora casada por 20 anos. Escreveu que não queria atrapalhar a felicidade dele. Hitler ficou impressionado com a ousadia de Wolff, uma desobediência às regras da SS quase sem precedentes. O general merecia uma punição, mas sua coragem refletia a audácia necessária para um chefe da SS em potencial.

Além disso, o Führer sentia que Himmler era limitado intelectualmente (embora, ironicamente, todos os candidatos à SS passassem por um exame mental rigoroso antes de entrar para a organização) e não merecia tanto respeito, apesar de sua capacidade de desempenhar tarefas horríveis que levariam qualquer outro à loucura. De todo modo, Wolff se divorciou. Teve um filho com Inge e levou o menino para uma das casas do *Lebensborn*. Alguns meses depois, porém, pediu o menino de volta e o adotou.

Os problemas pessoais de Wolff não terminaram aí. Inge exigiu que o primeiro marido deixasse a fortuna para o filho deles. Quando o conde se recusou, Wolff mandou a Gestapo prendê-lo e eles chegaram a um acordo. O homem, contudo, foi preso de novo e morto a tiros pela SS. Agora, Wolff não só tinha um conde na família, como um muito rico.

Quando Hitler invalidou a decisão de Himmler acerca do divórcio de Wolff, tanto Himmler quanto Wolff chegaram a se perguntar se o general já não havia sido empurrado para o topo da hierarquia da SS. Himmler, no entanto, ainda tinha poder para se vingar da humilhação. Pediu a Hitler que transferisse Wolff para a Itália – longe do centro do poder – com o objetivo de ajudar a resolver a crise por lá. Seria duro com os rebeldes de esquerda, e, como se dava bem com Mussolini, quando o *Duce* fosse libertado, poderia convencê-lo a se manter fiel a Hitler.

O Führer concordou, mas a transferência foi adiada quando Wolff ficou seriamente doente, com pedras nos rins. Segundo Wolff, ele talvez nunca tivesse partido, porque Himmler, acreditava, havia mandado o médico esconder do general a gravidade da doença e recomendar uma cirurgia perigosa que poderia tê-lo matado – de forma deliberada. O médico, contudo, não o operou.

As acusações de Wolff ficaram ainda mais sérias após um confronto explosivo acontecido anteriormente. Wolff contou que se escondeu atrás de sua mesa com medo e depois partiu para cima de Himmler.

"Pelo amor de Deus," gritou Himmler. "Não complique as coisas para você! Uma agressão física a um superior pode lhe custar a cabeça."

"Depois de bater em você," respondeu Wolff, "irei ao Führer e lhe contarei o que fiz. Acho que ele me dará uma recompensa!"

Nenhum dos dois se arriscou a tomar qualquer atitude contra o outro por não saberem como Hitler reagiria ao episódio. Além disso, estavam unidos por um segredo e poderia ser desastroso para ambos caso um deles contasse ao Führer. Desde a expulsão nazista da União Soviética durante o verão de 1943, Wolff e Himmler, duvidando que a Alemanha venceria a guerra, passaram a se preparar para o futuro. Começaram, portanto, a articular contatos que lhes seriam úteis caso o pior acontecesse.

Certo dia, em março de 1943, Himmler sugeriu a Walter Schellenberg, chefe do Departamento de Inteligência Internacional da SS, que fizesse contato com uma pessoa que Himmler sabia era parte da Resistência. Assim como Karl Wolff, Schellenberg era um oportunista astuto. Convencido de que a guerra estava perdida, buscava uma forma de sobreviver após uma vitória dos aliados. Desejava concluir um acordo de paz com o inimigo e sabia que, para consegui-lo, Hitler precisava ser afastado. Quem teria poder para tomar as rédeas da situação? Apenas Himmler, acreditava ele, já que tinha por trás a estrutura da SS.

Karl Wolff concordou. Os dois estavam de alguma forma convencidos de que os aliados aceitariam como Führer, ao menos até o fim da guerra, o homem que era a personificação dos crimes mais terríveis da história. Tal inacreditável raciocínio refletia como o assassinato de milhões de inocentes havia se tornado rotineiro em suas mentes. O imenso mal reduzira-se a apenas mais uma atrocidade, que o inimigo, também com sangue nas mãos, iria considerar uma infeliz, mas inevitável, conseqüência da guerra.

Tampouco o próprio Himmler acreditava que seria responsabilizado pelas câmaras de gás e pelos fornos cheios de carne humana. Como qualquer soldado, ele estava apenas cumprindo ordens. Embora há muito tempo sonhasse em liderar o país, esquivava-se dessa idéia por vários motivos. (O sonho de Himmler não teria se realizado mesmo se tivesse lutado por ele, já que os generais do Exército apoiaram a conspiração para liquidar Himmler e sua SS quando tomassem o poder.)

Finalmente, o chefe da SS, motivado por seus sonhos, optou pelo risco – o que era atípico – e decidiu considerar a possibilidade de um golpe. Seu contato era Frauline Hanfstaengl, a irmã de Putzi Hanfstaengl, uma ex-relação de Hitler. O Führer conheceu-a por meio do irmão dela e eles logo se tornaram próximos o suficiente para o surgimento de fofocas sobre um possível casamento.

Numa reunião com Schellenberg, Frauline Hanfstaengl, cuja relação com Hitler parece ter acabado mal, contou-lhe sobre um "plano de paz" que havia traçado com alguns outros conspiradores. Himmler seqüestraria Hitler com a ajuda da *Waffen* SS* e o levaria para Obersalzberg, onde o Führer ficaria escondido, apesar de, aparentemente, continuar no comando do governo. O governo verdadeiro seria controlado pelo Conselho dos Doze, liderado por Himmler.

---

* Braço armado da SS, formado após a organização ter sido dividida. (N.T.)

Quando o Conselho já estivesse operando, Frauline Hanfstaengl iria a Paris, onde abriria uma loja de fachada de obras de arte e faria contato com figuras influentes na França e na Inglaterra, incluindo Randolph Churchill, de quem dizia ser amiga.

Embora apreensivo, Himmler concordou que Schellenberg lhe emprestasse 500 mil francos para abrir a loja. No entanto, o chefe da SS não havia decidido se aprofundaria sua participação no plano. Sim, talvez essa fosse a chance de realizar seu sonho – mas a que custo moral? Será que poderia trair, de forma tão cruel, o homem que estivera por trás dele desde os primórdios do Partido Nazista e que lhe havia confiado responsabilidades históricas grandiosas? Cumpria rigorosamente a promessa de proteger o Führer em todos os momentos, mesmo quando os gritos vindos das câmaras de gás ecoavam em sua cabeça. E agora considerava a possibilidade de fazer aquilo que, se outro fizesse, ele mataria! O que a história pensaria dele? Mas isso era importante? Ele não era a reencarnação de Heinrich I?

❖ ❖ ❖

Enquanto Schellenberg e Hanfstaengl se encontravam com freqüência em Berlim para planejar a conspiração, Wolff se recuperou da doença e em julho de 1943, finalmente, partiu para a Itália, onde esperaria pela confirmação ou não do plano. Embora estivesse se sentindo "exilado", começou a perceber certas vantagens em ter sido expulso do quartel-general do Führer. Já havia estado em Roma com Himmler muitas vezes, mas, agora, após a briga sobre sua vida pessoal e a suspeita de que o chefe queria matá-lo, Wolff sentiu que poderia sustentar uma visão mais independente em relação a questões políticas sérias, principalmente quando seus próprios interesses estivessem em perigo.

Em Roma corriam sério risco, já que a cidade era a casa do Vaticano e Himmler fora claro quanto ao que pensava da Igreja. Ele afirmou, entretanto, que sua implicância com a Igreja não significava que não fosse religioso. Pensando alto, disse ao dr. Kersten: "Há algum ser superior – não importa se você chama de Deus, Providência ou do que queira – por trás da natureza e da maravilhosa ordem que existe no mundo dos homens, dos animais e das plantas. Se não precisássemos acreditar que devemos ser melhores que os marxistas.... Diria que todos os homens da SS deveriam acreditar em Deus.

Uma religião organizada, no entanto, era outra coisa; representava uma ameaça ao sonho do grande Império germânico que redesenharia a estrutura política e moral do mundo. Himmler, de capacete negro de aço, luvas brancas e espada na mão, em uma cerimônia em homenagem à memória de Heinrich I, falou emocionado sobre os problemas de seu herói com a Igreja. "As feridas abertas são testemunhas da introdução brusca e sangrenta do cristianismo. O Reich enfraqueceu-se com a eterna sede de poder dos príncipes espirituais e a interferência da Igreja nos assuntos seculares." No entanto, quando Heinrich se tornou rei, recusou bravamente ser ungido pela Igreja ou deixá-la interferir em seu governo.

Após uma viagem a Roma, Himmler aprimorou sua opinião sobre a Igreja em uma conversa com o dr. Kersten:

"Você viu esses padres com mantos vermelhos nas ruas de Roma? ... Parecem estar se aperfeiçoando na prática religiosa, mas na realidade são um serviço de Inteligência altamente eficiente. ... Temos que ficar alertas contra o poder mundial que se utiliza do cristianismo e de suas instituições para se opor a nossa ressurreição nacional. ... Em todas as crises podemos identificar a influência de duas grandes potências, a Igreja católica e os judeus. Ambos estão brigando pela liderança mundial. São hostis entre si e se unem apenas na luta contra o povo germânico.

"Já banimos uma dessas duas potências, ao menos da Alemanha; após a guerra, chegará o momento de acertarmos contas com a outra. Agora, infelizmente, estamos de mãos atadas; a cautela diplomática exige que mascaremos nossos verdadeiros sentimentos, mas isso não durará para sempre. Tiraremos a batina desses padres – nem o Deus deles, tampouco a Virgem Maria, será capaz de fazer alguma coisa."

Wolff escutou em silêncio o discurso de seu superior, com o qual ficou atordoado. Não era religioso, embora viesse de uma família protestante praticante e já os tivesse acompanhado em serviços religiosos. Em 1936, contudo, abandonou a religião porque não conseguiria avançar facilmente no Partido Nazista sendo membro de uma organização religiosa. Os protestantes, como se sabe, eram divididos em dois grupos: para um, em termos raciais, Jesus era uma figura nórdica; para o outro, ele era judeu, tanto de acordo com o Velho Testamento quanto com o Novo. E se Jesus era judeu, o que pensar dos protestantes?

Para evitar suspeitas, Wolff, assim como Himmler, adotou uma pseudo-religião alemã da Idade Média conhecida como GOT, que tinha como base uma crença mística numa única figura indefinida. Essa se tornou a religião da SS. Numa cerimônia pelo nascimento do filho, Wolff se sentiu confortado quando um oficial da SS escolhido por ele ergueu um anel sobre a criança e disse: "Esse anel, o anel da família SS da dinastia dos Wolff, você usará um dia, quando provar que está à altura da SS e de sua linhagem."

Diferentemente da maioria de seus colegas, Wolff não se converteu por ideologia, mas por pragmatismo. Não se opunha a qualquer religião e não estava determinado a limpar o mundo de nenhuma. Azar o dos judeus. Alguns, individualmente, poderiam até ser boa gente, mas como separar os bons dos demais? Mesmo os ruins precisavam ser mortos? Não aprovava a matança dos judeus como povo, mas deveria viver conforme a realidade nazista se quisesse ajudar a criar um mundo melhor para o filho – e talvez um dia governar tal mundo.

Para Himmler, matar os judeus também era simplesmente uma tarefa que precisava cumprir para se manter no emprego. Seu verdadeiro desejo era acabar com uma força bem mais poderosa e ameaçadora – a Igreja. Ele a destruiria por dentro, mandando jovens da SS para conventos com o objetivo de se ordenarem padres. Assim, se revoltariam contra a Igreja e instaurariam o caos, preparando o terreno para a destruição completa da instituição.

Quando os alemães entraram em Roma após a deposição de Mussolini, Himmler se deparou com uma oportunidade única de honrar o espírito do rei Heinrich I. Com os aliados atacando a Itália na direção de Roma, será que um dia a história perdoaria o Terceiro Reich por perder essa oportunidade?

A Alemanha precisava agir imediatamente para evitar que o papa condenasse a Solução Final e jogasse os católicos – alemães e os do resto do mundo – contra os nazistas. Isso poderia afetar o moral do Exército alemão – especialmente dos 40% católicos –, em um momento crucial da guerra. Até então, Pio XII havia evitado condenar publicamente a deportação dos judeus de outras regiões ocupadas pela Alemanha. Mas será que continuaria calado quando os judeus de Roma – seus judeus – fossem capturados?

Hitler estava pronto para agir. Continuava querendo vingança, convencido de que o papa havia ajudado a organizar o golpe contra o *Duce*. Entretanto, caso os católicos, ou outros, condenassem o plano do seqüestro, ele teria uma explicação racional: queria salvar o papa das mãos dos aliados "anticatólicos" que estavam bombardeando Roma, que iriam destruir o Vaticano e que manteriam o pontífice prisioneiro – plano este que na verdade estava sendo concebido em Berlim!

Karl Wolff iria preparar e implementar a operação – com a supervisão de Himmler. No entanto, os dois homens da SS, que por muito tempo haviam trabalhado tão próximos, se viam agora em uma relação profundamente conflituosa. Himmler esperava "derrubar" o papa, mas Wolff queria *usá-lo*. Ambos desejavam uma paz com base na união entre alemães e aliados contra a União Soviética, mas como tudo indicava que a Alemanha seria derrotada, a ordem do seqüestro fez com que Wolff mudasse de idéia quanto ao futuro do país: queria o apoio da Igreja católica na construção dessa aliança antes que o Exército Vermelho ocupasse toda a Europa. Quem mais tinha tanto medo de tal cataclismo que o poderoso, zeloso e anticomunista líder mundial que ele deveria seqüestrar – o papa Pio XII?

5.
Objetivo: convencer Hitler

Quando voava da Alemanha para Roma, a caminho de sua nova base no Norte da Itália, Wolff não conseguia esquecer o olhar furioso de Hitler quando exigiu aos berros e imediatamente um plano para atacar o Vaticano e seqüestrar o papa. Se de alguma forma o general não conseguisse se livrar da ordem com uma contraproposta, teria que obedecer: um fracasso seria o fim de suas aspirações de poder, se não o de sua vida. Por precaução, precisava agora preparar um plano de seqüestro – por garantia, caso precisasse executá-lo.

No fim de setembro de 1943, Wolff chegou a uma Roma tomada pelo caos da anarquia. A cidade ainda não tinha um governo que substituísse o regime fascista, abandonado quando o rei Vítor Emanuel III e o premiê Badoglio fugiram para os domínios aliados. As tropas alemãs agora invadiam as metrópoles da Itália em perseguição às forças locais. Após uma sangrenta batalha, tropas italianas apoiadas por 10 mil civis armados pela Resistência foram obrigadas a aceitar uma trégua e a ocupação alemã de 4/5 da Itália, incluindo Roma.

Wolff foi recebido com cartazes que anunciavam o decreto recém-assinado pelo marechal-de-campo Albert Kesselring, o comandante do Exército alemão responsável pela Itália ocupada. O decreto dizia:

> Roma está sob meu comando e é um território de guerra sujeito a leis marciais. Aqueles que organizarem protestos, sabotagens ou disparos serão mortos imediatamente. ... As correspondências pessoais estão suspensas. Todas as conversas telefônicas deverão ser as mais breves possíveis e serão rigorosamente monitoradas. ... As autoridades civis e instituições italianas ficarão a cargo, sob minha responsabilidade, da manutenção da ordem pública. Impedirão qualquer ato de sabotagem ou de resistência passiva às medidas alemãs.

Kesselring tinha bons motivos para temer uma revolta contra suas tropas. De acordo com o coronel Eugen Dollmann, que havia se tornado o elo entre Wolff e Kesselring, o marechal-de-campo teria lhe dito que esperava uma aterrissagem dos aliados próximo a Roma. Também "admitiu abertamente que estaria perdido, caso isso acontecesse".

Os italianos não reagiram, ao menos não com força suficiente para resistir a um ataque nazista: "Se os italianos quisessem, teriam facilmente expulso todos os alemães da região de Roma," disse Dollmann. "Foi apenas o total fracasso deles em fazer qualquer coisa que permitiu aos alemães retomarem o controle. Quando, no dia 9 de setembro de 1943, alguns pára-quedistas alemães quase foram decepados perto do Coliseu, [me] mandaram apurar o que os italianos pretendiam fazer ... soube que 'aguardavam para ver quem venceria'."

Embora a Resistência tivesse sido ineficaz naquele estágio dos acontecimentos, a agitação das ruas e a tensão refletida no decreto apenas aumentaram a determinação de Wolff em sabotar o plano de Hitler contra o Vaticano. Achava que caso fosse implementado, o plano iria desencadear uma onda de revoltas populares por todo o país, o que seria infinitamente mais ameaçador para o controle nazista que a atual batalha em Roma. A função de Wolff não era apenas manter Mussolini, e sua nova república do Norte, fiel a Hitler, mas também garantir a ordem na Itália e impedir que os comunistas tomassem o poder. Sendo assim, caso o plano fosse implementado, tornaria essas tarefas quase impossíveis. Apesar disso, precisava se preparar para implementá-lo, embora buscasse formas de evitar isso.

Wolff logo partiu para Fasano, onde instalaria seu novo posto de comando. Quando se estabeleceu na cidade, Wolff mandou o general da SS Wilhelm Harster, o chefe da Gestapo na Itália, recrutar homens do sul do Tirol que soubessem escrever e falar latim, grego, francês e inglês. Também traçou um plano para pôr em prática a ordem de Hitler. O plano iria ser executado com precisão. Cerca de 2 mil homens de sua tropa fechariam todas as saídas para o Vaticano, ocupariam a rádio local, prenderiam o papa e os cardeais e, em carros e viaturas da polícia, os mandariam para o norte antes que os italianos ou os aliados pudessem intervir. A comitiva do papa seria levada para o Liechtenstein, via Bolzano e Munique, até que outro destino fosse definido.

Enquanto isso, tropas vasculhariam o Vaticano à procura de refugiados políticos, desertores alemães e judeus, e os que não fossem encontrados morreriam de fome. Ao mesmo tempo, um grupamento especial formado por 50 homens iria recolher e empacotar os tesouros do Vaticano – quadros, esculturas, ouro, moeda estrangeira e arquivos –, o que incluía por volta de 500 mil livros, 60 mil fotos e sete mil incunábulos, os primeiros livros impressos no Ocidente.

Martin Bormann, freqüentemente chamado pelos colegas de "o Mefistófeles de Hitler" – o diabo da lenda de Fausto –, sempre quis encontrar os escritos rúnicos da Idade de Ouro, ou Escrituras, e outros documentos mostrando que os cristãos haviam sido violentos com os antigos habitantes da Alemanha. Também estava ávido por achar documentos recentes "provando" que o Vaticano, junto com a monarquia, planejara a derrubada de Mussolini. Com tais "evidências", a numerosa população católica da Alemanha, apesar de já ser leal a Hitler como líder político, poderia se convencer de que o Führer era o único e verdadeiro líder espiritual.

Enquanto preparava o plano do seqüestro com relutância – e pensava em um outro esquema capaz de neutralizá-lo –, Wolff sentia que a implementação de qualquer um dos dois seria mais fácil se conseguisse consolidar seu poder na Itália. Ele agora era responsável pela segurança doméstica do país, o que incluía a defesa aérea e a luta contra os partisans, mas não tinha tanta influência na parte sul, área ocupada pelo Exército, uma região que também desejava pôr sob seu comando. Se conseguisse mais poder, poderia se utilizar de sua posição de destaque para tomar medidas que talvez o salvassem da forca que certamente seria preparada para os oficiais nazistas capturados – caso uma derrota alemã fosse mesmo inevitável.

Wolff encontrou-se com o marechal-de-campo Kesselring e sugeriu que a SS, além de exercer papel de polícia, tomasse conta de todas as atividades administrativas da área ocupada. Para a surpresa de Wolff, Kesselring respondeu: "Essa seria a solução ideal."

O marechal-de-campo considerava-se um soldado, não um burocrata, e estava disposto a deixar que Wolff se encarregasse dessa questão. Ficaria a cargo da SS negociar com Hitler. Wolff sentia que o Führer já não confiava mais tanto nele – depois que o general tinha prometido a Hitler que o rei e Badoglio continuariam fiéis a Berlim mesmo com a deposição de Mussolini. Mais tarde, o marechal-de-campo teria escrito que Hitler "disse certa vez, resignado, que 'o colega Kesselring era honesto demais para esses traidores de lá'".

O chefe de Estado Maior de Kesselring e outros oficiais superiores objetaram-se a uma transferência da autoridade administrativa, pois temiam que isso reduzisse o poder que tinham. Assim, o marechal-de-campo acabou por se opor também. Wolff teria que trair Hitler dispondo de menos recursos do que gostaria.

No entanto, embora tivesse prometido segredo a Hitler, Wolff descreveu o plano do seqüestro a Rudolph Rahn, o embaixador alemão em Roma, que seria transferido para Fasano, em missão na nova República de Mussolini. O diplomata, barrigudo e de sobrancelhas grossas, ficou chocado com a idéia. Pertencia ao Partido Nazista, mas, aparentemente, havia se filiado de forma automática – sem motivações ideológicas – para subir na carreira.

O embaixador Rahn "não pensava de forma independente", disse-me Eitel Friedrich Möllhausen, o cônsul alemão na Itália. "Fazia tudo de forma mecânica e não tinha nenhum ideal próprio." Mas quando se deu conta de que trabalhava para um governo genocida, Rhan ficou enojado e passou a detestar Hitler. Embora seguisse as ordens do Führer, não acreditava que a Alemanha vencesse a guerra.

Tanto Rahn quanto Möllhausen haviam servido antes em Túnis, onde ajudaram a impedir a deportação dos judeus tunisinos convencendo o oficial responsável pela Força Aérea de que não havia aviões disponíveis para levá-los à Europa.

O entusiasmo de Rahn com o nazismo esfriava ainda mais à medida que a Alemanha se aproximava da derrota. O trabalho de um diplomata era conseguir vitórias diplomáticas, disse-me o embaixador, mas as medidas imprudentes e tolas de Hitler tornavam isso impossível. E agora, com o plano do seqüestro, o Führer havia tomado mais uma decisão inconseqüente. Rahn, no entanto, se mostrava eficiente em esconder seus verdadeiros sentimentos, fazendo com que seus superiores achassem que ele era um "bom nazista". Não sabiam que ele pediu a Möllhausen que retirasse o imponente retrato de Hitler da parede da embaixada em Roma. "Não suporto ver o rosto desse aventureiro", disse Rahn, segundo o cônsul.

No entanto, quando Wolff lhe contou sobre a missão que recebera, o embaixador mal podia esperar para ver aquele rosto mais uma vez, o verdadeiro, e explicar quão estúpida seria a empreitada contra o papa. Era embaixador em um país mergulhado no caos, que oferecia todas as condições para uma tomada comunista. O Vaticano deveria ser atacado nessas condições? O embaixador, contudo, precisava tomar cuidado para que Hitler não suspeitasse que Wolff lhe havia revelado o plano. Do contrário, o general pagaria um preço muito alto por ter quebrado a promessa de silêncio.

Rahn deu-se conta de que também pagaria um preço caso Hitler soubesse que ele se recusou a tomar uma atitude contra o papa por razões "sentimentais" e não práticas. Dessa forma, Rahn sempre evitou, deliberadamente, encontrar o pontífice, para não parecer tão amigável com o objeto da desconfiança de Hitler.

"Sempre quis poder dizer a Hitler que não conhecia o papa", disse-me, explicando que o plano "era um problema psicológico" para ele: "Para influenciar Hitler, deveria agir com inteligência e convencê-lo de que não estava falando de sentimentalismos, mas de um ponto de vista prático. Hitler gostava de firmeza e decidi que falaria duro com ele quando tivesse uma oportunidade."

Wolff apoiou Rahn para encontrar tal oportunidade. Isso faria parte de uma conspiração informal que estava armando com alguns oficiais que pensavam o mesmo. Entre eles, estavam o barão Ernst von Weizsäcker, o novo embaixador alemão no Vaticano; Albrecht von Kessel, secretário e adjunto de Weizsäcker; o coronel Dollmann, a ligação entre Wolff e Kesselring; e o cônsul Möllhausen. Em geral, todos concordaram que o plano contra o papa deveria ser implementado e, então, cancelado – com a cooperação do próprio papa. Em seu depoimento em Nuremberg, ao refletir sobre esse acordo, disse Wolff: "Já que eu e Weizsäcker concordamos que esse plano não deveria ser executado, garanti a ele o meu apoio."

Pio XII, os conspiradores sabiam, sofria grande pressão dos aliados para se pronunciar pública e especificamente contra o genocídio. E embora até então tivesse conseguido se esquivar disso nos outros países da Europa, os conspiradores acreditavam que o papa se sentiria obrigado a condenar a ação publicamente caso ela ocorresse em Roma, debaixo, figurativamente, de sua janela.

No entanto, convencer o papa a continuar calado diante do público era essencial. Se ele não continuasse quieto, estavam certos de que Hitler seguiria com o plano. Mas caso cooperasse, o Führer talvez aceitasse cancelá-lo. De qualquer modo, o papa tinha que ser avisado do plano e assim, de certa forma, poderia ser chantageado para seu próprio bem; teria que escolher entre o silêncio e um ataque. E para pressioná-lo ainda mais, os funcionários do Vaticano deveriam estar cientes de que um pronunciamento do papa não apenas poria em risco o papado e a Igreja como instituição, mas também levaria Hitler a retirar mais pessoas dos monastérios e de outros esconderijos da instituição, não só padres, como também judeus.

Enquanto isso, Rahn tentaria convencer Hitler de que esse plano não servia aos interesses da Alemanha. Telefonou para Berlim, disse-me Rahn, e conseguiu marcar um encontro com o Führer para o dia seguinte. Iria ao *bunker* do Leste da Prússia para discutirem a "situação geral da Itália", o que incluía se Roma deveria ser declarada cidade aberta. Tomaria cuidado para não mencionar nada sobre o esquema do seqüestro.

Pegou um avião para o quartel-general de Hitler e foi cordialmente recebido pelos principais homens do Führer – Bormann, Himmler, Göring, Goebbels, Ribbentropp, Keitel e Jodl. Porém, o clima na sala era tenso. Por que, se perguntavam, Rahn havia ligado para marcar uma reunião urgente? Será que trazia outras más notícias da Itália?

Pode ser que sim, o embaixador disse que deixou claro após terem conversado sobre a situação geral. Contou ter ouvido boatos de que em breve "nossos soldados" iriam invadir o Vaticano e seqüestrar o papa.

"Isso seria a maior estupidez que poderia acontecer", disse ele com um leve sorriso, para tentar passar a idéia de que achava os boatos ridículos.

Rahn disse que evidentemente não tinha acreditado neles, mas explicou que a percepção pode ser tão perigosa quanto a realidade. Se o povo acreditar que o papa será seqüestrado, poderá tomar as ruas, trazendo muitos problemas para as forças de ocupação.

"O Vaticano", acrescentou Rahn, "é o nosso melhor aliado. Com a ajuda do papa, poderíamos acalmar o espírito do povo italiano e prevenir ações hostis contra nós."

Quando acabou de falar, disse-me Rahn, fez-se silêncio na sala. A maioria dos ali presentes ficou chocada com o fato de um mero embaixador ter trazido um assunto tão delicado e controverso. E já que o próprio Hitler não reagira, os outros também não quiseram opinar com medo de irritá-lo. Himmler e Bormann, que haviam ajudado a arquitetar o plano contra o Vaticano, sabiam que o Führer queria manter o assunto em segredo (embora Hitler, aparentemente, não tivesse mencionado o nome de Bormann a Wolff quando mandou o general preparar a conspiração).

Não era segredo o que cada um dos ali presentes pensava sobre o Vaticano ou sobre o cristianismo em geral. Na verdade, sentiam o mesmo que o próprio Hitler. Em um almoço no dia 13 de dezembro de 1941, o Führer confidenciou a alguns de seus ministros: "Um dia a guerra terminará. Acredito que a minha última tarefa na vida será resolver o problema religioso. ... Não interfiro nas questões de fé. Portanto, não posso admitir que os homens da Igreja se intrometam nas questões seculares. ... O ponto final será na basílica de São Pedro, um funcionário idoso, diante [do papa], algumas senhoras de aparência funesta, tão gagás e pobres de espírito como ninguém desejaria ser. Os jovens e saudáveis estão do nosso lado."

Se Hitler não tinha motivos para adiar o ataque ao Vaticano, tinha um plano semelhante e mais abrangente para destruir o conceito básico do cristianismo, mas teria como base a decepção e não a violência. Disse ele a alguém próximo:

"Os padres serão pegos por sua notória gula e auto-indulgência. Definiremos as coisas com eles em perfeita paz e harmonia. Darei a eles alguns anos de perdão. Por que precisamos brigar? Aceitarão qualquer exigência para manterem os benefícios materiais. As coisas nunca atingirão um ponto crítico. Aceitarão nossas firmes determinações e precisaremos mostrar-lhes apenas uma ou duas vezes quem manda. Eles ficarão sabendo de que lado sopra o vento."

Hitler, na realidade, começou a articular a farsa tão logo chegara ao poder. Disse ao novo *Reichstag** que "o governo do Reich, para o qual o cristianismo era o alicerce inabalável do código moral e valores da nação, considera de grande significado a manutenção de relações cordiais com a Santa Sé e está trabalhando para desenvolvê-las".

Essa farsa logo estaria entranhada na concordata que Pio XII, ainda cardeal Pacelli, desejava acreditar que salvaria a Igreja. Enquanto isso, Hitler parecia preparar o terreno para seus objetivos mais abrangentes com uma ação que faria com que os padres de toda parte recorressem a todos os deuses.

Nem todos na sala concordaram com a estratégia do Führer. Goebbels, apesar de igualmente anticristão, sentia, como ministro da Propaganda, que um ataque contra o Vaticano renderia argumentos poderosos para os aliados contra a Alemanha. Ribbentropp, como ministro do Exterior, achava que tal passo dificultaria as tentativas de estreitar laços com a Espanha e com outras nações pró-Eixo. O general-de-campo Keitel temia que isso suscitasse revoltas nacionais incitadas por agitadores comunistas.

* Parlamento. (N.T.)

O coronel-general Jodl parecia apoiar a operação, embora não tivesse percebido que Hitler também era favorável. Jodl sugeriu que se os alemães precisassem deixar Roma e planejassem destruir edifícios na retirada, o Vaticano deveria ser um deles. Escreveu a seguinte resposta a um subalterno que defendia a preservação do Vaticano: "Isso não é para ser considerado. Uma ordem dessas cria imediatamente a idéia de que até mesmo o alto escalão duvida da capacidade de resistência [dos alemães]."

Himmler, que evidentemente sabia da decisão de Hitler, parecia estar dividido, embora seu antigo sonho de aniquilar a Igreja católica pudesse estar próximo de ser realizado. Até o momento, ele havia apoiado o plano do seqüestro e, aos olhos de Hitler, até arquitetara uma desculpa para isso ao ordenar uma campanha especial de terror contra os judeus italianos – tortura, incêndios em propriedades e profanação de cemitérios – a fim de provocar um pronunciamento público do papa e, então, acionar o plano.

Apenas algumas semanas antes dessa reunião entre os nazistas do alto escalão, Wolff encontrou-se com o professor Johannes Popitz, um dos líderes do Conselho dos Doze, comissão que passaria a controlar o governo no golpe idealizado por Frauline Hanfstaengl. Popitz, ex-ministro do gabinete prussiano, queria que Himmler presidisse o Conselho caso ele fosse formado.

A posição da Alemanha não trazia qualquer esperança, argumentou Popitz, e Berlim precisava tentar fazer um acordo de paz separado com o Ocidente. Os Estados Unidos e a Alemanha tentariam reerguer a Alemanha como uma fortaleza contra o comunismo – caso Hitler e Ribbentropp fossem retirados do poder. E quem seria, então, o mais indicado para suceder Hitler? Heinrich Himmler, que era forte, humano e responsável. Ou, como todos achavam, pelo menos um homem flexível que estivesse no comando de alguma força armada.

Himmler era evasivo. Isso intrigava principalmente Wolff. Caso Himmler se tornasse o novo Führer, Wolff provavelmente seria seu adjunto e estaria a um passo do topo. Himmler, entretanto, era oprimido por um senso mais forte de lealdade a Hitler do que Wolff. Precisava de mais tempo para pensar no assunto.

Pensou mais no assunto e logo foi se consultar com um amigo advogado, outro nazista influente, que ele sabia ter se juntado à oposição. Até aquele momento, aparentemente Frauline Hanfstaengl não havia conseguido fazer os contatos necessários na França e na Inglaterra. Assim, Himmler mandou o dr. Karl Langbehn à Suíça para saber, de seus conhecidos no local, como os dois países inimigos poderiam reagir à proposta. Quando, porém, Langbehn voltou com uma resposta negativa e com a informação de que a missão havia vazado, Himmler ordenou a prisão dele e, logo depois, a execução dos dois líderes da Resistência para ter certeza de que Hitler não suspeitaria de *sua* traição. A idéia, contudo, não morreu com eles, ao menos não na mente do chefe da SS. Heinrich Himmler, o novo líder?

A culpa dilaceradora que sentia por pensar em traição era ainda maior do que aquela que o fazia se contorcer de dor quando assistia ao assassinato de milhões sem face. Caso ele viesse a ser o sucessor de seu mestre – pelo interesse da Alemanha, claro –, seria melhor que o papa e o Vaticano já estivessem fora do caminho.

Era necessário fazer a seguinte pergunta: os aliados ficariam menos inclinados a aceitá-lo como o novo Führer se soubessem que ele estava envolvido no plano do seqüestro? Em todo caso, ele devia fidelidade a Hitler – pelo menos até que os acontecimentos exigissem o contrário.

O Führer não deixava de estar ciente ou agradecido pelo esforço de Himmler em terminar sua tarefa com sucesso – livrar o mundo dos judeus de Roma, os únicos descendentes vivos do antigo povo romano. E isso, no entanto, implicava livrar Roma do papa antes que o pontífice pudesse abrir a boca e jogar o mundo contra o homem que – se recuperasse a força – poderia purificar o planeta com eficiência divina.

Himmler sabia que alguns alemães respeitáveis o criticavam por suas atividades genocidas, mas ninguém gostava dos judeus ou se preocupava com eles. Além disso, ele tinha tentado salvá-los até as circunstâncias terem interferido. Mesmo com um trabalho questionável, por que ele estava sendo culpado por simplesmente cumprir ordens? Talvez a Grã-Bretanha e os Estados Unidos entendessem a sua atitude e terminassem por acolhê-lo, caso ele julgasse tal acolhida necessária.

Logo teria que optar. Deveria suavizar o ódio que sentia da Igreja enquanto continuava tentando suavizar o ódio que Hitler sentia dos judeus? Ou deveria recorrer aos aliados – que certamente exigiriam o fim da matança – e, talvez como a reencarnação de Heinrich I, realizar o glorioso sonho expansionista de seu herói com conquistas até maiores que as previstas por Hitler?

Martin Bormann não enfrentava o mesmo dilema romântico. Sua aversão à Igreja e ao papa era ainda mais nociva que a de Himmler e mais intensa que seus sentimentos contra os judeus, os quais raramente mencionava. Mesmo assim, somente eles, que eram odiados por motivos raciais e não políticos, mereciam a câmara de gás. Tentando impressionar Hitler, assinou diversos decretos condenando os judeus à destituição ou à morte, mas deixou para Himmler a tarefa de se livrar deles. Eram um problema, no entanto um problema relativamente menos importante. Quanto ao cristianismo, Bormann escreveu à mulher, Gerda, que esta religião era "um veneno quase impossível de ser expurgado".

Bormann não havia estudado a ideologia nazista com ardor. A meta que mais o consumia era ajudar Hitler a se tornar o homem mais poderoso do mundo e da história. Ele próprio iria trabalhar a base desse poder nos bastidores – até chegar o momento de emergir e revelar seu nome ao público, e provavelmente sua nova função, a de sucessor do Führer.

Bormann, que como Wolff abandonou a fé protestante em meados dos anos 1930, acreditava que a única forma de alcançar tal realidade era esmagar não apenas o Vaticano, mas o próprio cristianismo, o qual considerava um grande rival de Hitler na competição pelos corações e mentes da humanidade. Na realidade, a conspiração contra o papa e o Vaticano, que o Führer havia mandado Wolff preparar, foi baseada na Operação Pontífice, um plano traçado por Bormann em 1940 com a aprovação de Hitler e arquivado até um momento mais propício.

Simultaneamente, Bormann determinou que o nazismo seria a nova igreja e disse que duraria mais que "a fortaleza romana de hipocrisia". Para construir os alicerces dessa nova igreja, ele criou um departamento, apoiado com entusiasmo pelo Führer, para fazer uma incessante campanha contra o clero. Isso incluía esforços para promover "a rápida transferência dos padres para outras profissões" e decretar que "cada clérigo que renunciasse à função e, de preferência, deixasse a Igreja" teria um emprego garantido no governo.

No ano seguinte, em junho de 1941, Bormann explicou melhor suas idéias em um memorando para os nazistas de alto escalão e líderes provinciais:

> Nacional-socialismo e cristianismo são idéias irreconciliáveis. As Igrejas cristãs são erguidas sob a ignorância de seus fiéis ... O nacional-socialismo reside em bases científicas ... Essa é a razão pela qual a luta dos imperadores alemães contra os papas sempre fracassou ... Agora, pela primeira vez na história da Alemanha, é o Führer quem segura com firmeza as rédeas da espiritualidade [e] o povo

precisa se alienar cada vez mais das Igrejas e dos clérigos. As Igrejas não podem nunca mais recuperar qualquer influência sobre o destino da nação. O seu poder será destruído para sempre.

A pressão de Bormann para que esse objetivo final – a limpeza eclesiástica – fosse alcançado contava com o total apoio de Hitler, que, por sua vez, foi citado no diário de outro líder nazista, Alfred Rosenberg: "Após a guerra ... cada Estado católico terá que eleger o seu próprio papa e o passado judaico-cristão estará se aproximando do fim."

Bormann parecia ter oferecido até mesmo a seu papa, Hitler, uma idéia extremamente radical. Embora Bormann sentisse um ódio visceral do cristianismo, sabia que mais do que à religião em si, o Führer se opunha ao establishment religioso, principalmente ao papa, talvez apenas porque o papa se opusesse a *ele*.

Pio XII sempre desafiava as medidas de Hitler, embora sutilmente, e transformou o que antes era uma Igreja pouco coesa em uma instituição mundial fortemente controlada que ameaçava diluir a lealdade dos católicos alemães para com seu único e verdadeiro mestre, o Führer. Como seria gratificante destituir do trono esse demônio de batina branca e substituí-lo por alguém que soubesse quem era seu superior!

Bormann fez com que Himmler, que insultava os líderes cristãos, mas adotava sua religião, parecesse quase um devoto homem de fé. Os dois líderes eram bons amigos até que, alguns meses antes, Hitler nomeasse Himmler para o cargo de ministro do Interior. Antes disso, o chefe da SS freqüentava a casa de Bormann, onde era chamado de "tio Heinrich" pelos filhos dele.

Os dois tinham muito em comum, especialmente o desejo de conquistar toda a Ásia. Contudo, Himmler vislumbrava essa vitória como um retorno à glória do antigo imperialismo alemão, enquanto Bormann a via como um passo para a glória de um novo e único imperialismo desvinculado das lembranças do passado. Mas com a esfera de poder de Himmler acrescida de um ministério importante, inevitavelmente, os dois se afastaram.

Como líder do Partido Nazista, Bormann também tinha muito poder e ficara ainda mais forte devido à confiança absoluta que Hitler tinha nele. Apesar de seu nome ser pouco conhecido, até mesmo para a maioria dos alemães, exercia dos bastidores mais influência sobre Hitler do que qualquer um de seus colegas de maior projeção. Era considerado por alguns analistas o governante secreto da Alemanha durante os anos de guerra. Ninguém tinha acesso a Hitler sem antes passar por ele – embora Goebbels, como acreditam alguns observadores, poderia ter conseguido livre acesso se fizesse pressão, por ser um grande amigo pessoal do Führer.

Bormann percorreu um longo caminho desde que abandonou o segundo ano do científico. Primeiro administrou uma propriedade, então aliviou o tédio e passou a massagear o ego trabalhando como assessor de imprensa júnior do Partido Nazista, numa bem-apessoada farda. Após escrever entusiasmados folhetos de propaganda, começou a ler incessantemente para aprimorar a escrita. Dedicou-se, especialmente, às vidas de líderes influentes, como Vladimir Lenin e seu próprio chefe, Adolph Hitler, mais para saber como adquirir poder e utilizá-lo do que para aprender sobre ideologia.

Enquanto construía uma grande biblioteca pessoal, Bormann percebeu que um carisma extraordinário era um ingrediente fundamental para que ele crescesse. E, embora desejasse muito subir no partido, percebeu que a falta de tal atributo, acentuado por uma aparência nitidamente não-ariana – rosto rechonchudo, corpo troncudo e olhos negros –, não era um bom presságio para o futuro, a menos que conseguisse abrir um caminho obscuro nas sombras da grandiosidade para chegar ao topo.

Dessa forma, por muitos anos, se escondeu nos bastidores do poder, enquanto Hitler jogava os líderes ambiciosos uns contra os outros para que ninguém sobressaísse a ponto de ameaçá-lo. Já que Bormann não participava desse jogo político, Hitler o trouxe para seu gabinete, onde sua falta de escrúpulos, gosto por intrigas e genialidade burocrática – exercidas do meio-dia às cinco da manhã para coincidir com o horário de trabalho do mestre – compensavam sua falta de criatividade e lhe renderam um espaço altamente secreto na estrutura de poder nazista.

Como Himmler comandava a SS e Bormann, o Partido Nazista, cada um era responsável por alas diferentes do governo e em um primeiro momento conseguiram estabelecer uma relação calorosa. A nomeação de Himmler para o Ministério do Interior, contudo, abalou tal equilíbrio: "Para a nossa surpresa, não demorou até que ele [Bormann] fizesse Himmler ficar imobilizado no Ministério do Interior," observou Albert Speer, um oficial nazista de alta patente. Além disso, quando Himmler, no novo cargo, tentou aumentar seu poder nas províncias, Bormann se fortaleceu relatando essa atitude "ilegal" a Hitler.

❖ ❖ ❖

Os dois adversários concordaram secretamente com o plano contra o Vaticano, embora Bormann, diferentemente de Himmler, não tivesse segundas intenções. Ao expressar sua opinião contra tal ação na reunião de líderes nazistas, o embaixador Rahn estava confiante de que seu apelo agressivo prevaleceria. Mas, apenas olhando para Bormann, percebeu que seria difícil convencer Hitler, que dava muita importância para as opiniões de seu Mefistófeles em muitas de suas decisões.

"O rosto de Bormann ficou muito vermelho", disse-me Rahn, "vermelho de raiva e agitação. Ele, no entanto, não teve coragem de retrucar meus argumentos."

Os outros bajuladores também não tiveram. O próprio Hitler também não fez qualquer comentário, obviamente por temer pôr em discussão uma decisão secreta já tomada e ouvir dissidentes que não haviam sido consultados sobre o plano. Teria contado a eles no momento certo. Todos, porém, talvez até Hitler, sabiam que Bormann não seria tão discreto quando estivesse sozinho com o mestre dentro de quatro paredes fechadas para todos, com a exceção talvez de Goebbels.

No entanto, até a reputação de Goebbels estava manchada, o que de alguma forma havia esfriado a sua relação com Hitler. De acordo com o diário de Ulrich von Hassel, um dos principais diplomatas de Hitler, em 1938: "Goebbels estava em desvantagem [naquele momento] devido a relacionamentos que mantinha com atrizes e outras mulheres cujos empregos dependiam do ministro da Propaganda." Isso se tornou um escândalo. Hitler ficou furioso, especialmente porque Goebbels queria se divorciar da mulher – o que indica quanta afinidade o Führer tinha com o general Wolff, que foi autorizado a se divorciar, apesar da objeção de Himmler.

De todo modo, Hitler estava ciente ou agradecido pelo esforço de Himmler em ser bem-sucedido em sua principal tarefa – livrar o mundo dos judeus de Roma. E isso significava expurgar esses judeus antes que o papa abrisse a boca e jogasse o mundo contra o Führer, que – caso recuperasse a força – poderia purificar a humanidade de forma mais eficiente que qualquer outro mensageiro de Deus.

A típica determinação de Hitler para agir movido por qualquer obsessão que o tomava não oferecia muita esperança para aqueles que temiam que o plano do seqüestro fosse levado à frente.

6.
A única forma de salvar a Alemanha

Logo após se reunir com Hitler e o comando nazista, Rahn voltou a Roma, onde encontrou Weizsäcker, o alto e grisalho embaixador no Vaticano, a quem Wolff também contara sobre a decisão "secreta" do Führer. Agora, como Rahn relatara em sua missão, Weizsäcker tinha o olhar triste de um homem diante de um pelotão de fuzilamento, embora um brilho intimidador e obstinado nos olhos atestasse seu instinto de sobrevivência.

Hitler parecia determinado a atacar o Vaticano, principalmente com Bormann o instigando. Se isso realmente acontecesse, seria o fim do plano secreto de Weizsäcker – o plano que acreditava ser a única resposta possível para a catástrofe que assombrava sua adorada Alemanha. Assim como Wolff e o próprio Pio XII, Weizsäcker queria uma paz negociada, com o papa de mediador. O seqüestro do pontífice acabaria com a última chance de salvar a Alemanha da completa destruição e, talvez do caos, de uma invasão comunista.

Isso sem falar em impedir que a esplendorosa metrópole de Roma tivesse o mesmo destino. Os aliados já haviam começado a bombardear Roma; atingiram algumas igrejas históricas e intensificariam os esforços caso fosse necessário resgatar o papa. Afinal de contas, em 9 de setembro, na véspera de os nazistas ocuparem Roma e quatro dias antes de Hitler ter mandado Wolff preparar o plano do seqüestro, o presidente Franklin D. Roosevelt disse em uma reunião na Casa Branca com o primeiro-ministro Winston Churchill e os respectivos assistentes que um novo slogan deveria ser adotado pelos aliados: "Salve o papa!"

Esse também era o slogan pessoal de Weizsäcker, mas como o embaixador poderia agir de acordo com ele? O que poderia fazer era tentar impedir Hitler de deportar os judeus de Roma. A matança deliberada dos judeus não apenas o horrorizava, mas tal ação poderia forçar o papa a condenar os nazistas, desencadeando a ordem para a implementação do plano do seqüestro. Esse também seria o fim de qualquer chance de uma paz negociada mediada pelo Vaticano que pudesse salvar a Alemanha da destruição, sua preocupação mais urgente.

O tipo de anti-semitismo de Weizsäcker, não-violento e provavelmente mais brando do que aquele que infestava a maior parte dos alemães da época, talvez tenha se refletido em uma observação feita em suas memórias sobre a *Kristalnach**, um terrível ataque a lojas de judeus e sinagogas na Alemanha, após Hitler ter subido ao poder:

> Judeus inteligentes admitiram antes de 1933 que com as grandes oportunidades oferecidas a eles durante a República de Weimar talvez tivessem "estourado sua cota". O perigo que os ameaça hoje em dia, contudo, não poderia ter sido previsto. Anti-semitismo não era de fato uma característica alemã; mas agora se tornara uma arma de agitação revolucionária e, embora pequena, a classe média e os funcionários do Estado gostaram dela ...
>
> Toda a imensa injustiça e miséria humana dos anos de guerra tiveram seu ápice no destino revelado aos judeus. Sua única proteção seria a consciência do mundo; e nenhum resquício disso podia ser encontrado na cabeça de Hitler. ... Não havia qualquer maneira de modificar a situação por meio de argumentos baseados simplesmente em sentimentos humanos e compaixão.

O embaixador alegou ainda ter "pedido a Ribbentropp ... que tomasse medidas enérgicas contra as atrocidades em geral".

E também escreveu para a sua mãe que "a perseguição aos judeus comandada por Hitler era uma violação de todas os dogmas e leis do cristianismo". Ao mesmo tempo, entretanto, assinou uma série de documentos anti-semitas e aprovou outros:

- Mandou a Ribbentropp – não está claro se a pedido de alguém – a primeira proposta para que o regime fascista italiano "implementasse uma solução final ... também em seu território".

* Episódio conhecido como Noite dos Cristais. (N.T.)

• Quando a Suécia se ofereceu para receber os judeus da Noruega deportados para Auschwitz, disse a Ribbentropp que ele se recusou até mesmo a discutir a questão.
• Pressionou a Hungria a "reassentar" na Europa oriental os judeus húngaros que poderiam "espalhar o pânico".
• Quando os nazistas eslovacos reclamaram da falta de meios de transporte para deportar os judeus, mandou a seguinte mensagem para a missão alemã no país: "A suspensão dos transportes para os judeus foi uma surpresa na Alemanha, especialmente porque a cooperação da Eslováquia em relação ao problema dos judeus tem sido altamente apreciada por aqui."

Weizsäcker disse após a guerra que caso tivesse se recusado a aprovar esses documentos não teria salvo um judeu sequer e teria sido expulso do governo, mandado para a prisão, ou até mesmo executado. Disse ele no tribunal de Nuremberg:

> É evidente que sempre esteve claro para mim que essas medidas [anti-semitas] eram as mais repugnantes possíveis. ... [Mas] em nome da resistência, me mantive no cargo e permanecendo no cargo não tinha como impedir que esses documentos passassem por minha mesa, dado o tipo de governo. ... Tinha que aceitar e sustentar essas medidas pelo mesmo motivo que propus o fim delas.

Afinal de contas, diria ele, os judeus só poderiam ter sido salvos com a derrubada do nazismo; e seu objetivo principal, uma paz negociada, atingiria tal fim. Fosse o argumento de ordem prática ou moral, estava preparado para estar de acordo com – ou fazer – quase tudo para alcançar esse objetivo.

Talvez por estar ciente de que não poderia impedir as políticas de Hitler, mas apenas tentar suavizar as conseqüências, Weizsäcker usava a diplomacia de forma quase mecânica, sem qualquer sinal de emoção. Após ter se encontrado com Weizsäcker em agosto de 1939 em Berlim, logo depois da invasão alemã à Polônia, o embaixador britânico sir Neville Henderson relatou: "Fiquei impressionado com uma coisa, mais especificamente o desapego e a calma do barão Von Weizsäcker. Ele me pareceu muito seguro. ... Minha insistência quanto à inevitabilidade de uma intervenção britânica [não] parecia afetá-lo."

A paz a quase qualquer custo era uma obsessão para Weizsäcker, mas não porque discordasse da motivação revanchista de Hiter para a guerra. Assim como o Führer, fora psicologicamente massacrado pelas determinações do Tratado de Versalhes, que após a Primeira Guerra Mundial privou a Alemanha de grande parte de seu território e orgulho nacional. Na realidade, embora odiasse Hitler pelo seu barbarismo, estava disposto a aceitá-lo desde que o líder não recorresse à guerra para atingir tais fins. Revelou Weizsäcker, por escrito, logo após a guerra:

> Paz com Hitler? Isso é o que queria a oposição dentro da Alemanha? Para preservar Hitler – e assim deixar para ele a glória de uma guerra vitoriosa? Não via problema algum em nada disso e não tinha dúvidas. Era a favor da paz, independentemente da forma como seria alcançada. ... Na minha opinião, ambos deveriam chegar ao fim: a guerra e o mandato de Hitler. Ele, no entanto, não podia ser retirado por meio da guerra ou por meio dos incalculáveis sacrifícios que uma guerra impõe. ... Nunca deveria ter aprovado – deveria ter considerado absolutamente injustificável – promover a catástrofe, criar a guerra para poder perdê-la e assim ficar livre de Hitler.

Filho de um governador do antigo reino de Württemberg, Weizsäcker, como acontecera com a maioria das famílias proeminentes, enfrentou o caos e a permissividade liberal trazidas pela Primeira Guerra Mundial, que devastaram as estruturas social e econômica da democrática República de Weimar. Era a favor do sistema monárquico, também adotaria alguma forma de autoritarismo prussiano, mas não o brutal e inflamado oferecido pelo nazismo. Weizsäcker sentia, contudo, que a Alemanha não deveria desistir da luta para recuperar o território perdido em Versalhes e tampouco para anexar a Áustria, mas isso devia ser feito por meio da diplomacia, não da guerra.

Por que Weizsäcker serviu a um homem que desprezava tanto como ser humano quanto como Führer? Porque podia escolher: sair de cena e apenas assistir ao declínio e à queda da Alemanha, ou ficar no centro do sistema e tentar direcionar os acontecimentos para o caminho certo. E ele escolheu ficar e viver uma mentira, fingindo que apoiava as políticas de Hitler, enquanto trabalhava incessantemente para destruí-las. Era realista, não moralista. Outros que serviam a Hitler – diplomatas, burocratas, militares – optaram por traçar o mesmo caminho que Weizsäcker, mas não tinham como este as qualidades, a influência e o brilho necessários para se manterem.

Serviu como oficial da Marinha na Primeira Guerra Mundial e entrou para a diplomacia em 1920. Fora logo promovido para os cargos mais altos.

Serviu na Suíça antes de ser chamado, em 1936, para chefiar o Departamento de Política do Ministério das Relações Exteriores em Berlim. Dois anos depois, Ribbentropp foi nomeado ministro das Relações Exteriores e ouviu de Erich Kordt, seu chefe-de-gabinete e um dos principais conspiradores anti-Hitler, que Weizsäcker seria o homem ideal para o cargo de secretário de Estado. Como ex-oficial da Marinha, "saberia obedecer".

"Então, ele pode obedecer," disse Ribbentropp com ares de superioridade. "Por favor, peça-lhe para almoçar comigo hoje."

Weizsäcker aceitou o cargo com grandes ressalvas. Ao mesmo tempo em que poderia influenciar a política externa, considerava Ribbentropp um homem arrogante, repulsivo e com uma fixação por guerra ainda maior que a de Hitler. Um dilema moral emergiu pela primeira vez do sólido realismo arraigado em sua personalidade. Como funcionário poderoso do governo, teria que sabotar as medidas. Qual seria, contudo, a fronteira entre sabotagem e traição?

Logo após assumir o posto, Weizsäcker testou uma resposta quando ele e Kordt avisaram o primeiro-ministro britânico Neville Chamberlain que Hitler pretendia tomar a região dos Sudetos, na Tchecoslováquia. Os britânicos, disseram, irão fazer pressão por um assentamento pacífico, mas deixaram claro que resistiriam às agressões alemães por meio da força. O próprio Weizsäcker ajudou a esboçar um plano para ser discutido em uma reunião entre Hitler e Chamberlain em Munique, e com base nesse esboço os Sudetos seriam anexados pela Alemanha.

Exatamente o que Weizsäcker queria – hegemonia alemã por meios pacíficos. Não era a moralidade que importava, mas sim o que se podia conseguir com ela.

"O Acordo de Munique", exclamou mais tarde, "foi um daqueles raros exemplos da história moderna em que importantes mudanças territoriais foram alcançadas por meio de negociações."

Em agosto de 1939, entretanto, Weizsäcker aprendeu que conciliar tinha seu preço. Advertiu a Inglaterra de que Hitler logo assinaria um pacto com a União Soviética para dividir a Polônia entre as duas ditaduras, na esperança de que a Inglaterra fizesse uma aliança com Joseph Stálin primeiro. Dessa vez, no entanto, a Grã-Bretanha não deu ouvidos e a Polônia foi invadida pela Alemanha e então pela União Soviética, deflagrando a Segunda Guerra Mundial. Em 25 de agosto, Weizsäcker registrou em seu diário: "Ter o meu nome associado a esse episódio é uma idéia estarrecedora, para não falar das imprevisíveis conseqüências para a existência da Alemanha e de minha própria família."

Em 30 de agosto, após ter pedido com insistência, mas em vão, a Hitler e a Ribbentropp que voltassem atrás, Weizsäcker, disse que, suando frio, estava prestes a retirar do bolso uma pistola munida com duas balas, mas por algum motivo não foi capaz de matar os dois. Em 5 de setembro, escreveu em seu diário:

> E agora a luta começou. Deus fará com que nem tudo que é bom e valioso seja completamente destruído. Quanto mais curta for, melhor. Mas devemos ter em mente que o inimigo nunca selará a paz com Adolf Hitler e Herr Von Ribbentropp. O que isso significa? Como se alguém não soubesse o que isso significa!

Weizsäcker logo sentiu na própria pele o que isso significava. Seu filho Heinrich morreu na Polônia no segundo dia da guerra.

❖ ❖ ❖

Antes do conflito, Weizsäcker havia escrito que embora quisesse se ver livre de Hitler, seria "absolutamente indesculpável ... deflagrar uma guerra para se ... livrar dele". Mas agora que Hitler havia provocado a guerra – a guerra que já havia lhe custado seu filho –, Weizsäcker acreditava que realmente precisava se livrar do Führer. Apoiou um golpe militar para alcançar esse objetivo, embora tivesse desempenhado um papel apenas diplomático.

Os organizadores do golpe queriam especificamente descobrir o que os britânicos ofereceriam se a oposição alemã derrubasse Hitler. E também queriam convencer Londres – que então lutava sem os Estados Unidos ao lado – de que se a guerra não terminasse logo, a União Soviética devoraria grande parte da Europa, a menos que fosse contida por uma Alemanha livre.

Tudo indicava que o golpe poderia dar certo – com a ajuda de Pio XII, que, apesar de amar a Alemanha, odiava Hitler. (Curiosamente, no momento em que o papa se envolveu nesse golpe contra Hitler, o Führer planejava a Operação Pontífice contra Pio XII.)

Pouco depois de a guerra ter estourado, sir Francis D'Arcy Godolphin Osborne, o ministro britânico na Santa Sé, mandou uma mensagem para o Ministério das Relações Exteriores:

> Se os generais alemães recebessem a garantia de uma paz com a Grã-Bretanha ... estariam preparados para substituir o atual governo alemão por ... um com o qual seria possível negociarmos – e, portanto, conseguir um acordo sobre o

> Leste europeu com o governo britânico.... [O papa sentiu que] sua consciência só ficaria tranqüila se eu fosse vê-lo. Ele queria me passar a informação apenas para que eu ficasse sabendo. Não tinha a menor intenção de endossá-la ou recomendá-la.

Na verdade, mais do que a tranqüilidade da consciência do papa estava em perigo. O pontífice talvez tivesse posto sua vida em jogo. Segundo um especialista: "Esse foi um passo tão arriscado quanto inconseqüente. Os riscos para o próprio papa e para a Igreja eram incalculáveis. Se os nazistas ficassem sabendo ... se muniriam de todas as desculpas necessárias para um amplo ataque à Igreja católica na Alemanha e onde mais fosse conveniente para a SS."

Os organizadores da conspiração contra Hitler precisavam que o papa trocasse informações secretas com o governo britânico por acharem que apenas ele contava com o prestígio e a autoridade para convencer Londres de que o grupo se opunha ao Führer de forma sincera. E sem a ajuda de uma potência inimiga, pensavam, o povo alemão, cujo apoio era necessário para um golpe, seria nacionalista demais para respaldá-lo.

O papa, que sempre fora cauteloso e correto no trato com os líderes alemães, inclusive com Hitler, agora, repentinamente – e secretamente –, passava da neutralidade quase fanática para a conspiração, uma temporária e camaleônica troca de papéis. Com entusiasmo, concordou com a proposta, aceitou até mesmo passar informações militares secretas aos britânicos e, segundo me contou uma fonte do alto escalão do Vaticano, o papa apoiaria a decisão de matar Hitler, caso o plano de levar o Führer prisioneiro falhasse.

O papa sentia que recorrer a tal medida extrema, disse a fonte, seria justificado porque salvaria as incontáveis vidas que seriam perdidas se uma guerra catastrófica atingisse toda a Europa – uma guerra que também poderia destruir a Igreja que Deus, na sua opinião, lhe havia confiado.

Por meio de Pio XII, os rebeldes passaram a trocar inúmeras mensagens com os líderes britânicos sobre a movimentação das tropas nazistas, sobre o tipo de governo que os alemães construiriam após o golpe e sobre o papel que essa administração exerceria na Europa pacífica do pós-guerra. Sim, o risco valeria a pena – e a Santa Sé ficaria em uma posição em que poderia mediar a paz em um mundo livre da presença tanto de Hitler quanto de Stálin. No final, para vergonha de Pio XII e Weizsäcker, os britânicos acharam que não podiam confiar totalmente nos conspiradores alemães e insistiram em saber seus nomes – exigência que o papa se recusou a cumprir com medo de que Hitler descobrisse suas identidades.

Ele não havia pessoalmente avalizado os conspiradores? Pio XII deve ter se perguntado. Agora, só lhe restava rezar para que Hitler não ficasse sabendo da sua participação no plano e encontrasse uma desculpa para aniquilar o reinado sagrado que ajudara a construir. A experiência frustrante faria com que se tornasse mais cauteloso em reagir a futuras políticas de Hitler.

Como mostraria o destino, os mesmos conspiradores se envolveriam no plano de 20 de julho de 1944, quando Hitler escapou da morte. Muitos deles foram enforcados, vários em ganchos de abatedouros com cordas de piano para prolongar o sofrimento.

Weizsäcker viu sinais de esperança no primeiro fracasso. O papa não tinha concordado em cooperar com a oposição? Pio XII continuava a ser, ao que tudo indicava, o único homem no mundo capaz de efetivar uma paz negociada que produziria um pacto entre alemães e aliados contra a União Soviética.

Será que Weizsäcker era realmente sincero ao se definir como um verdadeiro antinazista que desejava a revisão do Tratado de Versalhes por meio de negociações e que servia a Hitler para poder sabotar ou suavizar suas políticas extremistas? O professor Leonidas Hill, um especialista no assunto, escreveu:

> Ernst von Weizsäcker lutou pelo que considerava as metas legítimas da Alemanha e tais metas eram direcionadas principalmente contra o Tratado de Versalhes. ... Embora não fosse um defensor fervoroso da reivindicação pelos Sudetos, ele apoiou. Também ficou satisfeito com o rebaixamento, sem guerra, da Tchecoslováquia à condição de subordinada, ... mas não foi a favor da partilha da Polônia e após a guerra ter estourado queria a criação de uma nova Polônia ...
>
> Em cada uma das grandes crises seus objetivos eram precisamente limitados, em parte porque não era um nacionalista fanático e temia a guerra. ... Um apaziguador ... queria concessões para a Alemanha, mas exigia que o país fosse tratado com firmeza para obrigá-lo a agir de forma mais comedida. ... Era um homem de personalidade forte que fazia o que acreditava ser correto e possível.

Weizsäcker sentiu mais uma vez que devia fazer o que acreditava ser correto e possível. Para viabilizar a paz que descobrira ser tão ardilosa, precisava conseguir ser transferido para o Vaticano. E como o atual embaixador no local estava sendo chamado de volta, o momento era propício para pedir a mudança a Ribbentropp – especialmente com os aliados pressionando Pio XII a se manifestar publicamente contra a matança dos judeus.

Eles não perceberam, se perguntou Weizsäcker, que se o papa sucumbisse às pressões, Hitler certamente imporia uma implacável retaliação ... e talvez até atacasse o Vaticano, a chave para a salvação da Alemanha? (O Führer ainda não tinha dado tal ordem a Wolff.)

O ministro das Relações Exteriores, por sua vez, precisava de um diplomata moderado para evitar que o papa, em quem não confiava, fosse seduzido pelos aliados e passasse para o lado deles. Inseguro quanto à lealdade de Weizsäcker, ficou feliz por mandá-lo para um longo "exílio" em um cargo de "menor importância", no qual o homem poderia exercitar sua brilhante diplomacia sem ameaçar os objetivos nazistas.

Dessa forma, em meados de 1943, Weizsäcker foi para Roma, onde seria o novo embaixador para a Santa Sé e tentaria salvar o único homem que acreditava ser capaz de salvar a Alemanha.

7. Mais perto de Himmler que do paraíso*

Nal Pio XII acomodou o corpo elegante no trono papal, após ter sido escolhido para suceder Pio XI em 1939, suspeitou que o Vaticano e o papado corriam perigo. Pio XI já havia preparado o terreno para um ataque nazista ao condenar audaciosamente as atrocidades anti-semitas de Hitler. O plano inicial de Bormann contra o Vaticano, a "Operação Pontífice", logo veio à tona em 1940, arrancando um comentário oficial do novo papa: "Aconteça o que acontecer, mesmo que me prendam e me mandem para um campo de concentração, não tenho medo. Um dia, cada um de nós responderá por seus atos diante de Deus."

O medo de Pio XII, no entanto, aumentou quando em 25 de abril de 1941, soube que Ribbentropp havia pedido a seu homólogo italiano, o ministro das Relações Exteriores conde Galeazzo Ciano, que retirasse o papa de Roma. Acredita-se que Ciano tenha respondido que era a favor de apenas isolar o pontífice e controlá-lo dentro do próprio país.

Quando funcionários do Vaticano indagaram sobre essa declaração, o governo italiano negou. Porém, estavam tão preocupados que em 8 de maio de 1941, em uma reunião de cardeais, o secretário de Estado, cardeal Luigi Maglione, revelou que seriam dados poderes especiais a representantes papais no exterior para serem usados caso o papa "não conseguisse se comunicar com eles".

Quando Mussolini foi deposto, os temores do Vaticano se tornaram mais urgentes. Em uma reunião especial da cúria em 4 de agosto de 1943, Maglione

* Do original: "Mais perto de Himmler que de *Himmel*." A tradução literal da expressão alemã *Himmel* é "céu", aqui, no entanto, aparece com uma conotação mais próxima de "paraíso". (N.T.)

disse que "o governo italiano temia um ataque alemão contra Roma. Caso isso ocorresse, previa também uma invasão ao Vaticano. Essa possibilidade não pode ser descartada, já que as ameaças alemães contra o Vaticano vêm crescendo nos últimos anos".

As tensões acirravam-se ainda mais devido a declarações, como a de monsenhor Domenico Tardini, assistente do secretário de Estado do Vaticano, que, de acordo com um dos presentes, havia mandado os cardeais "deixarem uma mala pronta porque podemos ser deportados a qualquer momento. Todos estamos com a sensação de que os alemães irão ao menos levar o Pai Sagrado. Vivemos com a expectativa de que isso logo acontecerá".

O próprio papa estava tão alarmado pelo perigo que convocou uma reunião de cardeais para escolher um possível sucessor – aparentemente o cardeal Maglione – caso fosse seqüestrado. Quando Weizsäcker chegou ao Vaticano para assumir o cargo de embaixador na Santa Sé, pediu a Maglione que lhe desse um sinal quando achasse que o momento era propício para a paz – uma paz sem Hitler. O novo enviado, entretanto, sabia que se o deposto Mussolini não voltasse rapidamente com *plenos* poderes, Hitler mandaria tropas para Roma, onde poderiam facilmente chegar ao Vaticano para se vingar do golpe.

Em uma de suas primeiras ações, o astuto Weizsäcker tentou fazer com que Hitler deixasse de acreditar que o papa havia ajudado a arquitetar o golpe, o que talvez diminuísse a possibilidade de uma grande catástrofe. No dia 4 de agosto, mandou uma mensagem para o raivoso Führer dizendo que o papa queria manter boas relações com a Alemanha e que "para a Igreja, o arquiinimigo interno e externo era e continuaria sendo o comunismo". Em outras palavras, Hitler não precisaria dar nenhum passo agressivo contra o papa.

Como reflexo do medo que aterrorizava o Vaticano, Weizsäcker, em 10 de setembro, quando as tropas nazistas começaram a chegar a Roma, enviou uma mensagem a Berlim dizendo que Maglione havia lhe pedido para não deixar os soldados do Reich desrespeitarem o Vaticano e seus prédios adjacentes.

Naquele mesmo dia, tarde da noite, Weizsäcker e seu adjunto Kessel se encontraram para discutir a situação de Roma. Ao mesmo tempo, Kessel, se utilizando do conhecimento de Weizsäcker, mas não da ajuda direta do chefe, estava envolvido em um plano próprio contra Hitler – planejava, junto com alguns militares, outra tentativa de assassinar o Führer. No entanto, naquele momento, com os alemães ocupando Roma, o mais urgente era impedir qualquer ataque ao Vaticano e o seqüestro do papa.

Embora Hitler ainda não tivesse dado ordens a Wolff para organizar a deportação dos judeus de Roma, os dois sabiam que, com os alemães ocupando a cidade, tal ordem seria apenas uma questão de tempo. Assim, com a vida de seus vizinhos judeus em perigo, o papa poderia ser pressionado pela própria consciência, pela população italiana e pelos aliados a se pronunciar contra tal ação. Com isso Hitler conseguiria o estímulo para retaliar violentamente o Vaticano, e Pio XII poderia nunca vir a ser o mediador de uma paz negociada. Também havia a questão humanitária; tanto o embaixador quanto seu adjunto abominavam a assassina política de Hitler contra os judeus.

Foi no outono de 1942 que o Vaticano soube que os nazistas estavam exterminando os judeus. De acordo com o diplomata norte-americano Harold Tittmann, Myron Taylor, seu superior e enviado especial do presidente Roosevelt ao Vaticano, "passou para o cardeal Maglione informações sobre a destruição do gueto de Varsóvia e dos massacres dos nazistas. As informações estavam registradas numa carta enviada em 30 de agosto de 1942 pelo escritório de Genebra da Agência Judaica para a Palestina".

A carta dizia que corpos de judeus estavam sendo usados para produzir gordura, que era utilizada na fabricação de fertilizantes. Maglione respondeu em 10 de outubro que a Santa Sé recebera de diversas fontes relatórios não comprovados contendo várias medidas adotadas contra não-arianos e que estava "aproveitando todas as oportunidades para aliviar o sofrimento deles".

Mas agora, um ano depois, o Vaticano aparentemente ainda não sabia que uma ordem para a captura dos judeus de Roma estava próxima. Dessa forma, ficou a cargo de Weizsäcker, Kessel e de outros oficiais alemães anti-Hitler – cientes das intenções do Führer, mas não de quando seriam implementadas – mandar os judeus deixarem imediatamente suas casas e buscarem abrigo em outro lugar.

Kessel contou a Weizsäcker que visitara o amigo suíço Alfred Fahrener, secretário-geral do Instituto de Direito Internacional, que conhecia alguns líderes da comunidade judaica, e lhe pedira para espalhar a informação de que os judeus deveriam partir.

Kessel disse ter voltado para casa convencido de que impedira uma catástrofe. Tudo indicava que tanto o Vaticano quanto os judeus seriam salvos. Ele não sabia que Himmler, ao que parece passando por cima de Wolff – em quem não confiava plenamente –, já havia mandado uma mensagem para o coronel da SS Herbert Kappler, chefe da Gestapo em Roma:

> Devido aos recentes acontecimentos em Roma, é necessário encontrarmos uma solução definitiva para o problema dos judeus nos territórios ocupados pelas Forças Armadas do Reich. O *Reichsführer* [Himmler] exige que o *Obersturbahnführer* Kappler tome imediatamente todas as medidas preliminares para que as operações [contra os judeus] possam começar a funcionar de forma rápida e secreta na cidade de Roma. Novas ordens seguirão.

Em 13 de setembro, três dias após a invasão de Roma, soldados alemães vestidos com uniformes completos e munidos de antitanques e submetralhadoras saltaram, repentinamente, de caminhões militares e se posicionaram na praça de São Pedro, ao longo da divisa com a Cidade do Vaticano. Algumas horas antes da chegada dos soldados, um relatório secreto da SS feito antecipadamente anunciava com entusiasmo: "É com satisfação que recebemos a notícia de que a proteção da Cidade do Vaticano ficará a cargo das tropas alemães e que, sob a proteção dos próprios guarda-costas de Adolf Hitler, o Vaticano deixará de ser um centro de espionagem."

No relatório, um oficial resumiu o que estava acontecendo: "Agora o papa está mais perto de Himmler que do paraíso."

Alguns dias depois, a Rádio Berlim advertiu que "medidas severas seriam impostas a menos que o papa aceitasse as políticas de Hitler e do fascismo italiano". Todos os estoques de alimentos foram tomados, diminuindo a quantidade de comida do Vaticano; o sistema postal foi suspenso; e as linhas telefônicas de Roma foram grampeadas – tudo aconteceu apesar de terem pedido a Weizsäcker que prometesse ao Vaticano que os alemães iriam "preservar a cidade na luta".

O embaixador, que a essa altura já sabia da missão de Wolff, estava mais apreensivo do que nunca. Entendeu o raciocínio de Hitler e lembrou-se de um incidente anterior. Enquanto pensava estratégias de guerra com Göring, o Führer disparou: "Vamos apelar para o jogo do tudo ou nada. Durante toda a minha vida joguei por tudo ou nada."

Weizsäcker estava certo de que Hitler havia optado pelo "jogo do tudo ou nada" quando deu as ordens a Wolff. Agora, o Führer estava comprometido com uma farsa. Seguindo instruções, o embaixador mandou uma mensagem codificada a Berlim, calculada para parecer que tinha convencido o papa de que não havia motivos para se preocupar com um ataque ao Vaticano e de que "ele não era nosso prisioneiro".

Os sinais contraditórios dados por Berlim pareciam confundir o Vaticano. Por um lado, as duras medidas eram um aviso para que o papa não se pronunciasse quando os judeus de Roma fossem capturados, ou o Vaticano correria um sério risco. Por outro, a garantia de que ele *não* estava em perigo o estimulou a manter a guarda baixa.

Enquanto isso, a liderança nazista contava com a possibilidade de uma ação de resgate por parte dos aliados, já que, em 1º de outubro, o presidente Roosevelt declarara que "a marcha dos aliados para o norte* teria como meta liberar Roma, o Vaticano e o papa, como uma cruzada". Três dias depois, Ribbentropp mandou uma mensagem a Weizsäcker:

> Agora que Roosevelt percebeu que o papa é prisioneiro e que o Vaticano está sitiado, e ao mesmo tempo tem tentado nos responsabilizar por qualquer possível dano causado à região ou a Roma, é preciso esclarecermos que a Alemanha mantém a decisão de respeitar o Estado do Vaticano de todo modo. ... Peço-te, assim, que marques uma audiência com o papa e chames a atenção dele, de forma enfática, para a campanha maligna de nossos opositores. Para isso deves declarar o seguinte:
>
> Como a cúria deve estar ciente, desde que as tropas alemãs chegaram a Roma, a propaganda do inimigo vem tentando todo tipo de invenção para mostrar que o Vaticano é vítima da violência alemã. O comportamento das tropas alemãs já provou que essas declarações são mentirosas. Ainda assim, as calúnias dos nossos opositores continuam. Isso foi iniciado, por exemplo, pelo presidente dos Estados Unidos (Roosevelt). Diante desse fato, o governo do Reich afirma que a Alemanha respeita a plena soberania e a integridade do Estado do Vaticano e que os membros das Forças Armadas alemãs em Roma estão se comportando de acordo com essa afirmação.
>
> O governo do Reich ficará agradecido se a cúria, por sua vez, puder publicar um texto claro sobre a situação e, dessa forma, garantir a propagação da verdade. Deves dizer ainda ao papa que o governo do Reich ficará particularmente grato se essa retificação vier da sua própria boca.

Ribbentropp, então, autorizou Weizsäcker a entregar uma declaração ao cardeal Maglione:

* A partir do Sul da Itália. (N.E.)

> De nossa parte está reafirmado que a soberania e a integridade territorial do Vaticano serão respeitadas e que as tropas alemãs em Roma se comportarão de acordo. Também prometemos fazer o possível para que o Vaticano não seja envolvido no combate.

Após ter recebido as instruções, Weizsäcker pediu uma reunião com o homem que ele tentava salvar de um destino que abalaria o mundo.

* * *

Antes disso, logo após Rahn ter voltado da reunião em Berlim e ter conversado com Weizsäcker e Wolff, o embaixador aparentemente havia retomado o contato com oficiais da Inteligência britânica. O slogan "Salve o papa!", sugerido por Roosevelt em uma reunião com Churchill na Casa Branca, após a ocupação de Roma pelos nazistas, ganhou um novo sentido.

Weizsäcker ficou ainda mais preocupado quando soube, em 25 de setembro, que Himmler havia mandado uma segunda mensagem altamente secreta de "esteja pronto" para Kappler, o chefe da Gestapo em Roma, dizendo-lhe para prender os judeus da cidade. Embora Kappler achasse que uma captura não seria algo factível e possivelmente suscitaria manifestações populares, ele não era homem de desobedecer ordens, independentemente de aprová-las ou não.

Mal ele acabara de ler a ordem, Möllhausen lhe disse para se esquivar dela com discrição. Por meio do general Rainer Stahel, o comandante alemão responsável por Roma que apoiava a visão dos conspiradores, o cônsul ficou sabendo de uma segunda mensagem de "esteja pronto" mandada por Himmler naquele mesmo dia. Embora a mensagem fosse endereçada apenas a Kappler, Stahel havia, sorrateiramente, passado os olhos nela e gelou com o que lera:

> É sabido que esse grupo de judeus colaborou ativamente com o movimento de Badoglio. Portanto, sua rápida remoção representará, entre outras coisas, uma medida de segurança necessária para garantir a devida tranqüilidade à retaguarda do front sul. O sucesso desse feito será garantido por meio de uma ação-surpresa e por esse motivo é absolutamente necessário suspendermos a aplicação de qualquer ato individual contra judeus para não levantarmos suspeitas entre a população quanto a uma iminente "*Judenaktion*".

Após ter lido a mensagem, Möllhausen, tão decepcionado quanto Stahel, mandou um telegrama em 6 de outubro a Ribbentropp, com o título de "urgente, absolutamente secreto":

> Kappler recebeu instruções de Berlin para capturar os 8 mil judeus que moram em Roma e levá-los para o Norte da Itália, onde serão liquidados. O general Stahel, comandante responsável pela cidade de Roma, informou-me que apenas permitirá tal ação se esta estiver de acordo com a vontade do ministro das Relações Exteriores do Reich [Ribbentropp]. Pessoalmente, sou da opinião de que faríamos um melhor negócio usando os judeus, como em Túnis, para o trabalho braçal e apresentarei essa idéia junto com Kappler ao marechal-de-campo Kesselring.

Embora fosse esperada, a ordem para a captura dos judeus também deixou Weizsäcker alarmado. Agora ele *teria* que convencer o papa a ficar calado quando isso acontecesse ou, quase com certeza, uma retaliação nazista seria deflagrada.

8.
Cão sem dono

Israel Zolli, o rabino-chefe de Roma, não sabia do plano do seqüestro, mas suspeitava que os nazistas iriam capturar os judeus e contava com o papa para ajudar a salvá-los da quase certa deportação. Em 9 de setembro, Zolli escreveu em seu diário que telefonara do grande templo de Roma para Dante Almansi, o presidente da Associação das Comunidades Judaicas da Itália, e o advertiu: "Eles estão prestes a chegar! Vamos nos encontrar com [Ugo] Foa [presidente da Comunidade Judaica de Roma]. Convide-o para ir ao seu escritório amanhã às 7h. Direi a vocês o que creio que precisa ser feito para proteger a população judaica. Se você me apoiar, assumirei grande parte da responsabilidade pela ação e adaptação. Tudo o que você precisa fazer é concordar e agir de uma vez."

Segundo Zolli, Almansi, que havia sido prefeito ou governador durante o mandato de Mussolini, riu e respondeu: "Como alguém tão inteligente quanto você pensa em interromper o funcionamento de instituições e do curso regular da vida hebraica? Ontem mesmo fui ao ministro e ele me deu garantias. Não se preocupe."

"Mas veja..."

"Não, repito que você pode ficar tranqüilo. E sobretudo você deve passar confiança para as pessoas. Não se preocupe e tenha uma boa-noite. Boa noite."

Zolli desligou o telefone e disse a Gemma Contardi, assistente do rabino na sinagoga, que estava em pé a seu lado: "Lembre-se disso, haverá um banho de sangue em Roma. Quem sabe quantos judeus pagarão com suas vidas!"

Na tarde seguinte, 10 de setembro, enquanto os alemães marchavam em direção a Roma, Zolli correu para encontrar o delegado regional de polícia, o qual ele sabia que secretamente era um antifascista. Perguntou-lhe, ansioso, o que deveria fazer.

"Se entendi bem", respondeu o delegado, "uma hora após terem entrado em Praga, mataram o rabino-chefe da cidade. Na minha opinião, você deve deixar a sua casa por três ou quatro dias até que fique sabendo qual sistema adotarão aqui. Depois disso, você poderá fazer o seu próprio julgamento."

Ao voltar para casa, Zolli mal tinha fechado a porta quando ouviu gritos na rua: "Os alemães! Os alemães!"

Sua filha Miriam correu para fora de casa e voltou pálida e trêmula. "Vamos de uma vez!" exclamou. "Estamos na entrada do gueto e todos estão fugindo."

Ela pegou rapidamente algumas mantas e disse: "Vamos deixar tudo aqui e partir!"

"Mas gostaria de levar comigo..."

"Você não vai levar nada, papai. Temos que sobreviver. Aqui, iremos morrer!"

Zolli, a mulher e a filha saíram pela noite chuvosa e caminharam, com medo, por entre ruas desertas. Quando passaram pelo Palácio de Justiça, o corpulento rabino de cavanhaque branco olhou para cima e se perguntou: "Justiça, onde está a justiça? Não era só os líderes da comunidade judaica terem se encontrado para combinar um plano, como sugeri? Por que estão permitindo que as pessoas continuem na ignorância, sem uma direção? Por que rejeitaram sumariamente minhas idéias e demonstraram tão pouco respeito comigo?"

A mulher e a filha de Zolli ficaram na casa de amigos cristãos, mas o rabino, não querendo sobrecarregar essas pessoas, foi buscar abrigo em outro lugar, na casa de um gentio conhecido:

"Deixe-me passar a noite aqui, eu imploro!" pediu.

"Isso é impossível!" disse o amedrontado homem, que então escreveu um recado para alguém que talvez pudesse acomodá-lo.

"Obrigado, assim está bem."

Zolli correu para o tal endereço, mas logo percebeu que um telefonema havia chegado antes dele.

"Uma cadeira é o suficiente para mim, até em um corredor escuro," disse a seu novo possível salvador. "Tenho alguns cigarros comigo e tudo o mais que preciso."

A expressão daquele homem, como a de muitos outros, falava por si só. Esconder o rabino-chefe e arriscar a vida?

Assim, Zolli se viu vagando pelas ruas desertas, agora perigosas devido ao toque de recolher. Não tinha escolha; teria que voltar para casa. Como isso era ridículo! Não tinha mais casa, apenas uma propriedade vazia. Era um "cão sem dono – judeu ou cão, era tudo a mesma coisa".

Quando finalmente chegou em casa, não conseguia virar a chave na fechadura. O terror tomou conta dele, quando um homem se aproximou no meio da escuridão.

"Me dê a chave um momento. Deus lhe ajude, professor."

Zolli suspirou aliviado. Era o guarda da noite.

"E a você também. Que Ele nos ajude a todos!"

Molhado de suor, o rabino se lavou e trocou de roupa no escuro. Suas lembranças exprimiam seu estado de espírito naquele momento. ... Era considerado estrangeiro, já que nascera na Áustria. Era judeu. Era o rabino-chefe de Roma. Que grande presa!

Zolli começou a rezar. Talvez Deus o salvasse. Talvez ... até Jesus, com quem diversas vezes tivera estranhas visões. Achava que a qualquer momento tocariam a campainha, bateriam na porta.

Três dias mais tarde, em 13 de setembro, sentindo-se intranqüilo, o rabino foi à sinagoga com a esperança – após o fracasso da conversa com Almansi – de convencer Foa a dizer a todos os membros da comunidade que deixassem suas casas. Isso não seria fácil para Foa. Ele vinha de uma renomada família judaica, recebera uma medalha por seu desempenho militar na Primeira Guerra Mundial e era um homem orgulhoso e duro. E a idéia de fugir como um gato assustado, independentemente das razões, não condizia com sua natureza. Além disso, como ele e Almansi eram ex-oficiais fascistas, tinham amigos em posições de destaque, que certamente os protegeriam dos nazistas.

Foa estudou direito; e depois, como a maioria de seus conterrâneos, em 1932 entrou para o Partido Fascista com o objetivo de progredir na carreira. Tornou-se magistrado em 1936 por nomeação do ministro da Justiça. Por dois anos – até que as leis raciais o forçaram a sair do governo – administrou a justiça fascista sem qualquer suspeita de que um dia tal justiça se uniria aos nazistas para tentar destruir sua comunidade.

Foa achava que era impraticável pedir às pessoas que deixassem suas casas. Em tempos difíceis como esses, apenas os relativamente ricos poderiam se dar ao luxo de optar por uma solução tão drástica, que, de qualquer forma, ele considerava desnecessária. Como poderiam sobrecarregar as instituições católicas com milhares de pessoas transformadas em refugiados com base em um medo questionável? Além disso, os judeus precisavam mostrar que eram um povo corajoso.

Embora os sentimentos de Foa e Almansi refletissem o de muitos outros judeus, o caso dos dois era um pouco diferente. Como Zolli sempre lembrava à comunidade, os dois homens ocuparam cargos altos na hierarquia fascista até terem sido, de forma humilhante, dispensados pelas leis raciais. Como, perguntou o rabino, eles teriam alcançado posições tão altas dentro do governo sem terem se comprometido completamente com o fascismo?

Nessa pergunta jazia a raiz envenenada de um conflito que dividia a comunidade – conflito esse que era agravado pelo fato de Zolli não ser um romano nativo e por isso considerado desprovido de um entendimento profundo da cultura ou da mentalidade italiana.

"Escute, sr. presidente", Zolli alegou ter dito ao homem de cabelos grisalhos diante dele, "ordene o fechamento do templo e de todos os oratórios. Mande todos os empregados para casa e feche os escritórios. Peça à secretária ... que retire 1 milhão de liras, ou até 2 milhões, do banco; e pague aos empregados três meses adiantado.

"Todas essas medidas irão assustar um pouco os milhares de pessoas que andam pelas ruas do gueto sem noção do perigo. Dê uma grande quantidade de dinheiro a um comitê formado por três indivíduos de sua confiança para subsidiar o êxodo dos mais pobres. Você verá que as dez primeiras famílias servirão de exemplo para as demais."

Após uma pausa muito breve, Zolli continuou: "Os funerais solenes devem ficar a cargo dos arianos da cidade. As rezas podem ser feitas em casa; o mesmo se aplica a outras funções. Deixe que cada um reze onde estiver; afinal de contas, Deus está em todos os lugares. Tudo isso é absolutamente necessário, especialmente por ser outono, quando há tantas grandes solenidades. Temos milhares de judeus romanos e milhares vindos de outras cidades que se refugiaram aqui. Os alemães podem cercar a sinagoga e os oratórios com suas armas e canhões exatamente quando esses lugares estiverem lotados."

Quando Zolli parou para respirar, olhou para o rosto enrugado de Foa em busca de alguma resposta. O presidente tocou um pequeno sino chamando a secretária do templo. Por algum milagre, o rabino-chefe acreditava ter convencido Foa.

Porém, a resposta do presidente foi perguntar à secretária se uma outra funcionária estava no escritório.

"Não, ela está com medo."

"Diga-lhe que está demitida!"

"Sim, senhor."

A secretária saiu e, com raiva, o presidente disse a Zolli: "Você deveria estar estimulando a coragem das pessoas ao invés de espalhar o medo. Tenho garantias. Quanto a sua proposta, manterei o templo e os oratórios abertos."

❖ ❖ ❖

A maioria dos judeus italianos, da mesma forma como seus conterrâneos católicos, aceitou o sistema fascista quando Mussolini chegou ao poder em 1922. Afinal de contas, desde a unificação da Itália em 1870 nenhum governo demonstrara qualquer traço de anti-semitismo e não havia motivos para acreditar que os fascistas seriam diferentes. A atitude oficial do regime fascista até 1937 pode ser ilustrada por um jargão da época: "O problema dos judeus não existe na Itália."

Já que muitos judeus eram extremamente nacionalistas, principalmente por terem sido tratados por tanto tempo sem preconceito, foram atraídos pela promessa do *Duce* de criar um grande e poderoso império italiano. Muitos seguiram os passos de seus pais, que, como Foa, lutaram bravamente na Primeira Guerra Mundial e estavam entre os soldados mais entusiasmados na invasão da Etiópia em 1936.

O próprio Mussolini não tinha qualquer sentimento específico em relação aos judeus e os apoiava desde que se mostrassem úteis – mesmo após Hitler ter assumido o poder em 1933. Naquele momento, querendo mostrar ao mundo que o fascismo italiano "humanista" era superior ao "barbarismo" nazista, ele autorizou os judeus da Itália a mandarem ajuda para seus perseguidos irmãos alemães. No entanto, quando quis reduzir a influência nazista na Áustria, sugeriu que o chanceler Engelbert Dollfuss acrescentasse "uma pitada de anti-semitismo" a seu programa com o objetivo de competir com a popularidade de Hitler.

Portanto, quando o *Duce* decidiu se associar ao Führer, não se sentiu muito culpado em agradar o parceiro com uma concessão tão banal quanto uma série de leis raciais restringindo a atuação de judeus em todos os setores.

Mesmo um ano antes de essas leis terem sido aprovadas em 1938, muitos líderes da comunidade judaica da Itália já demonstravam medo diante de qualquer sinal de um possível ataque fascista. Manifestavam, com veemência, sua lealdade ao fascismo e em certa medida declararam violenta oposição ao sionismo, que Mussolini passara a ver como uma ameaça britânica a suas ambições imperiais.

Em 1937 um grupo de rabinos, inclusive Zolli, fez uma declaração desafiando a ordem fascista que mandava os judeus italianos cortarem seus laços com a comunidade judaica internacional. Outros integrantes da comunidade, entre eles alguns fascistas convictos, ficaram horrorizados com o ato. Com isso, a comunidade foi violentamente dividida.

Foa, Almansi e a maioria dos outros judeus que ocupavam posições de destaque não tinham a menor intenção de rejeitar voluntariamente seus sustentos;

também não perderam a fé no sistema ao qual haviam servido com tanta lealdade. Sistema esse que simplesmente haviam aceito como uma forma de vida, com seus méritos e defeitos. Quando, por fim, foram excluídos, sentiram-se como uma criança abandonada pela mãe.

Apesar de desiludidos, culparam bem mais Hitler do que Mussolini. O *Duce*, estavam certos, iria continuar a ajudá-los, caso os alemães se mostrassem arrogantes demais.

9.
Prisioneiro da situação

Logo depois que o embaixador Weizsäcker soube que a ordem para a captura dos judeus havia sido dada, informações sobre o plano do seqüestro, em grande parte graças a ele, foram parar nas mãos de Sefton Delmer, o chefe da "rádio pirata" das operações de Inteligência da Grã-Bretanha. A "rádio" produzia programas que supostamente vinham de uma estação disfarçada dentro da Alemanha, chamada de Rádio Republicana Fascista, mas que na verdade eram transmitidos de Londres. Essa era uma estação falsa que fingia ser a verdadeira. Era operada, como definia um dos parceiros de Delmer, "por membros da 'boa' *Wehrmacht**, alemães leais, dedicados à pátria, mas perturbados pelo autoritarismo fanático e corrupto do Partido Nazista".

Delmer, que trabalhou como correspondente de guerra para um jornal britânico até a queda de Paris, quando ouviu a história, sabia que tinha uma grande reportagem. Agora, se utilizaria dela para confundir o inimigo e, acreditava ele, acabar com o plano.

Em 7 de outubro de 1943, a falsa rede supostamente operando em Salò, a capital da nova república fundada por Mussolini, deu uma pista sobre o "segredo" de Hitler ao declarar que "acomodações [eram] preparadas na Alemanha para o papa".

Jornais britânicos e italianos sustentaram o alerta, pensando que havia sido transmitido pela rádio fascista verdadeira. Com uma pitada de ironia, Delmer disse depois da guerra que "um dos 'erros' imperdoáveis cometidos pela [nossa] Rádio Fascista Republicana foi ter tratado Sua Santidade, o papa, de forma rude e hostil".

---

* Forças Armadas. (N.T.)

Ao saber da "ameaça", o papa ficou com mais medo do que nunca. Um funcionário do Vaticano, monsenhor Mella di Santella, disse a um repórter que para dar "credibilidade" à transmissão da falsa rádio, um coronel (possivelmente Eugen Dollmann) foi a uma audiência do papa alguns dias antes, chamou o pontífice num canto e confirmou a reportagem. Pio XII respondeu:

> Não saio de Roma. Vim para cá por vontade de Deus e, portanto, por minha própria vontade ou consentimento não abandonarei o meu posto. Terão que me amarrar e me carregar porque pretendo continuar aqui!

O papa também não pareceu ter ficado muito aliviado quando o coronel informou o Vaticano que Wolff, como chefe da SS na Itália, havia prometido dar o melhor de si para evitar um ataque ao local. Aparentemente, o general tentava ganhar a confiança de Pio XII, mas ao mesmo tempo queria passar-lhe dúvidas e medo para que o pontífice não se pronunciasse contra a captura que estava por vir, e assim não deflagrasse o plano do seqüestro.

Em 8 de outubro, um dia após a transmissão forjada, monsenhor Giovanni Battista Montini, um dos dois assistentes do secretário de Estado de Pio XII e futuro papa Paulo VI, chamou Weizsäcker à residência papal.

O papa ficará contente em encontrá-lo amanhã para discutir a reportagem de Salò, disse – reportagem essa que o embaixador sabia não vir de Salò, mas pretendia alertar o Vaticano sobre o plano e desestimular Hitler a implementá-lo.

* * *

Quando Weizsäcker entrou nos aposentos de Pio XII, ficou impressionado com o comportamento sereno e venerável do homem sentado à espaçosa e organizada mesa papal. O visitante curvou-se em reverência, de forma desajeitada, porém graciosa. Sentou-se de costas para o feixe de luz que iluminava a face acinzentada e fina do papa – cheia de rugas, apesar da pele resistente como um pergaminho – que carregava as preocupações do mundo. O embaixador ficou "fascinado por seus olhos inteligentes, sua boca expressiva e suas belas mãos".

O homem parecia mesmo um representante do céu, embora o embaixador soubesse que estava mais para um diplomata perspicaz e qualificado, como ele próprio, do que para o homem santo, quase uma visão, que sua indefesa, porém grandiosa, presença sugeria.

Essa era a indelével imagem de santo que intrigava a maioria dos diplomatas dos aliados que o visitaram. Sir Francis D'Arcy Godolphin Osborne, o ministro britânico na Santa Sé, por sua vez, definiu Pio XII como "a personalidade mais humana, calorosa, gentil, generosa, simpática e, casualmente, santa que tive o privilégio de conhecer no decorrer de uma longa vida".

Outros não o consideravam caloroso ou acessível e para alguns ele era simplesmente alguém equivocado. Até Osborne, que tanto o admirava, um dia comentou o silêncio público de Pio XII durante o Holocausto: "Será que a questão moral em jogo permitia neutralidade?"

Outro diplomata disse: "O pensamento [de Pio XII] era refinado. Ele, no entanto, o escondia debaixo de uma retórica antiquada, se não obsoleta, fazendo com que cada argumento parecesse fraco. Cresceu no circunlóquio da tradição do Vaticano do século XIX, encaixava-se perfeitamente nela e a utilizava ao extremo."

Outro ainda diria que a aparência e o discurso de Pio XII não pareciam terrenos: "O rosto era ascético e pálido; os olhos, cravados profundos na face; os movimentos eram controlados e as mãos pareciam estar sempre fechadas para rezar."

Independentemente das qualidades de Pio XII, Weizsäcker, ele mesmo um mestre da arte de negociar, não tinha dúvidas de que o papa tinha habilidade semelhante; e o pontífice provou sê-lo naquela reunião de 9 de outubro, quando tentava arrancar do embaixador alguma pista do que o aguardava. A calma refletida no brilho do papa e os olhos escondidos atrás dos óculos não demonstraram o menor sinal de transtorno quando soube do plano do seqüestro.

Pio XII disse já ter escutado "boatos" de "italianos sérios" que haviam recebido a informação de um alemão do alto escalão, aparentemente o coronel Dollmann. Entretanto, estava determinado a continuar em Roma, a menos que fosse retirado de lá.

"Por quanto tempo seus cardeais e assistentes deveriam manter as malas feitas?", perguntou Pio XII.

Sem negar o "boato", Weizsäcker respondeu que não sabia e insistiu para que ele não provocasse Hitler. O embaixador, assim como Wolff, parecia tentar estimular em Pio XII o medo de que Hitler planejava algo contra ele. Medo esse que, se suficientemente imposto, poderia selar os lábios do pontífice quando o barulho dos vagões repletos de carga humana fossem ouvidos de dentro dos muros do Vaticano – e talvez também evitar o plano de abduzir o papa.

Ciente de que o visitante o alertava de tal destino, Pio XII acreditava que o embaixador se utilizaria de sua influência para tratar da questão.

Weizsäcker, como instruído por Berlim, perguntou então a Pio XII se ele aprovaria publicamente a atitude nazista em relação ao Vaticano.

Pio XII recorreu a suas habilidades de negociador. Se Berlim prometesse não tomar nenhuma medida hostil aos interesses do Vaticano no futuro, o Vaticano aceitaria o pedido do embaixador.

Como Weizsäcker relatou mais tarde a Ribbentropp: "A declaração alemã, que também podia ser interpretada como uma promessa, renderia frutos no futuro, se condicionada à posição do Vaticano [aprovação da atitude dos alemães]."

Em outras palavras, se os nazistas prometessem arquivar para sempre o plano de seqüestro, o papa "confirmaria" que os alemães estavam tratando bem o país.

Para convencer de vez Berlim de que o papa era sensato e não merecia ser tratado com violência, Weizsäcker usaria palavras cuidadosamente enganosas: "O papa foi inteiramente informado das calúnias sobre as nossas tropas em Roma espalhadas pelos nossos oponentes e, agora, pelo próprio Roosevelt."

O embaixador acrescentou, esperando demonstrar quanto o papa poderia ser útil à Alemanha, que Pio XII apoiaria uma missão alemã contra a União Soviética. "Hostilidade ao bolchevismo", relatou, "é realmente o elemento mais duradouro da política externa do Vaticano; e a ligação anglo-americana com a União Soviética é abominada."

Sobre a troca de promessas proposta, Weizsäcker disse a Pio XII que iria consultar Berlim. Porém, os dias passavam e nenhuma vinha. E o embaixador sabia que nenhuma viria até que Hitler ordenasse o seqüestro ou soubesse se o papa iria se pronunciar quando os judeus fossem arrancados de suas casas.

O papa, contudo, escapou da armadilha que Berlim havia lhe preparado. Mesmo com o Reich apontando-lhe uma arma na cabeça, Pio XII não se intimidou a ponto de elogiar a atitude amigável dos alemães para com o Vaticano.

Mas será que uma arma poderia terminar com o seu reinado?

A história sugeria que sim. Em 1798, as tropas de Napoleão Bonaparte retiraram de Roma o papa Pio VI, que morreu nas mãos dos franceses.

Em 1809, Napoleão fez do papa Pio VII prisioneiro e o trouxe para Fontainebleau, perto de Paris.

E, em 1848, rebeldes anticlericais obrigaram o papa Pio IX a deixar os então poderosos Estados papais e a se refugiar no mar, na fortaleza de Gaeta – acompanhado de seu conselheiro Marcantonio Pacelli, avô do futuro papa Pio XII. Voltaram dois anos depois, com as baionetas francesas abrindo o caminho. Marcantonio passou a atuar como secretário do Interior, servindo a todos os territórios papais – até que em 1870 os rebeldes atacaram de novo e, dessa vez, acabaram permanentemente com o poder político do Vaticano.

Pio IX trancou-se no Vaticano como prisioneiro voluntário e a "nobreza negra", as famílias dos papas, passou a manter a porta da frente de seus palácios em Roma parcialmente fechadas, em sinal de luto. Com o mesmo espírito desafiador, Marcantonio recusou, com desdém, o cargo de conselheiro de Estado e fundou o *Osservatore Romano*, o influente jornal do Vaticano que até hoje em dia publica o ponto de vista da cúria.

Pio XII conseguia entender bem o sofrimento de seu avô, já que ele mesmo era um prisioneiro da situação. Logo, o que restou da autoridade do Vaticano, reconhecido pelo Tratado de Latrão assinado com a Itália em 1929 e que determinou a soberania da cidade, poderia ser destruído pelas mãos do governante mais criminoso da história – com exceção apenas, na opinião do papa, de Josef Stálin.

10.
Por medo do homem

O plano do seqüestro foi o auge da relação de conveniência, oportunismo e desconfiança entre os dois líderes mais importantes da história moderna: o papa Pio XII e Adolf Hitler. Relação essa que teve início pelo menos dez anos antes de o Führer ter subido ao poder em 1933, quando o arcebispo Eugenio Pacelli, o futuro papa, era o embaixador da Santa Sé na Baviera. Em uma carta ao Vaticano datada de 14 de novembro de 1923, Pacelli referiu-se ao movimento nazista como uma ameaça ao catolicismo e disse que o cardeal de Munique havia condenado os atos nazistas contra os judeus.

Os dois homens nutriam, portanto, um destrutivo desprezo mútuo desde a época em que Hitler era um inflamado agitador de multidões, com cada um, ocasionalmente, se sentindo ameaçado pelo potencial do outro de exercer poder mundialmente. Pacelli, como papa, se transformaria em autoridade numa Igreja mundial que em muitos aspectos controlava a mente de milhões. E Hitler pretendia expandir seu poder pela Europa e a Ásia, tornando-se o líder espiritual e político de todos os povos conquistados.

No medo e na desconfiança que um nutria pelo outro, os dois – Pacelli como secretário de Estado do papa Pio XI e Hitler como o novo Führer da Alemanha – viram vantagens, pelo menos temporárias, em frear o conflito com uma concordata em 1933. O acordo, que previa a separação entre Igreja e Estado, tornou todos os alemães sujeitos às leis canônicas, sob a autoridade de cada vez maior do Vaticano. Em troca, os católicos puseram fim a todas as ações políticas e sociais ligadas à Igreja. Isso significava, principalmente, o desaparecimento do Partido do Centro Católico, o único partido político democrático que restava na Alemanha.

Os líderes alemães consideraram essa uma vitória esmagadora do Terceiro Reich, vinda no mesmo ano da subida de Hitler ao poder. "Com essa assinatura", publicou o editorial do jornal alemão *Völkischer Beobachter*, "a Igreja católica reconheceu o nacional-socialismo da forma mais solene. Esse fato significa um enorme fortalecimento da moral e do prestígio de nosso governo".

A declaração não era infundada. A concordata, como escreveu um especialista italiano, "foi um passo para enfraquecer o catolicismo alemão e 'sincronizá-lo' com o sistema do nacional-socialismo. ... Proibindo os padres de se intrometerem em questões políticas, [Hitler] impossibilitou a Igreja de se opor à pregação da doutrina racista".

Para Pacelli, que em seis anos viria a herdar o trono papal, acumulando um enorme poder no mundo católico, a concordata representava a primeira concessão em resposta a um dilema moral violentamente desafiador. Era moralmente aceitável, perguntaram os críticos, assinar um acordo que de fato podia ser interpretado como a aprovação de um governo imoral?

Seu superior na época, Pio XI, relutou em fazer o acordo, mas com pouca disposição para o intricado jogo de barganha e blefes da diplomacia, passava a maior parte das questões para Pacelli, o realizador diplomático. Pio XI expressou a confiança que tinha em seu secretário de Estado, quando diversos funcionários da Igreja agradeceram ao papa pela encíclica que enfureceu os nazistas.

"Agradeçam a ele", respondeu o papa, apontando para Pacelli. "Ele fez tudo. De agora em diante, ele irá tratar de todos os assuntos."

Ao aceitar a concordata, Pacelli, justificando-se, explicou a um diplomata britânico "por que assinou [o documento] com pessoas desse tipo". Disse que tinha uma pistola apontada para sua cabeça e que não teve escolha. Deram a ele apenas uma semana para decidir. Se o governo alemão violasse a concordata – e certamente o faria –, o Vaticano, disse o papa, "pelo menos teria o tratado para justificar um protesto".

Embora o "reinado do terror" nazista só despertasse nele "nojo e aborrecimentos", teve que escolher entre "um acordo com os termos deles ou praticamente o desaparecimento da Igreja católica no Reich". Salvaguardar a Igreja não era a sua principal e mais sagrada prioridade, independentemente do custo?

Pacelli cada vez mais desprezava Hitler e seus principais assistentes. Harold Tittmann, representante norte-americano para o Vaticano, relatou em 1940 que "a última coisa que seria bem-vinda pelo Vaticano era uma vitória de Hitler" na guerra, embora temesse tal triunfo. Que política, alguns de seus defensores continuariam a perguntar, poderia ser moralmente mais justificável que a proteção e a consolidação das armadilhas do reino de Deus na Terra, que simbolizava o cerne do cristianismo?

Como Pacelli suspeitava, seria necessário mais do que diplomacia para confrontar o cruel ditador que violaria a concordata quando bem entendesse e que poderia não ter desistido de erradicar a Igreja católica da Alemanha.

Independentemente do que Hitler ou Pacelli acharam ter ganho com esse acordo oportunista e calculado, cada um sentia que seu controle sobre os católicos alemães estava ameaçado. Ameaça mútua essa que acabaria por desencadear o plano do seqüestro, uma extensão da promessa feita por Hitler a seus capangas em 1942: "Assim que a guerra terminar, acabaremos, rapidamente, com a concordata."

Com efeito, o Führer não esperou muito para começar a destruí-la. As escolas da Igreja passaram a ser reprimidas ou obrigadas a se sujeitar às exigências do ensino nazista, incoerentes com a fé cristã. As propriedades da Igreja foram confiscadas ou atacadas por vândalos. Muitos padres e bispos começaram a ser perseguidos e mandados para campos de concentração. Um alemão especialista em Igreja escreveu sobre uma pastoral escrita em Fulda em 1942:

> Após mais de oito anos de sistemáticas mentiras, pressões, ridicularizações, falsos moralismos, julgamentos e doutrinações, os nazistas conseguiram agora recrutar cerca de 10 milhões de habitantes para a sua "religião alemã dos fiéis de Deus". Estão empenhando-se ao máximo em seu declarado movimento contra as igrejas. Espalham idéias derrotistas, alegando que as igrejas já foram completamente dissolvidas e que resistir a esse processo é inútil.

Ao mesmo tempo, o cardeal Michael Faulhaber, o arcebispo de Munique, expressou em sua pastoral a preocupação quanto ao aumento de apostasias e também quanto a "um certo grupo de padres desprezíveis que escolheram o caminho mais fácil para colaborar".

Quando a Segunda Guerra Mundial estourou, Hitler, que nascera católico, temia que o papa se pronunciasse sobre o genocídio dos judeus e jogasse os alemães católicos contra os nazistas, apesar de os bispos, intimidados, geralmente enaltecerem os triunfos militares do Führer. Já que os católicos correspondiam a 40% da população alemã e, principalmente, do Exército, o pronunciamento do papa poderia ter um efeito contrário e afetar o moral dos soldados nos campos de batalha. Hitler sabia que quase 25% dos membros católicos da SS não deixariam a Igreja mesmo se Himmler os pressionasse.

Pio XII, por outro lado, temia que seus fiéis alemães se voltassem contra ele, caso se pronunciasse. A maioria dos alemães era anti-semita e apoiava o Führer firmemente – especialmente porque a maior parte dos líderes da Igreja o defendia, atitude em parte herdada da história, mas reforçada pelo medo e pela imposição. Com efeito, a lealdade de alguns clérigos para com Hitler se manteve até a morte do Führer. Gordon Zahn, um professor católico, escreveu:

> Mesmo em meio ao completo colapso militar, com o agonizante Terceiro Reich à beira da morte, os bispos [alemães] utilizavam a voz para inspirar os homens a oferecer sua última gota de sangue. ... Concluímos, com precisão, que a Igreja [alemã] tornou-se uma instituição de controle social, operando em nome do Estado nazista, a ponto de precisar garantir o apoio dos devotos católicos à guerra.

Em alguns casos, a intimidação era claramente a principal ferramenta de controle social. Muitos bispos temiam que Hitler massacrasse suas instituições, os mandasse para campos de concentração, ou até mesmo os matasse caso não apoiassem as políticas do partido.

Alguns, entretanto, não precisavam ser intimidados. Respaldavam os objetivos nacionalistas do Führer por vontade própria, especialmente a promessa de banir os comunistas. Também não se importavam muito com o totalitarismo de Hitler, embora quase todos fossem contra a filosofia racial e outros elementos cruéis do governo.

Seus antepassados do século XIX não rejeitaram a democracia secular do Iluminismo e da Revolução Francesa? A democracia de Weimar que se seguiu à derrota alemã na Primeira Guerra Mundial não havia trazido apenas desastre econômico e vazio espiritual para o país? De qualquer forma, de acordo com os termos da concordata, preocupações políticas não eram da alçada dos católicos.

Alguns clérigos da década de 1930 deixaram o silêncio para trás e, por vontade própria, colaboraram com os nazistas e até mesmo se apropriaram de alguns conceitos do partido. O vigário-geral Miltenberger, de Würzburg, escreveu em uma diretriz aos clérigos de sua diocese:

> Se um padre desprezar ou ridicularizar os conceitos de sangue, terra e raça, não estará apenas correndo o risco de sofrer ataques políticos ou processos judiciais, mas, também, ofendendo a Igreja teologicamente. ... Devemos ajudar o povo a incorporar esses conceitos, que lhes são apresentados com grande entusiasmo em seu mundo religioso.

Tais declarações de subserviência, na realidade, levaram a Gestapo a acreditar que a Igreja estava tentando corroer o nazismo por dentro. Anteriormente, observou à tropa, os clérigos enfatizavam "liberdade, igualdade e fraternidade"; agora, falam em "nacionalidade, liderança autoritária, sangue e terra". Ironicamente, algumas vozes contrárias ao nazismo criticavam os religiosos da mesma maneira.

Apesar de muitos bispos serem taticamente subservientes ao mestre, não acreditavam na superioridade da raça alemã nem na inferioridade dos judeus. Para alguns, o mais importante era a necessidade de proteger a Igreja do comunismo, o qual os judeus, muitos alegavam, estavam tentando impor à Alemanha. Sim, os bispos perceberam que os nazistas também eram anticristãos, mas poderiam ser seduzidos com obediência política e apoio moral.

O arcebispo Konrad Gröber, de Freiburg, era um dos que aparentemente pensavam dessa forma. Escreveu que o marxismo era "um socialismo materialista fundado pelo judeu Karl Marx," e que bolchevismo era "um despotismo estatal asiático a serviço de um grupo de terroristas liderados por judeus". Embora tais idéias fossem deploráveis, eram moderadas para os padrões nazistas.

Em março de 1933, logo após Hitler ter subido ao poder, os bispos expressaram publicamente sua visão geral do nacional-socialismo: "Os cristãos católicos para os quais a voz de sua Igreja é sagrada, não precisam, nesse momento, de um aviso especial para serem fiéis às autoridades oficiais, para cumprirem suas responsabilidades civis com consciência e para rejeitarem, por princípio, qualquer conduta ilegal ou subversiva."

Em outras palavras, os fiéis deveriam obedecer às leis nazistas, a menos que a lei fosse ilícita. A concordata solidificou o compromisso profético.

Hitler estava exultante com o acordo. Tinha dado o primeiro passo para a consolidação de seu poder como Führer e se sentia seguro o suficiente para jogar seu anti-semitismo na cara do clero, agora refém. Não foi a Igreja que sempre considerou os judeus parasitas e os confinou em guetos? Ele apenas seguiria esse caminho com seus próprios passos.

E a Igreja católica também adotaria os passos dele, embora mais por medo que por convicção. O cardeal Faulhaber disse ao papa logo após Pio XII ter assumido o posto: "Há momentos que questionamos se o alto escalão do partido [nazista] em geral deseja paz. Os [líderes] querem ser combatentes a tal ponto que nada os agradaria mais do que uma razão para lutar, especialmente no que diz respeito à Igreja. No entanto, ... acredito que nós, os bispos, devemos agir como se não víssemos nada."

Os britânicos, contudo, achavam que os bispos deveriam desempenhar outro papel. Poderiam, inclusive, ser a chave para uma vitória dos aliados. Em 14 de fevereiro de 1943, um funcionário do *Foreign Office* mandou uma mensagem para Osborne:

> De acordo com uma de nossas organizações secretas, uma importante contribuição para derrubar o atual governo alemão seria o papa convencer e instruir os bispos e cardeais influentes da Alemanha e da Áustria a denunciarem o regime alemão. Declarações recentes contra o nazismo feitas por [um] cardeal ... sugerem que os prelados da Igreja católica romana estariam dispostos a tomar tal medida se fossem estimulados pelo Vaticano.
>
> Certamente, o governo alemão irá impor represálias, mas o papa seria capaz de enfrentá-las, se estiver convencido de quão justa é a nossa causa e de que o Eixo certamente será derrotado.

Osborne mandou uma resposta ácida, chocado com quão desinformados seus superiores estavam em relação às forças que determinavam a orientação política da Igreja:

> Não acredito que exista a mais remota chance de convencermos o papa a tomar essa medida. Isso implicaria um nada recomendável abandono de última hora do princípio de neutralidade do Vaticano, o qual é preservado de forma invejável. Também implicaria a violação da cautela e passividade natas do papa. Isso comprometeria suas cultivadas esperanças de mediação. Até o momento, ele vem evitando condenar os crimes nazistas na Terra, [acreditando] que se fizer isso trará grandes privações e sofrimentos aos católicos alemães e não há motivos para pensarmos que agora ele cederia.

Isso seria difícil, principalmente, com Hitler esperando por uma oportunidade para mostrar de uma vez por todas, a qualquer custo, quem estava predestinado a se tornar o líder mais poderoso do mundo.

Apesar do medo de declarar abertamente suas intenções a Hitler, principalmente devido aos rumores de que o Führer desejava destroná-lo e destruir a Igreja quando fosse a hora certa, o papa se preparava cuidadosamente para tal momento. Sim, odiava Hitler e, na realidade, participaria de uma tentativa de golpe contra ele em 1940. Mas como iria se sobrepor à maioria dos bispos alemães que apoiavam – ou desejavam apoiar – Hitler, com a intenção de solidificar seu controle sobre os católicos alemães? O papa então escolheu uma forma sutil e gradual de jogá-los contra Hitler. Em 20 de julho de 1939, escreveu à Conferência Episcopal:

> Devido à dúvida e à confusão que permeiam as reais intenções das forças mais influentes da religião e da Igreja, aqueles cuja fidelidade à instituição não pode de forma alguma ser questionada apresentam várias idéias quanto a que tipo de ação deve ser seguida.

Cerca de um ano depois, em 6 de agosto de 1940, escreveu Pio XII a uma Conferência Episcopal, sem menção às "várias idéias":

> Mil influências contrárias à Igreja e a Cristo, sejam elas em textos, discursos ou atitudes, são constantemente produzidas por uma sociedade mais ou menos descristianizada e atingem as almas dos fiéis. Eles se sujeitam a pressões morais, que, acompanhadas de coerção e importunos, geralmente os força a seguir por caminhos que exigem uma fidelidade heróica à fé.

Em 5 de junho de 1942, escreveu ao bispo de Mainz:

> Ninguém que pretenda fazer um julgamento objetivo pode ter dúvidas hoje em dia. Apesar dos esforços de nosso grande predecessor, Pio XI, e de nossos próprios esforços para suavizar a relação entre a Igreja e o Estado, o resultado que sinceramente esperamos e acima de tudo desejamos tem sido nulo e a responsabilidade por esse fracasso não deve ser atribuída à Igreja.

Se o papa acabasse tendo que se pronunciar contra os nazistas, será que sua grandiloqüente condenação atingiria os 40% de católicos da população alemã e os convenceria a optar pelo guardião de suas almas em detrimento do guardião de suas mentes? Será que perderia os 40% do Exército alemão? A carta pastoral escrita pelo bispo Maximillian Kaller de *Ermland**, Alemanha, em janeiro de 1941 era pouco animadora:

> Professamos com alegria nossa fidelidade ao [Exército] alemão e nos sentimos ligados a ele tanto nos momentos bons quanto nos ruins. ... É com esse espírito cristão sólido que agora nos engajamos, de forma dedicada, na grande luta de

* Do português Várnia, região hoje da Polônia, que na época pertencia à Alemanha. (N.T.)

> nosso povo pela proteção de suas vidas e de sua importância no mundo. … Especialmente por sermos cristãos devotos, inspirados pelo amor de Deus, apoiamos com lealdade nosso Führer, que com mãos firmes guia o destino de nosso povo.

O tom supernacionalista da carta, pelo menos em parte, escondia um pedido sutil de liberdade para exercer a fé sem provocar uma reação nazista. Mas com as tropas sofrendo "uma lavagem cerebral" por parte dos bispos, será que o sentimento patriótico não os voltaria contra o Vaticano, caso o papa condenasse Hitler? E para piorar, o Führer poderia retaliar a Igreja de forma implacável (embora não pudesse invadir o Vaticano antes de ocupar Roma).

E mesmo que não sofresse retaliações, um pronunciamento público significaria que o papa estava abertamente tomando uma posição na guerra e acabaria com as suas chances de mediar um tratado de paz, o sonho que nutria com mais carinho. Sentia o peso da "neutralidade". Não era fácil estimular os soldados dos dois lados a lutar por seus países com a coragem de matar uns aos outros, independentemente de quem estava lutando por uma causa justa ou não.

Mesmo assim, o papa, abominando a exigência dos aliados de uma "rendição incondicional", continuava a ter esperanças de que organizaria uma paz com base em compromissos. Como escreveu o cardeal Faulhaber em 1944, tal paz permitiria que a Alemanha continuasse com a Áustria e os Sudetos – possivelmente sem Hitler no controle. E o acordo deveria ser forte o suficiente para manter os soviéticos fora da Europa.

Enquanto isso, Pio XII sentia que precisava manter os católicos alemães fiéis à Igreja, independentemente de seus sentimentos em relação à guerra. Não está claro o que o papa achou de uma declaração corajosa feita pelo cardeal Faulhaber em 1936, a qual dizia que "o bispo não seria mais um servo de Deus, se precisasse agradar os homens ou ficar calado por medo dos homens". Também não sabemos o que o pontífice achou quando o cardeal, como a maioria de seus colegas alemães de sacerdócio, seguiu o exemplo do papa, permanecendo calado diante da matança de judeus "por medo dos homens".

11. Convivendo com Deus e o diabo

Pelo menos até ficar sabendo do plano do seqüestro, Pio XII sentia ainda mais medo de Stálin do que de Hitler. Os nazistas, acreditava ele, provavelmente perderiam a guerra e a União Soviética sairia vitoriosa junto com os aliados. Nesse ponto é que convergiam os interesses de Pio XII, do general Wolff, do embaixador Weizsäcker e de outros oficiais alemães que desejavam salvar o papa e o Vaticano. Uma vitória soviética implicaria uma ameaça permanente ao país e a comunização da Alemanha e de outros Estados europeus.

Sem muita opção, Pio XII era um diplomata pragmático. Entendeu que o objetivo de Hitler, de Bormann, de Himmler e de outros líderes nazistas era idêntico ao de Stálin – banir não apenas a Igreja, mas o cristianismo como religião. Pio XII sentia que os chefes nazistas acabariam derrotados pelos militares alemães, os quais, acreditava ele, acordariam uma paz negociada com os aliados, unindo-se em uma cruzada contra os soviéticos – exatamente o que queriam os diplomatas alemães anti-Hitler. E todos achavam que o papa, com a grande experiência diplomática que tinha, seria a pessoa ideal para mediar tal acordo.

Paradoxalmente, quando a Alemanha invadiu a União Soviética em 1941, o Vaticano não demonstrou – para desapontamento de Berlim – qualquer sinal de satisfação. De acordo com Fritz Menshausen, conselheiro da embaixada alemã em Roma, o Vaticano temia que "com a derrota do bolchevismo a Igreja católica – e na verdade todo o cristianismo – iria, como se diz, sair da lama para cair no atoleiro". E Menshausen acrescentou:

> Se o papa falar agora contra o bolchevismo, o que em princípio a Santa Sé fez repetidamente, terá também que tomar uma posição contra as medidas anticlericais e as tendências hostis ao cristianismo na Alemanha; os relatórios sobre

essa questão "recebidos continuadamente" pelo Vaticano oferecem um "material muito poderoso" para justificar tal passo; o silêncio do papa era a maior prova de que ele queria evitar tudo o que pudesse causar danos à Alemanha.

Será que era a "maior prova"? Após ter recebido uma série de relatórios com os horrores cometidos por Hitler, o Vaticano esperava que alemães e russos se destruíssem mutuamente. O papa, contudo, julgou ser impossível, do ponto de vista moral, fazer uma declaração chamando para uma luta tão sangrenta.

Monsenhor Tardini, talvez o funcionário do Vaticano mais contrário ao Eixo, teria dito a colegas que esperava, "com a divina Providência", que a guerra poria fim ao comunismo e ao nazismo. O comunismo era o eterno inimigo da Igreja, mas não o único inimigo. "Dificilmente a suástica poderia ser apresentada como a cruz dos cruzados," disse, reconhecendo que os aliados estavam vencendo a guerra. Tardini explicou:

> É verdade que no caso de uma vitória alemã, apenas o nazismo será vitorioso, já que as outras nações serão escravizadas por ele. Por outro lado, no caso de uma vitória dos aliados, o comunismo não será o *único* vitorioso, mas terá a seu lado duas temíveis potências, a Grã-Bretanha e os Estados Unidos.
>
> Apesar disso, ... faz sentido temermos que (a) a guerra vai terminar com uma vitória preponderante da União Soviética na Europa e que (b) as conseqüências disso serão a rápida difusão do comunismo na Europa continental, além da destruição da civilização européia e da cultura cristã.

A preocupação do Vaticano com a ameaça comunista crescia, mesmo com os aliados pedindo ao papa que não demonizasse mais a União Soviética, já que isso os enfraquecia. Assim, em 13 de fevereiro de 1943, alguns meses antes de Hitler traçar o plano do seqüestro, Osborne advertiu o escritório de Londres de que o Vaticano "havia recentemente dado sinais de estar mais alarmado com as vitórias russas do que com a atitude alemã. De fato, em vez de o desenrolar da guerra tornar o Vaticano mais pró-aliados, pode deixá-lo mais inclinado a fazer concessões aos alemães".

Se o medo dos dois ditadores manteve o Vaticano secretamente favorável aos aliados, o entusiasmo com essa situação era limitado. O Vaticano não gostava da idéia de apenas uma superpotência – os Estados Unidos – ser o único centro de poder do mundo pós-guerra. Tardini sentiu um certo alívio quando a Grã-Bretanha prometeu que "uma vitória exclusivamente russa não aconteceria", e que "tropas britânicas e norte-americanas [continuariam] na Europa".

Em um memorando que relatava uma conversa que teve em setembro de 1942 com o diplomata norte-americano Myron Taylor, que geralmente substituía Harold Tittmann, o monsenhor escreveu: "Considerando todos os elementos, podemos concluir que se o nacional-socialismo tiver provocado e preparado a guerra, os Estados Unidos estão gravemente infectados pelo nacionalismo, que traz todo tipo de doença e elimina qualquer esperança."

Embora isso possa ter sido encarado como neutralidade, o papa sabia que era do interesse do Vaticano manter boas relações com os Estados Unidos e não ignorou as pressões norte-americanas pelo fim dos ataques à União Soviética com o objetivo de acabar com a guerra. Disse, inclusive, aos bispos norte-americanos, que eles não deveriam deixar a hostilidade ao comunismo fazer com que suspendessem o apoio ao programa de ajuda por *Lend-Lease** para a União Soviética.

O acontecimento mais importante, pelo menos para o final de 1943, foi o papa, já ciente do plano de seqüestro de Hitler, ter percebido que os nazistas significavam uma ameaça maior e mais imediata ao Vaticano que o mais distante perigo comunista. O processo que culminou em tal percepção foi longo e complicado.

A luta não ia bem para a Alemanha. Tudo indicava, especialmente após a queda de Mussolini e a ocupação de Roma, que os aliados venceriam incondicionalmente e sem a mediação do papa – um desastre aos olhos dele –, se não fosse possível criar uma força conjunta da Alemanha e aliados para conter o avanço soviético na Europa.

Há muito tempo essa perspectiva o entristecia. Já em 1940, pressionou Roosevelt desesperadamente a pedir diversas vezes a Mussolini que deixasse a Itália fora da guerra, temendo que a entrada do país no conflito pudesse resultar em um ataque alemão ao Vaticano induzido pelos fascistas. No entanto, não teve sucesso.

Pediu então aos governos britânico, italiano e alemão que estudassem a possibilidade de um acordo para pôr fim à guerra, mas falhou de novo, mesmo com Hitler se mostrando disposto – caso pudesse manter todo o território que já havia conquistado.

Essa reação negativa finalmente o convenceu de que não havia quase esperança para uma paz negociada, sob quaisquer condições. Abatido, Pio XII disse a Myron Taylor, segundo Tittmann, estar "especialmente preocupado

---

* Acordo de empréstimos e arrendamentos em que os Estados Unidos forneciam equipamentos militares em troca de concessões. (N.T.)

com o futuro da Grã-Bretanha, que realmente parecia bastante sombrio". Se os britânicos perdessem, ele pensava, quem sobraria na Europa para salvar a Igreja e o papa, principalmente com os Estados Unidos mandando uma ajuda tão escassa e tão tardia – tardia demais para salvá-lo tanto dos nazistas quanto dos comunistas?

Três anos depois, em 1943, as tropas aliadas aterrissaram em Salerno, no Sul, e estavam dispostas a entrar por Anzio, no Sudeste do país. Enquanto isso, Roma já havia caído nas mãos dos alemães, o que tornava o Vaticano suscetível a uma ocupação. Por que não encarar a realidade e se submeter à pressão dos aliados, contendo os ataques verbais à União Soviética com o intuito de estimular uma vitória do grupo? Principalmente porque a Alemanha, já com o pavio do plano do seqüestro aceso, era a ameaça mais imediata ao Vaticano e ao papado. Em 1942, mesmo antes de os nazistas terem entrado em Roma e de Hitler ter dado as ordens ao general Wolff, disse o papa a um amigo, o padre Paolo Dezza: "O perigo comunista ainda existe, mas nesse momento o perigo nazista é mais sério."

O papa, contudo, continuava temendo que se os alemães deixassem Roma muito rápido, antes da chegada dos aliados, os comunistas ocupariam o vácuo deixado nos terrenos da política e da segurança. Se isso acontecesse, os aliados, após entrarem em Roma, hesitariam em enfraquecer Stálin retirando seus representantes do poder?

Afinal de contas, a maior parte dos romanos – burocratas, funcionários, comerciantes de pouco ímpeto revolucionário – tinha uma postura relativamente passiva no que diz respeito à Resistência, atitude essa que fez com que, em um primeiro momento, a ocupação de Roma pelos alemães fosse tão fácil. Os romanos eram tradicionalmente céticos e confiavam mais no destino que em si mesmos; e o ceticismo aumentou quando, após terem comemorado a derrubada de Mussolini, se viram sob o domínio dos nazistas também na bota fascista – deixados na mão pelo rei e pelo primeiro-ministro, que fugiram para um lugar seguro. Para os romanos, sua cidade era eterna, como a Igreja os havia ensinado. Exércitos podiam entrar e sair; ditadores podiam governar e perecer; revolucionários podiam se revoltar e recuar; e Roma continuaria sendo Roma, intocada em sua grandiosidade e habilidade de sobreviver em um mundo em transformação.

Com a chegada do fascismo, os romanos cruzaram os braços e passaram a esperar que tudo desse certo. Nos anos dourados, após a Itália ter conquistado a Etiópia em 1936, os romanos passaram a se sentir orgulhosos com o novo status de país imperial adquirido de forma tão fácil. Quando as dificuldades se intensificaram durante a Guerra Civil Espanhola, com longas listas de baixas, o momento começou a perder o brilho. E como o *Duce* havia se curvado ainda mais diante de Hitler, por fim atirando a nação na Segunda Guerra Mundial, os romanos, em sua maioria burocratas cultivados pelo regime fascista e indiferentes à Resistência dominada pela esquerda, cruzaram novamente os braços esperando que o destino os salvasse – como sempre havia sido.

Os líderes comunistas, por outro lado, estavam determinados a modelar o destino, e não a serem modelados por ele, como o papa tinha entendido bem. Na verdade, divididos e com poucos seguidores, tinham chances mínimas de sucesso. Alguns membros do Partido Comunista, comandado por Moscou, queriam aterrorizar principalmente os alemães, acreditando que represálias da Alemanha possivelmente fortaleceriam a cooperação dos romanos contra a ocupação. Outros queriam atacar apenas os italianos fascistas, temendo que as represálias geradas por um ataque aos alemães causassem danos sérios à agremiação.

A organização italiana mais de esquerda, o Movimento Comunista da Itália, também conhecido como *Bandiera Rossa**, defendia que ambas as estratégias comprometeriam a Resistência e não trariam vantagem alguma. Os bandeiras vermelhas acreditavam que sabotagens e eventualmente ações militares – não um terrorismo indiscriminado – acelerariam a retirada dos nazistas sem enfraquecer as forças da revolução. A organização contava com mais seguidores em Roma, embora bem menos disciplinados, que o Partido Comunista.

Os dois grupos tinham pouco em comum além da ideologia marxista. O Partido Comunista stalinista dependia das diretrizes da União Soviética; o movimento Bandeira Vermelha tinha tendência trotskista e englobava os anarquistas, além de várias outras correntes de esquerda e ideólogos intelectuais. Era constituído principalmente por trabalhadores pobres e de pouca escolaridade, pequenos comerciantes e artesãos, enquanto os membros do Partido Comunista vinham principalmente de famílias prósperas e bem instruídas de classe média. Os bandeiras vermelhas abominavam a absoluta dependência da política soviética por parte dos stalinistas, que, por sua vez, viam os bandeiras vermelhas como aventureiros pouco realistas.

Os membros do Bandeira Vermelha dominavam as técnicas de sabotagem. Geralmente, infiltrando-se nos ministérios e nos serviços públicos importantes conseguiam "censurar" mensagens de espiões destinadas aos nazistas,

---

* Brigada partisan de tendência trotskista que fez parte da Resistência na zona de Roma. (N.T.)

instauravam o caos na comunicação telefônica e falsificavam informações do censo para frustrar os planos militares de Mussolini. Um relatório "oficial" preparado por eles indicava que 90% da população romana era constituída por mulheres e o resto, formado principalmente por menores de 16 anos ou maiores de 80!

Embora uma revolução de esquerda fosse muito pouco provável tamanha a fragmentação da esquerda, o medo que o papa sentia de uma tomada comunista nunca se dissipou. Ele também não fazia a distinção entre comunistas stalinistas e membros de outros partidos de esquerda, e até mesmo de centro, apesar de reconhecer que alguns eram bem-intencionados. Devido ao fato de os comunistas em geral serem mais bem organizados e politicamente mais sofisticados que os outros grupos, achava que inevitavelmente acabariam dominando os demais – para o mal da Igreja –, especialmente em momentos caóticos.

O papa, além do mais, era fortemente apoiado por no mínimo uma entidade política, o Partido Democrata-Cristão. Praticamente uma instituição do Vaticano, o partido era a maior esperança do pontífice para evitar que em tempos de democracia os comunistas subissem ao poder. Embora fosse um partido heterogêneo, com conservadores extremados e outros quase coletivistas, os filiados eram unidos pelo desejo comum de dar um caráter católico ao Estado italiano.

A democracia italiana destruiu o poder temporal do Vaticano durante a revolução de 1870, vitimando o avô de Pio XII. Além disso, as relações entre o Vaticano e os sucessivos governos italianos continuaram tensas – até Mussolini tomar o poder e estabelecer uma hierarquia autoritária que a Igreja, com uma estrutura de poder semelhante, conseguia ao menos entender. Apenas em 1929, quando o Vaticano assinou o Tratado de Latrão com o *Duce*, instituindo a soberania da Cidade do Vaticano, é que a Igreja passou a se sentir segura na Itália.

É verdade que o fascismo veio a se tornar despótico e até mesmo ameaçador quando Mussolini passou a estar muito próximo de Hitler, que o influenciava a ver a Igreja como um adversário perigoso na disputa pela população. Mas se o fascismo tornara-se inútil, na visão de Pio XII, era errado pensar que uma liberdade política completa seria necessária para substituir o regime, com os comunistas tentando tomar o poder.

De todo modo, os italianos continuavam inebriados demais pelo fascismo para aceitar *qualquer* ideologia diferente, inclusive o marxismo. E os comunistas também perceberam, ao contrário do papa, que por esse motivo seria muito mais difícil chegar ao governo.

Por mais que o medo em relação aos comunistas fosse intenso, a maior preocupação de Pio XII nas semanas que se seguiram à entrada dos nazistas em Roma passou a ser o perigo mais imediato: que os aliados chegariam tarde demais para evitar o seqüestro e a pilhagem do Vaticano. Os nazistas, portanto, ofereceriam aos comunistas as condições ideais para uma ocupação da região quando os alemães, com o papa nas mãos, fugissem antes da chegada dos aliados.

Mesmo com todo o fervor, os comunistas e os outros grupos da esquerda não eram os mais poderosos, tampouco os mais bem armados da Resistência de Roma. Os partidos políticos democráticos e os dispersos soldados italianos, principalmente os monarquistas, que por um momento haviam enfrentado os ocupantes nazistas, estavam tão animados quanto seguros de que poderiam frustrar os planos dos comunistas que o papa tanto temia – que Roma e o Vaticano se tornassem territórios soviéticos.

De fato, quando toda a autoridade governamental e militar se dissolveu, mergulhando a Itália no caos absoluto, uma aliança formada por seis partidos, impossibilitada de contatar o rei, criou uma autoridade revolucionária, o Comitê de Libertação Nacional (CLN). Politicamente, o CLN exigia que o rei abdicasse e que Badoglio renunciasse a fim de abrir espaço para o regime de um partido democrático, que uma vez no poder iria decidir se manteria ou não o sistema monárquico.

Os partidos, embora tivessem ideologias diferentes, acreditavam que o rei e Badoglio deviam mesmo deixar seus cargos, mas os militares da Resistência, os *carabinieri*, discordavam. Esses oficiais, assim como os políticos, acharam deplorável o rei ter fugido de Roma deixando-os sem ordens e à mercê dos alemães. No entanto, continuavam inabalavelmente fiéis ao rei. Serviram ao fascismo porque o rei havia servido; agora serviriam aos aliados porque o rei também o fizera.

Por maior que fossem as ressalvas iniciais, os oficiais se envolviam cada vez mais com a causa dos aliados a cada atrocidade nazista contra os romanos. Estavam dispostos até a cooperar com os líderes do CLN, seus inimigos durante o regime fascista. No entanto, temiam, assim como o papa, que o comitê quisesse destruir a tradição italiana, promover mudanças sociais drásticas e talvez formar um governo comunista. Construíram grandes fortalezas, uma delas – com a aparente conivência dos padres – na basílica de São Paulo Extramuros, que por acordo era território do Vaticano.

A maioria desses oficiais era corajosa, embora o fascismo os tivesse deixado descrentes; homens que logo viriam a descobrir, para o próprio espanto, que existiam coisas de valor genuíno, pelas quais valia a pena lutar e morrer.

Prometeram evitar uma possível tomada de Roma pelos comunistas antes da chegada dos aliados – e que os nazistas ocupassem o Vaticano antes da partida dos alemães.

Toda essa incerteza política deixava o papa nervoso. Na visão dele, o desastre era iminente, já que o Exército Vermelho avançava pela Europa e os comunistas locais, e seus ingênuos camaradas, esperavam pelo momento de atacar. Para piorar, e se os nazistas atacassem primeiro? O alvo era ele. E certamente atacariam se Pio XII condenasse publicamente a captura dos judeus. Provavelmente não ocupariam o local por muito tempo, pois as tropas aliadas se aproximavam. Porém, com o Vaticano arrasado e seus líderes presos ou mortos, seria bem mais fácil para os comunistas fincarem a bandeira vermelha nas ruínas antes da chegada dos aliados.

A apreensão de Pio XII ficou evidente com o não-protesto do papa contra as torturas, a mando de Mussolini, sofridas pelos líderes esquerdistas de Roma antes da deposição do *Duce*. O ditador italiano era um homem orgulhoso, mas tinha que admitir que a sua polícia fascista não possuía a militância ideológica necessária para praticar tortura com o fervor exigido. Era preciso homens cruéis, homens que não hesitassem em se utilizar de qualquer meio para obter informações, homens que pudessem ensinar os nazistas a lidar com o inimigo.

Quando os nazistas ocuparam Roma, tais homens cruéis formaram então um "departamento de polícia social" no Palácio Braschi, a sede do Partido Fascista, na via Tasso. Prendiam cidadãos com acusações falsas para roubar seus pertences e receber fianças com a libertação. Logo o lugar se transformou não apenas em uma casa de tortura, mas em um depósito de bens roubados, o que incluía roupas, produtos alimentícios, cigarros e até uma vaca.

O coronel Dollmann e o cônsul Möllhausen, entre outros alemães moderados, ficaram escandalizados. Qual o direito que os fascistas italianos tinham de se comportar como os alemães nazistas, torturando pessoas e roubando suas riquezas? Certos ou errados, os nazistas ao menos agiam em nome de um ideal. Torturavam apenas suspeitos legítimos e roubavam apenas dos culpados – exceto, claro, quando se tratava de judeus. Os italianos, entretanto, simplesmente agiam como gângsteres.

Quando os alemães ocuparam Roma, Dollmann discutiu a moralidade do "escândalo" com o coronel Kappler, o eficiente operador das câmaras de tortura. O coronel concordou que uma "limpeza" era necessária. Nenhum italiano oportunista competiria com ele!

Kappler inspecionou o estoque dos bens acumulados pelos fascistas e, para ele, a visão que teve apenas confirmou a pouca sofisticação do povo italiano. Enquanto ele colecionava obras de arte de suas vítimas, eles colecionavam vacas.

De sua casa no Vaticano, Pio XII quase podia escutar os gritos dos torturados ecoando da via Tasso. Assim como acontecera em relação aos judeus, se via às voltas com um tormento íntimo. Poderia se pronunciar sem restrições em nome dessas vítimas e correr o risco de uma retaliação nazista contra a Igreja – especialmente agora que se sentia impelido a não condenar publicamente o assassinato em massa de judeus inocentes?

Em silêncio, nos bastidores, tentava ajudar vítimas isoladas por meio de contatos na Alemanha e na Itália.

12.
O plano do massacre

Enquanto os relatórios sobre o plano nazista contra o Vaticano se acumulavam, a ansiedade do papa se mantinha grande, especialmente no outono de 1943, quando soube que Ludwig Wemmer, funcionário de Bormann na chancelaria do Partido Nacional-Socialista, havia chegado a Roma. Como conselheiro de Bormann para assuntos religiosos, Wemmer era o homem ideal para pôr em prática o plano de seqüestrar o papa. A principal tarefa de Wemmer, embora na época isso fosse apenas uma suposição, era espionar Weizsäcker para se assegurar de que o embaixador não estava conspirando com o papa contra os interesses nazistas.

O Vaticano levou os relatórios tão a sério que os arquivos pessoais do papa foram escondidos debaixo de um piso falso e os documentos do Ministério do Exterior passaram a ser guardados em cantos obscuros. Em determinado momento, alguns assistentes do papa no Ministério receberam ordens para arrumar as malas e estarem preparados para partir com Pio XII a qualquer momento, apesar de ele ter prometido permanecer em Roma. Ao mesmo tempo, diplomatas dos países aliados que moravam na Cidade do Vaticano decidiram seguir as recomendações do cardeal Maglione e queimaram a papelada oficial.

De acordo com uma mensagem enviada a Washington pelo diplomata norte-americano Harold Tittmann, em uma reunião do corpo diplomático em 14 de setembro "foi decidido por unanimidade que se o papa fosse retirado à força pelos alemães, os diplomatas não apenas protestariam contra a violência perpetrada, mas também pediriam permissão para acompanhar Sua Santidade".

A ameaça ao Vaticano tornou-se crítica e os diplomatas alemães em Roma estavam tão nervosos quanto o papa e a cúria. Kessel, que desprezava o Führer, da mesma forma que fazia o seu superior Weizsäcker, escreveu mais tarde:

> É preciso enfatizar que Hitler, mantido a distância pelos aliados como uma fera perseguida por um grupo de caçadores, seria capaz de cometer absolutamente qualquer crime. A idéia de manter o papa prisioneiro e transportá-lo [para outro lugar] estava em seus cálculos. ... Recebemos informações precisas de que se o papa resistisse, poderia ser morto – quando tentasse escapar.

Kessel referia-se claramente a uma conspiração chamada Operação Rabat, a qual Hitler parecia ter em mente quando mandou Wolff preparar o plano do seqüestro. Paolo Porta, líder fascista em Como, na Itália, descreveu a operação em uma carta a seu homólogo em Milão, Vicenzo Costa. O título da carta, "O massacre de Pio XII e de todo o Vaticano", refletia a violência da operação. Concebido em setembro de 1943, aproximadamente na mesma época que Wolff recebera sua missão, o plano estava marcado para se tornar uma realidade sangrenta em janeiro de 1944. De acordo com a carta, que continha as mesmas informações passadas a Porta por um alto oficial da SS, o objetivo da operação era se vingar do "protesto do papa a favor dos judeus" – que sem dúvida incluía a esperada manifestação do pontífice quando os judeus fossem capturados.

A operação, contendo mais detalhes do que Wolff me havia revelado, convocava os soldados da *Florian Geyer**, a oitava divisão de cavalaria da SS, disfarçados com uniformes italianos, para um ataque noturno ao Vaticano. Matariam todos os membros da cúria e levariam o papa prisioneiro. Homens da divisão de blindados de Hermann Göring surgiriam então no Vaticano para "resgatar" o pontífice e matar os homens da SS disfarçados, achando que eram assassinos italianos, e não companheiros de instituição. Não haveria, portanto, nenhuma testemunha. Se o papa tentasse fugir (ou se "percebessem" que estava tentando), também seria morto. O mundo, da mesma forma como os soldados da divisão de blindados, seria levado a acreditar que os "italianos", e não os "nazistas", eram os culpados pelo assassinato da cúria e provavelmente de Pio XII.

Se de alguma forma o papa sobrevivesse, seria deportado para a Alemanha ou Liechtenstein. Como Wolff me informou, a Alemanha iria declarar que o pontífice fora levado para sua própria segurança.

Será que o general soube dos detalhes sórdidos na reunião com Hitler que me havia descrito? Seria ele o oficial da SS que contou a Porta sobre o plano? Caso tenha sido, isso explicaria por que Wolff estava determinado a

* A divisão ganhou esse nome em homenagem a Florian Geyer, um dos líderes da Guerra dos Camponeses, ocorrida em 1524. (N.T.)

sabotá-lo. Ao acreditar que a SS era um símbolo do verdadeiro germanismo, mesmo não abraçando a ideologia de forma muito apaixonada, seria extremamente difícil para ele apoiar o assassinato de homens tão dedicados, mesmo sendo eles dedicados principalmente a matar. Mas se precisasse escolher entre eles e ele – bem, Wolff não queria morrer.

Himmler, o chefe da SS, por sua vez, mataria quase qualquer um, mesmo ao custo das piores dores de cabeça ou de estômago – caso fosse do seu interesse fazê-lo. E era do interesse dele acabar com as suspeitas de Hitler quanto a sua fidelidade, mesmo quando Himmler negociava com a Resistência. Além disso, essa também seria uma rara oportunidade para cravar uma estaca no coração da Igreja, que ele tanto odiava. Bormann, que certamente estava envolvido no plano, iria, por sua vez, tentar de tudo para se livrar do cristianismo e preencher o vácuo espiritual com a adoração a Hitler.

Vendo-se diante de tal pesadelo, Weizsäcker lutou de forma ainda mais dura para frustrar o plano, não importando os detalhes da conspiração. Ele "tinha que lutar em duas frentes", escreveu Kessel. "Por um lado, precisava advertir o papa de que não deveria tomar nenhuma atitude impensada, quer dizer, nenhuma ação que pudesse ter conseqüências mortais [o que significava a condenação da deportação dos judeus, me disse ele]." Ao mesmo tempo, tinha que convencer Hitler com relatórios dando a entender que o Vaticano estava bem-intencionado, o que Hitler provavelmente entenderia como fraqueza.

Weizsäcker escreveu que ele (e provavelmente seus colegas que sabiam da conspiração, incluindo o general Wolff) havia concordado em traçar um plano para salvar Pio XII antes que os soldados alemães pudessem levar o pontífice. Tanto o governo da Espanha quanto o de Portugal convidaram o papa para "passar férias" em seus países. Apesar de Pio XII ter dito que continuaria em Roma, segundo um assistente do papa, pessoas próximas a ele haviam organizado uma fuga caso fosse necessária.

Aparentemente, o embaixador estava se referindo ao plano traçado pelo conde Enricco Galeazzi, arquiteto do Palácio Apostólico, pelo monsenhor Eduardo Prettner Cippico e pelo procurador Milo di Villagrazia. Os três se encontraram secretamente com a irmã Pasqualina Lehnert, cunhada de Galeazzi, e combinaram que o pontífice deveria ser levado a San Felice Circeo, no norte de Nápoles. Lá ficaria escondido em uma casa de praia no alto de um paredão de rocha com vista para o mar, acessível apenas por um caminho íngreme, estreito e fácil de ser protegido.

Após permanecer no local por 48 horas, o pontífice seguiria de barco até a Espanha, onde seria protegido pelo general Francisco Franco. Irmã Pasqualina, de acordo com esse relato, foi na frente a San Felice Circeo para organizar a breve estada do papa no local e machucou o pé ao escorregar no caminho precário e pedregoso.

Na mesma época, em 20 de setembro, um correspondente do jornal sueco *Social Demokraten* publicou em Madri:

> Os círculos católicos da Espanha estão muito preocupados com a situação em Roma, principalmente com o fato de forças alemães poderosas estarem "protegendo" o Vaticano e terem se posicionado na praça de São Pedro. Na Espanha e em Portugal, a população se volta para Roma e se qualquer potência insultar a liderança da Igreja católica será muito difícil para esses governos continuarem passivos.

13.
Um dilema doloroso

Alguns críticos dizem que o papa Pio XII não condenou o nazismo pelos genocídios, de forma específica e veemente, em parte porque era um anti-semita frio e indiferente. Outros, entretanto, discordam completamente. Mesmo criticando a posição do pontífice, acreditam que as evidências provam o contrário.

Pio XII era motivado principalmente, como muitos acreditam, pelo desejo obsessivo de preservar o poder e as armações mundanas da Igreja a quase qualquer custo e se utilizava do princípio de neutralidade para esse fim.

No olhar crítico de alguns, Pio XII agia de acordo com a visão sincera, embora equivocada, de que o papel da Igreja era pôr em prática as prioridades morais ensinadas por Cristo. Visão essa talvez alimentada pela longa experiência do papa na arte da diplomacia conciliatória ao estilo secular, que geralmente envolvia assuntos de ordem prática, como questões políticas ou relativas às propriedades da Igreja, que, apesar de sagradas, não são como vidas humanas.

Para alguns, ele era oprimido pela burocracia que protegia os padres pró-Eixo, os quais, com freqüência, agiam por conta própria apoiando as políticas de Berlim e até ajudando oficiais nazistas a deixarem a Europa após a guerra. E para muitos, Pio XII era um homem decente e bem-intencionado, cuja aura nobre suavizava os extremos ásperos de uma mente complexa e pragmática. Era um homem que agia da melhor forma possível, ou da que considerava ser a melhor forma, dentro dos rígidos parâmetros morais definidos por sua personalidade, educação, experiência, cultura e influência histórica.

Quando Pio XI morreu, em 1939, e Eugênio Pacelli se enrolou no manto branco de Pio XII, tendo que lidar com a Segunda Guerra Mundial, a principal prioridade do pontífice, dizem os críticos, era salvar sua imortal Igreja e não necessariamente os transeuntes mortais que corriam perigo. Dizem também que por agir conforme essa prioridade, mesmo quando a perseguição aos judeus se transformou em genocídio, não podia constitucionalmente pôr em risco o epítome de sua vida trocando de prioridades. Perguntam, contudo, se ele não deveria ter corrido o risco.

Os defensores de Pio XII respondem que o papa serviu a Deus transformando a Igreja numa Meca espiritual mais forte, mais unida e mais disciplinada, como nunca antes visto em tempos modernos. Será que iria servir a Deus praticamente garantindo a destruição de sua abençoada obra com sermões raivosos que na verdade poderiam aumentar o número de mortos? Por vingança, Hitler simplesmente passaria a atacar mais monastérios, mais conventos, mais igrejas e talvez até o Vaticano, além de matar grande parte dos judeus, padres e freiras que encontrasse nesses lugares. O perigo aumentou, o papa sabia disso, quando soube que Hitler planejava abduzi-lo.

Além disso, argumenta-se que, tão logo se tornou papa, Pio XII criou um departamento na divisão alemã da agência de informação do Vaticano especialmente dedicado aos judeus, com o objetivo de facilitar sua proteção. E quando Goebbels silenciou a Rádio Vaticano, que freqüentemente protestava contra o extremismo nazista, disse que os programas eram "mais perigosos para nós do que os dos próprios comunistas".

De qualquer forma, os defensores do papa se perguntam de que outra forma, a não ser restringindo sua retórica em público, Pio XII poderia manter a Igreja eterna. Ao que parece, a neutralidade era o único caminho. Assim, como ele poderia ter condenado abertamente os crimes de Hitler, perguntam ainda os simpatizantes, sem condenar os soviéticos e os próprios aliados? Tal condenação teria sido do interesse dos aliados?

O Vaticano alegava que Pio XII também não tinha nenhuma prova absoluta de que os nazistas estivessem praticando o genocídio. Embora diversos relatos escritos por testemunhas oculares chegassem aos montes à Santa Sé, o papa disse a Harold Tittmann que as informações vindas dos aliados "continham uma certa dose de exagero em nome da propaganda".

O principal problema, explicam os críticos, era que o Vaticano tratava as várias histórias de assassinato em massa, mesmo as contadas por seus próprios clérigos, como atrocidades individuais de guerra. Embora soubesse que eram terríveis, não as via, e não as queria ver, como um genocídio de outra natureza. Dessa forma, poucas pessoas reconheciam os crimes como tal, reconhecimento esse que talvez pudesse ter levado até mesmo alguns alemães a se oporem a Hitler sem se importarem com as conseqüências, ou pelo menos teria diminuído o ritmo da máquina genocida.

Após o início da guerra, o Vaticano percebeu que uma condenação do papa às atrocidades em geral não provocaria uma resposta normalmente mordaz por parte de Hitler. No entanto, o Vaticano e os diplomatas alemães anti-Hitler baseados no local temiam que até a alusão mais indireta ao genocídio tivesse um efeito explosivo, intensificando os horrores, que já eram imensos, e afetando a própria Igreja.

Mesmo assim, alguns membros acreditavam que a instituição deveria correr o risco. Por exemplo, Konrad Preysing, bispo de Berlim, pleiteou com os outros bispos e com o próprio papa a condenação pública de Hitler pelos assassinatos, dizendo ao Vaticano que cortar relações diplomáticas com a Alemanha era a única atitude moral que poderia ser tomada.

Enquanto o que veio a ser conhecido como o Holocausto se abatia sobre a Europa, o papa parecia se incomodar mais, o que era compreensível, com a ameaça sofrida pelos judeus de Roma, seus vizinhos. A reação diante desse fato seria o teste final. Caso a ameaça se consumasse, ele conseguiria alegar, se submetendo às chantagens, que os relatos sobre o genocídio eram exagerados?

Como Kessel, cônsul da embaixada alemã, afirmou depois da guerra: "Eu estava convencido na época e continuo convencido hoje de que ele quase teve um colapso devido aos conflitos de sua consciência."

A chantagem seria, então, a gota d'água?

Independentemente da resposta, saber que Hitler estava conspirando contra ele e contra o Vaticano não estimulou o papa a acatar as crescentes súplicas dos aliados para que se pronunciasse de forma direta e clara contra o genocídio. Em uma audiência com o papa em 5 de janeiro de 1943, o ministro britânico Osborne, por exemplo, "tentou fazê-lo entender que a política de extermínio de Hitler era um crime sem precedência na história". Em seu diário, Osborne, que em geral admirava o papa, escreveu a seguinte pergunta: "Será que a questão moral em jogo admite neutralidade?"

Quando Tittmann disse ao papa no outono de 1942 que suas declarações eram vagas demais e que "precisamos de algo mais explícito," ele respondeu:

"Veja, me perdoe. Não posso fazer isso. ... Há mais de 40 milhões de católicos que falam alemão. Se eu denunciar os nazistas pelo nome, como você sugere, e a Alemanha perder a guerra, os alemães acharão que eu contribuí para a derrota não apenas dos nazistas, mas da própria Alemanha; como a população alemã não é capaz de fazer a distinção entre o nazismo e a pátria, o resultado disso será humano apenas na confusão e no sofrimento pela derrota.

"Não posso correr o risco de perder tantos fiéis. Durante a Primeira Guerra Mundial, um de meus antecessores, o papa Bento XV, por meio de uma declaração pública infeliz, parecida com a que você quer que eu faça agora, fez exatamente isso e os interesses da Igreja na Alemanha sofreram as conseqüências."

Em outras palavras, a prioridade central do papa era o que ele entendia como o bem-estar da Igreja. Como escreveu o historiador Michael Payer, essa idéia era "desconcertante devido aos valores distorcidos nela contidos – de um lado, a decepção dos alemães com o papa e, de outro, o assassinato de milhões de judeus inocentes".

A justificativa mais forte oferecida para explicar o silêncio público de Pio XII era que qualquer protesto do papa provocaria uma retaliação drástica por parte de Hitler. Os defensores do papa argumentaram que devido ao protesto veemente de prelados holandeses contra as deportações de judeus daquele país, centenas de outras vítimas, em sua maioria judeus convertidos ao cristianismo, como a filósofa carmelita Edith Stein, foram arrancadas de instituições da Igreja e mortas. Também segundo os defensores, cerca de 80% dos judeus holandeses acabaram sendo deportados, a porcentagem mais alta de todos os países ocupados pelos nazistas.

Os críticos respondem que provavelmente Hitler não teria reagido contra a condenação de um poderoso líder de uma religião mundial com a mesma violência utilizada contra denúncias feitas por prelados com pouca influência fora de seus próprios países.

Também afirmam que um protesto do papa pôs fim ao programa de eutanásia de Hitler. Assim, por que ele não fez o mesmo com o programa de genocídio? Além disso, em certo momento, quando algumas mulheres não-judias casadas com judeus se organizaram para protestar contra a captura de seus maridos, os nazistas voltaram atrás e os libertaram.

O âmago do argumento dos críticos é o seguinte: se o papa tivesse se pronunciado pública e explicitamente, centenas de outras vítimas *poderiam* ter sido deportadas, mas milhões *poderiam* ter sido salvas. Com o seu silêncio, muitas centenas de milhares *podem* ter continuado a salvo, mas para muitos milhões a morte foi *certa.*

Seria justificável do ponto de vista moral, perguntam os críticos, testemunhar um crime, especialmente um crime tão incompreensível quanto esse, sem protestar? Independentemente dos riscos ou sacrifícios, isso não seria importante mesmo que apenas para mostrar às futuras gerações que o ser humano ainda tinha alma? Esse não é o papel sagrado de um papa ou de qualquer líder espiritual?

O âmago da posição dos defensores do papa foi expresso por Kessel com lógica pragmática e refletia a visão dos diplomatas alemães anti-Hitler:

"Estamos convencidos de que um protesto inflamado de Pio XII contra a perseguição aos judeus muito provavelmente teria exposto tanto o próprio papa quanto a cúria a um perigo extremo e ... certamente não teria salvo a vida de um judeu sequer."

Em 2 de junho de 1943, o próprio Pio XII advertiu os cardeais a serem cuidadosos com as palavras, independentemente da medida que tomassem para salvar os judeus: "Qualquer palavra nossa às autoridades competentes visando a esse fim [salvar os judeus] e qualquer referência feita por nós em público precisa ser pesada e ponderada da forma mais séria em nome do interesse dos que estão sofrendo, para que não tornemos, involuntariamente, a sua situação ainda mais grave e insuportável."

O papa certamente estava se referindo ao relatório de monsenhor Cesare Orsenigo, núncio do papa em Berlim, descrevendo uma reunião que tivera com Hitler no início de 1943:

> Assim que toquei no assunto dos judeus e do judaísmo, a serenidade da reunião chegou ao fim de uma só vez. Hitler virou-me as costas. Foi até a janela e começou a bater com os dedos no vidro. ... Mesmo assim, eu prossegui com nossas reclamações. Hitler virou-se repentinamente, foi até uma pequena mesa, pegou um copo de água e, com fúria, o jogou no chão. Diante de tal diplomático comportamento, precisei considerar minha missão como encerrada.

(Essa declaração foi entendida por alguns como um argumento contrário a pressionar Hitler a adotar políticas mais moderadas em relação aos judeus, já que Orsenigo era conhecido por sua simpatia para com o regime nazista. Recusou-se inclusive a receber um oficial da SS que, em agosto de 1942, havia testemunhado uma execução com gás e, com a consciência pesada, queria mandar um relato ao Vaticano. O oficial acabou fazendo isso por meio de outros contatos na Igreja.)

Mesmo antes de Hitler ter dado as ordens ao general Wolff, Pio XII se lamentava por "às vezes se ver diante de portas que nenhuma chave era capaz de abrir". O mais forte que o papa bateu nessa porta, argumentam seus críticos, foi ter dito em sua mensagem de Natal de 1942 que abominava o fato de "centenas de milhares ... [estarem] condenados à morte sem terem feito nada, apenas devido a sua nacionalidade ou descendência".

Os defensores do papa alegam que a resposta violenta dos nazistas a essa declaração, que lhe acarretou o título de "amigo dos judeus", a pior acusação possível do sistema de justiça nazista, provava que os ouvintes entenderam muito bem que Pio XII se referia ao assassinato de judeus.

Alguns críticos, entretanto, se perguntam por que o papa não fazia qualquer distinção entre as atrocidades normais de qualquer guerra, como o assassinato de partisans capturados, e um genocídio calculado que não tinha nada a ver com a luta. Do ponto de vista moral, esse crime não exigia um protesto mais agressivo do que aqueles geralmente cometidos nos campos de batalha?

Sim, afirmam alguns, caso Pio XII tivesse se pronunciado, outros inocentes morreriam e talvez até o próprio papa. Os mesmos perguntam, entretanto, se era moralmente aceitável, especialmente para um ícone religioso, se recusar a arriscar a vida de alguns para tentar evitar o assassinato de muitos – na verdade, de um povo inteiro. Independentemente das represálias temporárias que a Igreja perene pudesse sofrer, sua missão mais básica não era lutar contra o mal?

É verdade, diriam os críticos, algumas pessoas influentes da Igreja, como aconteceu na Holanda, protestaram bravamente e a instituição, além dos protegidos por ela, pagaram por isso com sangue. Porém, não estavam fazendo nada mais que sua obrigação moral, já que tinham escolhido servir a Deus por vontade própria.

Defensores do papa alegam que o pontífice estimulou, ou mandou, que as paróquias "salvassem vidas de todas as maneiras possíveis," esforço esse que se estima ter ajudado a salvar de 100 mil a mais de 700 mil judeus em toda a Europa ocupada. Há poucas provas escritas sobre tais esforços, mas o Vaticano não queria que documentos "incriminadores" caíssem nas mãos dos nazistas, especialmente porque a existência do Vaticano corria perigo.

Pio XII tentou, com todas as forças, resolver o dilema. Esperava que o mundo entendesse que a sua intenção com a recusa de condenar com mais vigor, principalmente os crimes cometidos contra os judeus, era *salvar vidas* e que não podia ser interpretada como anti-semitismo.

Quando, em maio de 1940, foram cometidas atrocidades contra a enorme população católica da Polônia, incluindo assassinatos e trabalho forçado, Pio XII recorreu ao mesmo raciocínio usado em relação aos judeus para evitar uma declaração firme sobre o caso. Dino Alfieri, o embaixador de Mussolini na

Santa Sé, disse então: "Queríamos disparar palavras ferinas contra as atrocidades cometidas na Polônia e a única coisa que nos impediu foi a idéia de que tais palavras tornariam a vida desses pobres coitados ainda pior."

E após um padre vindo da Polônia ter informado Pio XII das deploráveis condições no país e ter implorado o contrário, a excomunhão de Hitler e de seus comparsas católicos, o papa se ajoelhou e levantou as mãos para o céu como se pedisse a Deus que salvasse as vítimas. No entanto, disse que embora quisesse seguir a sugestão do padre, seu protesto evocaria "as mais violentas represálias".

Pio XII condenou a perseguição sofrida por judeus e poloneses em um encontro privado com Ribbentropp em março de 1940, durante uma visita do ministro das Relações Exteriores a Roma. E quando Ribbentropp lhe disse para não se intrometer em assuntos políticos, o cardeal Maglione entregou ao ministro uma lista das atrocidades cometidas pelos alemães. Ribbentropp não se alterou; entregou ao cardeal uma lista com as atrocidades contra os alemães atribuídas aos poloneses – uma demonstração de arrogância que não dava nenhum sinal a Pio XII de que Hitler levaria em consideração qualquer condenação do papa ao assassinato em massa dos judeus.

Dessa forma, o fracasso do papa em atacar publicamente os nazistas pelo tratamento cruel dispensado aos poloneses, que eram majoritariamente católicos, sugeria que o seu silêncio em relação à deportação dos judeus estava ligado não a um posicionamento ideológico, mas a um medo real de retaliações contra a Igreja. O pontífice parecia ter confirmado essa idéia, quando em um discurso citou uma declaração de seu antecessor Pio XI, o qual havia ido muito mais longe em suas visões antinazistas: "É impossível para um católico ser anti-semita: espiritualmente todos nós somos semitas."

A Rádio Vaticano aprofundou o assunto: "Quem faz alguma distinção entre um judeu e os outros homens é infiel a Deus e está indo de encontro a seus mandamentos. Enquanto o homem tratar os membros da família humana de formas diferentes, a paz, a ordem e a justiça do mundo estarão em perigo."

E Pio XII também disse a um padre italiano: "Talvez um protesto solene me renderia o prazer de um mundo civilizado, mas assim eu imporia aos pobres judeus uma perseguição ainda mais implacável que a sofrida por eles nesse momento. Amo os judeus. Não foi deles, do Povo Escolhido, que viria o Salvador? E a Virgem Maria, os apóstolos e os primeiros filhos da Igreja não pertencem a esse povo?"

Além disso, o mesmo sentimento ecumênico parecia ainda refletido na infância do papa. Na época do primário, ficou muito amigo de um menino judeu, Guido Mendes, e os dois freqüentavam a casa um do outro, onde discutiam suas diferenças religiosas com espírito cordial. Mendes disse que o amigo era o melhor aluno da classe e que se vestia de forma impecável, nunca tendo sido visto sem terno e gravata. Anos após terminarem a escola, quando os fascistas começaram a se tornar uma ameaça para os judeus italianos, Pacelli, como secretário de Estado, ajudou a família de Mendes a ir para Jerusalém e os dois amigos continuaram mantendo contato ao longo dos anos.

Embora o papa tenha comentado que, "espiritualmente, todos nós somos semitas", o "todos nós" não era bem assim, dizem os que criticavam o papa. Referem-se principalmente a um episódio ocorrido quando Pacelli era o núncio papal em Munique após a Primeira Guerra Mundial e os bolcheviques tentaram ocupar a Alemanha. Mandou uma carta a um funcionário do Vaticano descrevendo os acontecimentos revolucionários, escrita por um subordinado: "Caos absoluto. Um exército de empregados [no palácio real tomado] andando de um lado para outro, dando ordens, mexendo em pilhas de papéis, e no meio de tudo isso um grupo de mulheres jovens de aparência duvidosa, judias como todo o resto, circulando por todas as salas, com gestos insinuantes e sorrisos sugestivos."

Por que Pacelli não retirou os elementos anti-semitas da carta antes de enviá-la a seu superior? Os críticos se perguntavam se algum dia o papa conseguiria ajustar o foco da imagem confusa que sempre teve dos judeus e comunistas, que para ele eram quase a mesma coisa. Os defensores disseram que ele sempre enviava as cartas sem ler com cuidado e alegaram que a tradução não fora bem-feita.

Além do mais, também afirmam que pessoas influentes conhecidas por suas relações cordiais com os judeus, como o ex-presidente Richard Nixon e o reverendo Billy Graham, faziam comentários verdadeiramente anti-semitas na intimidade e nunca foram seriamente censuradas por isso.

Realmente, na Itália, o Vaticano pressionou o governo a mudar o regulamento decretado pelas leis anti-semitas de 1938 apenas para os judeus convertidos ao catolicismo, a menos que violassem as tradições da Igreja, como, por exemplo, no casamento.

Entretanto, em relação ao domínio guiado pelo medo de Pio XII, parecia que mais uma vez a sua motivação não era o anti-semitismo, mas a obsessão de evitar fricções "desnecessárias" com o governo nazista, as quais diante da menor provocação poderiam ameaçar o papado e os símbolos sagrados do Vaticano. Achava que precisava manter uma neutralidade de fachada, mesmo em relação à esfera moral de base bíblica.

Os críticos, entretanto, perguntariam mais uma vez: Ele não havia dito ao mundo, em uma lição para a posteridade, que o Vigário de Cristo nunca deveria se aliar ao diabo ou fracassar nessa renúncia, seja a que custo for? O diplomata britânico Osborne escreveu sobre isso em seu diário:

> Uma política do silêncio em relação a tais ofensas contra a consciência mundial deve necessariamente implicar a renúncia da liderança comprometida com a moralidade e a conseqüente atrofia da influência e autoridade do Vaticano; e é justamente da manutenção e do fortalecimento dessa autoridade que depende qualquer perspectiva de uma contribuição do papa para o restabelecimento da paz mundial.

Pacelli, no entanto, primeiro como cardeal e secretário de Estado e mais tarde como papa, protestou em algumas ocasiões contra a criminosa política anti-semita de Hitler. Em público, contudo, geralmente se referia aos judeus apenas em um contexto mais ambíguo e menos inflamado de "raça". Por exemplo, em 13 de julho de 1937, em uma audiência com peregrinos católicos, definiu a Alemanha como "uma nação nobre e poderosa desviada por seus condutores na direção de uma idolatria da raça".

Pio XII também usava as mesmas palavras cautelosas para se referir aos judeus convertidos ao catolicismo, aos quais era acusado de favorecer. De acordo com a assistente e confidente do papa, irmã Pasqualina Lehnert, em certa ocasião, após a captura dos judeus nos Países Baixos em 1940, ele escreveu um fervoroso protesto em apoio ao povo. Entretanto, repentinamente, decidiu queimar o protesto na cozinha, e só saiu de lá quando o documento foi completamente consumido.

"Pensei em guardá-lo," disse à irmã, "mas se os nazistas vierem aqui e o acharem, o que acontecerá com os católicos e judeus da Alemanha? Não, é melhor destruir esse enérgico protesto."

A declaração condenatória mais forte de Pacelli foi uma encíclica chamada *Mit brennender Sorge* (Com profunda ansiedade), que ele escreveu para Pio XI. Distribuída aos bispos alemães, referia-se ao nazismo e a sua "arrogante apostasia de Jesus Cristo, à negação dos ensinamentos e da redenção de Cristo, à valorização da força, à idolatria da raça e do sangue e à opressão da liberdade e da dignidade humana".

A encíclica dizia ainda: "O verdadeiro cristianismo vê-se no amor a Deus e no amor ativo aos vizinhos. ... Apenas a ignorância e a arrogância podem tornar alguém cego para os tesouros do Velho Testamento. Ele que pretende banir da Igreja e da escola a história bíblica e a sabedoria do Velho Testamento blasfema contra a palavra de Deus."

Esse era um protesto forte e direto, apesar de alguns judeus terem ficado incomodados, ironicamente, com uma frase que pretendia falar sobre tolerância: "Ele que nega a fé no Cristo encarnado, que aceitou a natureza humana do povo que iria crucificá-lo."

As poucas palavras mencionando a responsabilidade dos judeus pela crucificação de Cristo, embora se referissem aos indivíduos judeus do período bíblico e não a seus descendentes, eram palavras brotadas da semente do anti-semitismo plantada há 2 mil anos e expressa no Novo Testamento em referências, como, por exemplo, a judeus "perniciosos". Semente essa que contaminou grande parte da cristandade ao longo dos séculos e veio a gerar o Holocausto antes de ser arrancada pelo escalpelo do papa João XXIII*, o grande reformador que sucedeu Pio XII.

A encíclica foi forte o suficiente para suscitar a fúria mais violenta dos nazistas já direcionada ao Vaticano. O jornal da SS *Das Schwarze Korps* chamou-a de "a mais incrível das cartas pastorais de Pio XI; cada frase era um insulto à nova Alemanha". E as palavras de Pacelli provocaram um comentário do *Völkischer Beobachter***, referindo-se ao "Deus dos judeus e seu representante em Roma".

Hitler até ameaçou cancelar a concordata, bramindo que seu governo "considerava a encíclica do papa um convite para a guerra ... , já que convocava os cidadãos católicos a se rebelarem contra a autoridade do Reich".

Um convite para a guerra? Essa reação violenta, sem dúvida, teve um impacto psicológico em Eugenio Pacelli. Até uma referência ambígua à "ignorância e arrogância" dos nazistas parecia produzir em Hitler uma fúria que poderia destruir o Vaticano. Qual seria o tamanho dessa fúria, certamente se perguntara, caso usasse uma linguagem semelhante para condenar o assassinato de milhões?

Dois anos mais tarde, em 1939, após herdar o trono papal, Pacelli arquivou mais uma encíclica preparada por seu antecessor condenando o racismo e o anti-semitismo. Para Pio XII, não era o momento de disparar outro tiro. No entanto, ao mesmo tempo em que o futuro papa ficara intimidado a ponto de permanecer calado publicamente, podia ser considerado um moderado diante da história do papado.

---

* O sucessor de Pio XII convocou o Concílio Vaticano II, que instituiu uma série de reformas na Igreja católica e visava rejeitar a concepção de uma Igreja centralizada. (N.T.)

** Jornal do Partido Nacional-Socialista dos Trabalhadores Alemães. (N.T.)

O papa Pio XII conversa com Myron Taylor, principal representante dos Estados Unidos no Vaticano, em fevereiro de 1940. O papa, temendo a destruição dos tesouros históricos de Roma, implorou aos norte-americanos que parassem de bombardear a cidade, ocupada pelos nazistas. Taylor, por sua vez, pediu a Pio XII que condenasse publicamente com mais veemência o genocídio dos judeus, embora contra-argumentando que tal condenação estimularia Hitler a matar ainda mais gente. O papa também temia uma retaliação de Hitler: o seqüestro do pontífice e da cúria, além da pilhagem do Vaticano. (*L'Osservatore Romano*)

Cardeal Luigi Maglione, secretário de Estado do Vaticano. Ele advertiu o embaixador alemão Ernst von Weizsäcker de que se os nazistas capturassem os judeus de Roma, o papa talvez se sentisse obrigado a protestar publicamente contra Hitler. Porém, os dois homens estavam cientes de que isso poderia desencadear a execução do plano, já em curso, para seqüestrar o papa. (*Exército norte-americano*)

O embaixador alemão Weizsäcker advertiu o papa Pio XII de que caso se pronunciasse contra o genocídio dos judeus, Hitler executaria o plano do seqüestro. Se Hitler fizesse isso, o diplomata antinazista se envolveria numa conspiração para salvar o papa. (*Marianne von Weizsäcker*)

O general da SS Karl Wolff, que, a mando de Hitler, deveria seqüestrar o papa Pio XII e ocupar o Vaticano. Porém, temendo ser enforcado devido a sua função de chefe do Estado-Maior de Heinrich Himmler – o organizador do Holocausto –, se os aliados vencessem a guerra, Wolff traiu Hitler e sabotou o plano na esperança de obter o apoio do papa. (*Karl Wolff*)

O general da SS Karl Wolff na época de seu julgamento na Alemanha após a guerra, por envolvimento no assassinato de centenas de milhares de judeus. Também ajudou a salvar outros muitos milhares em Roma, evitando um protesto público do papa contra o genocídio e impedindo, assim, que Hitler executasse o plano do seqüestro. Escapou de ser indiciado em Nuremberg por ter entregue em rendição todo o Exército nazista na Itália para os norte-americanos. (*Arquivos do Partido Comunista italiano, Roma*)

O general da SS Karl Wolff com o ditador italiano Benito Mussolini. Wolff, como chefe da SS na Itália, era responsável por assegurar a lealdade do *Duce* a Hitler após o italiano ter sido deposto e fugido, com a ajuda dos nazistas, para o norte da Itália, onde criou uma nova república fascista. (*Karl Wolff*)

Heinrich Himmler, o líder da SS que conduziu o genocídio e ajudou a traçar o plano para seqüestrar o papa. Ao mesmo tempo, flertava com a idéia de derrubar Hitler e liderar a Alemanha na conquista de toda a Ásia, o que seria a realização de um antigo sonho alemão. (*U.S. National Archives*)

Himmler, um homem fraco e muito magro, tentava desesperadamente preencher os requisitos físicos impostos por ele aos membros da SS, que precisavam ser arianos perfeitos para terem alguma esperança de serem aceitos na assassina tropa de elite. Não podiam imaginar que alguns seriam "eliminados," para que não falassem sobre sua participação no plano do seqüestro – o qual poderia incluir o assassinato de todos os membros da cúria e talvez também o do papa. (*Bundesarchiv, Koblenz*)

Martin Bormann, cujo nome não era muito conhecido nem mesmo da maioria dos alemães, tornou-se o conselheiro mais influente de Hitler e passou anos pensando em seqüestrar o papa. Esse seria o primeiro passo para destruir o cristianismo e substituí-lo por uma nova religião nazista; dessa forma, o Führer se tornaria o líder espiritual mais influente do mundo. (*U.S. National Archives*)

Israel Zolli, rabino-chefe de Roma, atravessou sorrateiramente a cidade infestada de nazistas e foi ao Vaticano. Fingindo ser construtor, desejava pedir ouro ao papa com o objetivo de conseguir o resgate exigido pela Alemanha para que o país não deportasse os judeus de Roma. A maioria deles foi salva, em parte devido ao contraplano do general Wolff e do embaixador Weizsäcker. Após a guerra, Zolli, que trocou seu primeiro nome para Eugenio em homenagem ao papa, voltou ao Vaticano – dessa vez para trabalhar, após ter se convertido ao cristianismo. (*Sophia Cavaletti*)

O marechal-de-campo Albert Kesselring (centro) conversa com Benito Mussolini e Adolf Hitler. Kesselring, um homem estritamente militar, era contra o plano de seqüestrar o papa e contra a captura dos judeus de Roma, mas permaneceu fiel a Hitler até a morte do *Führer*. (*U.S. National Archives*)

O coronel da SS Eugen Dollmann, o aristocrático assistente de Karl Wolff, tenta impressionar Adolf Hitler. Dollmann foi um dos que ajudaram o general a agendar uma reunião secreta com o papa. Wolff conseguiu o que parecia impossível: a plena confiança, simultaneamente, do Vigário de Cristo e do Anticristo. (*U.S. National Archives*)

Pintura de dona Virginia Agnelli, que, por meios sinuosos, conseguiu agendar uma reunião secreta entre o papa Pio XII e o general Wolff. (*Eugen Dollmann*)

Corpo exposto nas Fossas Ardeatinas, uma das mais de 100 vítimas assassinadas pelos nazistas em retaliação a um ataque terrorista feito por comunistas contra soldados alemães. O papa Pio XII condenou os dois incidentes fatais dentro dos limites de sua neutralidade, acreditando que tal posição salvaria a Igreja da fúria de Hitler. (*Arquivo do Partido Comunista, Roma*)

O general Mark Clark, perdido ao entrar em Roma, pergunta a um padre norte-americano como chegar ao centro da cidade. A vinda dele pôs fim às chances de Hitler de executar o plano para seqüestrar o papa. Pio XII passou a se sentir seguro, mas ficou decepcionado por não ter conseguido realizar o sonho de mediar uma paz negociada e com o fato de que a União Soviética se beneficiaria com a inevitável rendição incondicional da Alemanha. (*Exército norte-americano*)

Uma criança saúda os soldados norte-americanos, enquanto a população comemora a libertação de Roma. (*Exército norte-americano*)

Diferentemente dos guetos e "confinamentos" do Norte e Leste da Europa, o gueto de Roma não era um símbolo do ódio da população, tampouco uma forma de proteger os judeus da violência, já que nunca foram rejeitados pelos cristãos italianos. Pelo contrário, sob o domínio do papa, os cristãos da Itália é que recebiam proteção contra os judeus, ou ao menos contra a influência profana do povo.

Ao mesmo tempo, poucos foram os esforços para converter apenas alguns. Os judeus de Roma vieram de Jerusalém há mais de 2 mil anos, muitos deles como escravos de seus conquistadores, e formaram a comunidade judaica mais antiga da diáspora. Eram as eternas testemunhas da revelação cristã. Com efeito, faziam parte do ritual cristão.

Alguns estudantes da Igreja nunca atingiram esse nível de moderação. Em 1934, a *Civiltà Cattolica*, revista jesuíta publicada em Roma, observou com consternação que o nazismo anti-semita "não fora motivado por convicções religiosas, tampouco pela consciência cristã ... , mas pelo desejo [por parte dos nazistas] de perturbar a ordem religiosa e social". E acrescentou: "Teríamos entendido eles, ou até os aprovado, caso suas políticas estivessem restritas aos limites aceitáveis de defesa contra as organizações e instituições judaicas."

Em 1936, a mesma publicação tornou essa idéia mais clara:

> Uma oposição ao racismo nazista não deve ser interpretada como a rejeição do anti-semitismo com base na religião. O mundo cristão, livre do ódio não-cristão, precisa se defender dos judeus suspendendo seus direitos civis e os mandando de volta para os guetos.

Certamente, não os matando.

* * *

Nunca saberemos quantos judeus teriam sido salvos, e se de fato seriam, caso o papa tivesse se pronunciado publicamente com veemência. Para os críticos, entretanto, essa incerteza não podia ter anulado a tarefa sagrada do líder de uma fé religiosa de protestar diante do mundo contra um mal sem precedentes que estava contaminando todos os valores instilados por Deus nos homens.

Muitos judeus concordam, inclusive os líderes da comunidade judaica de Roma, e entre eles os descendentes dos mortos.

No entanto, outros argumentam que uma avaliação do comportamento de Pio XII durante a Segunda Guerra Mundial precisa considerar que muitos dos sobreviventes teriam morrido se não fosse o envolvimento direto ou indireto do pontífice. Entre os que defendem essa visão há alguns judeus influentes: da primeira-ministra de Israel Golda Meir ao historiador Martin Gilbert. O rabino David G. Dali até citou o Talmude* esbanjando elogios ao papa:

> O Talmude ensina que: "Para a Escritura, quem salva uma vida, salva o mundo inteiro."** Mais do que qualquer outro líder do século XX, Pio XII seguiu o dito talmúdico quando o destino da comunidade judaica do mundo estava em perigo. Nenhum outro papa fora tão elogiado pelos judeus – e eles não estavam errados. A gratidão do povo, assim como a de toda uma geração de sobreviventes do Holocausto, prova que o papa Pio XII era um gentio verdadeira e profundamente honrado.

O papa ajudou milhares de judeus a escaparem para países que os aceitaram, notavelmente, República Dominicana e Brasil. Protestou vigorosamente contra as deportações ordenadas pelo governo eslovaco e após seis apelações conseguiu que fossem suspensas. Ao mesmo tempo, o cardeal Angelo Roncalli, o futuro papa João XXIII, entregou a sobreviventes milhares de vistos de entrada para a Palestina. Junto com o cardeal, Pio XII também pediu aos governos da Bulgária e da Romênia que poupassem os judeus e lhes dessem dinheiro para ajudá-los a sobreviver.

Ao mesmo tempo, conventos, monastérios e outras instituições do Vaticano, já que nem todas correriam tal perigo por vontade própria, acataram o risco ao receberem ordens diretas do papa, ou ao saber que era esse o seu desejo. Na realidade, o direito canônico proíbe abrigar em todos os locais de clausura qualquer um que não pertença à Igreja sem a aprovação expressa do papa. Portanto, de acordo com autoridades jurídicas da Igreja, todos os clérigos que esconderam judeus, de alguma forma, devem ter recebido a permissão do papa. Acreditam, porém, que tal aprovação não era essencial em situações de emergência, e certamente o Holocausto podia ser visto como uma delas. Mesmo assim, para se assegurar de que o clero havia entendido seu desejo, espalhou a informação verbalmente entre os membros da Igreja.

Quando refugiados pediam asilo em conventos, que normalmente só aceitavam mulheres, às vezes gerava algum tipo de confusão. Certa vez, um

---

* O Talmude é a compilação de comentários rabínicos sobre as leis judaicas, tradições, costumes e lendas. (N.T.)

** Tradução livre do Talmude. (N.T.)

casal tentou se refugiar em um convento de Roma e num primeiro momento apenas a mulher foi aceita – até o papa ter pessoalmente mandado o convento também receber o marido. Portanto, as portas dos conventos estavam efetivamente abertas aos homens judeus e também a outros ameaçados em todos os países ocupados.

Ao todo, na Cidade Eterna, pouco mais da metade dos 8 mil judeus residentes acabaram encontrando refúgio em mais de 150 conventos e mosteiros, a maioria situada em propriedades do Vaticano, e cerca de 3 mil se abrigaram no Castelo Gandolfo, residência de verão do papa. Outros 60 foram viver na Pontifícia Universidade Gregoriana; alguns dormiam no porão do instituto bíblico e cerca de 400 eram "membros fictícios" da Guarda Palatina do Vaticano, que contava com 4 mil homens. E outros ainda, influenciados ou não pelos ensinamentos da Igreja – entre eles, Israel Zolli, o rabino-chefe de Roma –, se esconderam nas casas de católicos seculares.

14.
A arte de examinar paredes

Embora o rabino-chefe Zolli estivesse aterrorizado quando se lançou em uma missão desesperada no início da manhã de 28 de setembro, um estranho e prosaico constrangimento tomou conta dele. Estava a caminho do Vaticano vestindo um terno surrado!

"Pareço um pedinte", lamentou-se ao amigo Giorgio Fiorentini, o advogado que dirigia o carro.

Zolli, porém, não tinha outro terno. Na pressa de fugir dos alemães quando Roma foi ocupada 18 dias antes, deixou quase todos os pertences em casa. Após ter dormido lá na primeira noite ameaçadora, passou os três dias seguintes pulando de casa em casa, até que finalmente foi acolhido por Amedeo Pierantoni, um católico cujo filho, Luigi, havia trabalhado para a Resistência.

Agora, entretanto, precisava sair do esconderijo e corria o risco de ser pego. Tentaria salvar alguns de seu povo – muitos dos quais pouco o estimavam –, independentemente se isso os agradava ou não. Para isso, foi pedir ajuda ao papa.

Essa não era apenas uma missão misericordiosa para com seu povo, inclusive para com o próprio, mas de amor ao papa. Disse mais tarde que "a influência do Vaticano era muito grande e que uma perseguição declarada certamente geraria um protesto por parte do papa". E a fé que tinha em Pio XII era alimentada pelo sentimento secreto de que a cruz acabaria por salvar seu povo, ou pelo menos suas almas.

Zolli, natural da Áustria, não via contradição em crer simultaneamente no judaísmo e no cristianismo. Sua mãe vinha de uma família de rabinos estudiosos e influenciou o filho a também se tornar um deles, embora o salário fosse baixo e a família, após perder seu negócio, tivesse sido empurrada para a pobreza.

Percebeu o significado do cristianismo na casa de seu amigo Stanislaus, onde os dois passavam as tardes juntos, fazendo os deveres de casa em uma grande sala de paredes brancas. Em uma dessas paredes, havia um crucifixo de madeira maciça com um galho de oliveira suspenso.

O jovem Zolli perguntava-se por que seus olhos insistiam em se fixar no crucifixo, por que se sentia tão estranho diante daquele objeto. Tão estranho quanto sentia quando ainda era muito pequeno e pegava a Bíblia de seu pai, lendo linha por linha, página por página, temendo perder o fio da história, enquanto as outras crianças brincavam ao sol. Na sala de paredes brancas, como na biblioteca de seu pai, almejava, como mais tarde escreveu, "algo infinito e indefinível".

Após ter se formado rabino, Zolli subiu na carreira, tornando-se o rabino-chefe de Trieste, que passou a fazer parte da Itália quando a Primeira Guerra chegou ao fim em 1918. Uma tarde, ele estava sozinho em casa escrevendo um artigo, quando repentinamente começou, como em um transe, a invocar o nome de Jesus: "Não tinha paz até tê-lo visto como um grande quadro sem molduras em um canto escuro da sala. Olhei-o fixamente por um longo tempo e, em vez de sentir-me ansioso, estava em perfeita paz de espírito. ... Essa experiência foi objetivamente real ou apenas subjetiva? Eu não sei."

Zolli explicaria: "A comunidade israelita e a Igreja representavam para mim uma vida dedicada à religião, cada uma a seu modo. Sentia-me um hebreu porque naturalmente era um hebreu, e amava Jesus Cristo." Muitos judeus, entretanto, sem suspeitar de sua conversão espiritual, estavam, como admitiu Zolli, "insatisfeitos" com a sua nomeação para o cargo de rabino-chefe de Trieste.

"Sei amar melhor do que me fazer amado."

E isso tornou-se especialmente verdadeiro quando ocupou o mesmo cargo em Roma. A comunidade judaica – principalmente seus líderes seculares – considerava-o um "estrangeiro" do Leste europeu, a quem faltava a capacidade de servir como inspiração espiritual para aqueles cujas raízes romanas datavam de tempos remotos. Além disso, para muitos ele não passava de um intelectual arrogante que expressava amor pela comunidade de maneira condescendente – e pouca sinceridade –, moldado pelo amor ilimitado de Deus ao próximo.

Assim, mesmo rejeitado por grande parte de seu povo, tentaria salvá-lo – embora considerasse ter de abandoná-lo quando Deus achasse que deveria – se lançando sozinho em uma missão ao Vaticano. Escreveu ele em suas memórias:

> A conversão consiste em responder a um chamado de Deus. Um homem não é convertido quando escolhe, mas no momento em que recebe um chamado de

> Deus. Quando ouve o chamado, só há uma coisa a fazer: obedecer. ... Conversão é luz renovada, amor de Deus renovado. O convertido é um homem que morreu e ressuscitou.

Enquanto aguardava o chamado da morte, Zolli buscou ajuda no homem que acabaria por lhe mostrar o caminho da ressurreição. Embora ficasse triste com a hostilidade que despertava nos outros judeus, parecia haver algo de simbólico em sua missão ao Vaticano, algo que o fazia deleitar-se com o que sentia ser o amor ilimitado por seu povo e pela humanidade.

O povo era de alguma forma imune a suas demonstrações de amor. Rejeitava o acolhimento e conselhos do rabino, aparentemente, por sentir que suas palavras tinham apenas um frio significado místico para ele, palavras abstratas que Zolli encaixava de forma calculada em seus brilhantes tratados e sermões religiosos, mas que não conseguia transformar em sentimentos sinceros.

Zolli parecia ao mesmo tempo enigmático e racional demais para seu rebanho – tendências que despertavam um conflito constante dentro dele. Seu misticismo gerava uma fatalista dependência da reza, que o rabino alegava levá-lo a um êxtase emocional com doses de realidade – especificamente, a de uma provável repressão nazista.

Quando Zolli era o rabino-chefe de Trieste, leu incontáveis documentos e falou com inúmeros judeus fugidos da Alemanha e da Europa oriental sobre as atrocidades cometidas pelos nazistas. Sabia que quando os alemães ocupassem Roma, também tentariam destruir os judeus de lá. Mas seu rebanho não acreditava nele, preferia os conselhos mais reconfortantes dos líderes seculares – de que não havia necessidade de deixarem suas casas e se esconderem, pois afinal de contas estavam na Itália, onde o anti-semitismo era fraco.

O problema, pensava Zolli, era a ingenuidade dos líderes da comunidade, os quais acreditavam que seus amigos fascistas iriam ajudá-los. Ele próprio sempre foi contra o fascismo e costumava discutir sobre isso com uma de suas filhas, Miriam, que, como estudante, defendia o fascismo com fervor. O regime tornara-se mais perigoso do que nunca, pelo menos para os judeus. Oferecia falsas esperanças àqueles que, após terem servido ao regime por tanto tempo, ainda não acreditavam que seriam traídos de forma tão cruel. Tão cruel quanto *eles o* haviam traído.

Talvez, com essa visita ao Vaticano em busca de ouro, Deus estivesse dando um sinal de que chegara o momento para o renascimento do rabino-chefe Zolli.

Ao mesmo tempo, para sua congregação, essa atitude poderia lembrar as visitas involuntárias de rabinos-chefes dos séculos anteriores. Após discursar para a multidão que se aglomerava na praça de São Pedro, um papa recém-empossado montou um cavalo branco e a caminho da basílica de São João de Latrão parou para receber o Pentateuco do rabino-chefe de Roma. O papa segurou o livro por alguns segundos e depois o virou de cabeça para baixo. O rabino baixou a cabeça e estendeu a mão. O *camerlengo*, ou camareiro do papa, colocou então 20 pepitas de ouro na sua mão, supostamente fazendo com que a repreensão parecesse tolerável, embora na verdade aumentasse a humilhação.

O rebanho do papa assim se depararia, inequivocamente, com a degradação dos que se cegavam para a revelação bíblica que haviam testemunhado. Não, os judeus não podiam ser atacados fisicamente, expulsos ou mesmo convertidos. Eram necessários – como judeus. O ouro, porém, era para lembrar a todos por que deveriam ser evitados.

Entretanto, os tempos agora eram outros e Zolli sentia que a comunidade judaica e os líderes das sinagogas não reconheceriam o ato dele de ir ao Vaticano em busca de novas pepitas de ouro. Ele, contudo, decidiu fazê-lo de qualquer forma, sem consultá-los. Por que não pedira a algum padre influente que solicitasse a ajuda do papa, alguém que não precisasse ir sorrateiramente ao Vaticano correndo grandes riscos?

Zolli claramente esperava encontrar o papa pessoalmente e mesmo sem reverências ou agrados talvez até fosse convidado a ficar no Vaticano com sua família. Afinal de contas, nada mais apropriado para um líder espiritual da comunidade católica mundial que acolher o rabino-chefe dos romanos, os quais tradicionalmente, mal ou bem, costumavam buscar a proteção do papa.

"Acho que deveríamos entrar por uma das portas dos fundos", disse Fiorentini a Zolli, enquanto se aproximava dos portões do Vaticano. "O local é guardado pela Gestapo. Um cordial funcionário o estará esperando, assim você não vai precisar mostrar documentos pessoais com o carimbo da 'raça hebraica'. Será apresentado como engenheiro, chamado para examinar algumas paredes que estão sendo construídas."

"A arte de examinar paredes sempre me interessou", respondeu Zolli com humor.

No Vaticano, os "construtores" cumprimentaram as tropas. O "engenheiro" de óculos inspecionaria cuidadosamente a planta da obra e daria seu consentimento. Indiferentes, os dois visitantes foram até o escritório do tesoureiro do Vaticano, que os recebeu de forma calorosa. Quando o tesoureiro foi ao encontro do papa tratar da obtenção do ouro necessário, o rabino-chefe disse: "O Novo Testamento não abandona o Velho. Por favor, me ajude. Para fins de reembolso, eu serei a garantia, e já que sou pobre, os hebreus de todo o mundo irão contribuir para pagar a dívida."

A garantia em questão, Zolli parecia sugerir, seria o confinamento do rabino no Vaticano.

❖ ❖ ❖

A dívida era composta de ouro do Vaticano para comprar vidas de judeus e, dessa vez, seriam necessárias bem mais do que as 20 pepitas dadas a um rabino-chefe para suavizar a humilhação. Dois dias antes, em 26 de setembro, os dois principais líderes judeus seculares, Dante Almansi e Ugo Foa, foram intimados a comparecer ao quartel-general do coronel Kappler, o jovem e louro chefe da Gestapo em Roma.

O coronel cumprimentou-os com cortesia, até mesmo com arrependimento por qualquer inconveniente que pudesse ter lhes causado. Os dois curvaram-se servilmente. Sabiam que o tom suave e até mesmo as gentis palavras introdutórias proferidas pelo temido torturador eram um bem-humorado prelúdio a um destino terrível.

Kappler era um integrante submisso e fiel do Partido Nazista. Mais do que para a maioria dos burocratas do alto escalão, pragmatismo e bom senso sempre se sobrepuseram ao entusiasmo ideológico. Por exemplo, considerou imprudente resgatar Mussolini das mãos de seus raptores. Acreditava que o fascismo já havia chegado ao fim e que se o *Duce* voltasse ao poder precisaria governar "sob a força das baionetas alemãs", como disse Kappler no tribunal após a guerra.

Mesmo assim, obediente, o chefe da Gestapo desempenhou um papel importante no resgate do ditador após ter descoberto o local em que era mantido. Se tinha um amor especial por algo, era por Roma, sua "segunda casa", com seus arcos de flores e maravilhosas antiguidades. Mas muito pouco desse amor ia para os italianos. Mandaria muitos deles para a tortura, sem qualquer remorso, caso demonstrassem o menor sinal de resistência à ordem nazista, após a ocupação de Roma.

Mesmo assim, Kappler, como seu superior na SS, Karl Wolff, era contra as capturas organizadas, tanto de suspeitos quanto de inimigos propriamente ditos, como os judeus. Essa posição não era motivada por razões humanitárias, mas pelo medo de que tais ataques estimulassem os comunistas e outros arruaceiros políticos a invadir as ruas de Roma, desafiando o poder nazista. Os dois homens temiam, principalmente, que Hitler logo exigisse a captura dos judeus de Roma, o que poderia gerar um protesto do papa e, conseqüentemente, o caos que desejavam evitar.

Além disso, mesmo se Wolff ainda não tivesse contado a Kappler do plano do seqüestro, o oficial, certamente, já ouvira boatos – e com certeza teria que participar da conspiração. Se o plano fosse bem-sucedido, provavelmente receberia uma ordem ainda mais explosiva. Assim, por que desencadeá-la com a captura? De qualquer forma, os judeus eram apenas 8 mil, em sua maioria pertenciam à classe média ou baixa e não significavam nenhuma ameaça para os italianos "verdadeiros".

Com efeito, Wolff e Kappler sabiam que a maioria dos italianos, inclusive o rei Vítor Emanuel III, se opunha fortemente às políticas anti-semitas de Hitler. Uma observação feita no diário do conde Galeazzo Ciano, ministro das Relações Exteriores e genro de Mussolini, sobre uma reunião entre o *Duce* e o rei em 28 de novembro de 1938, logo após o ditador ter decretado as leis anti-semitas, ilustra essa idéia:

> Encontrei o *Duce* indignado com o rei. Durante a conversa deles essa manhã, por três vezes, o rei disse que sentia "uma imensa pena dos judeus". Citou casos de perseguição. ... O *Duce* respondeu que havia 20 mil covardes na Itália comovidos com o destino dos judeus. O rei replicou dizendo que era um deles.

Vítor Emanuel, na verdade, estava seguindo uma antiga tradição de Roma. Principalmente após a destruição de Jerusalém, há 2 mil anos, os líderes romanos costumavam ser bons com os judeus, nos padrões da época. Júlio César os tratava tão bem que quando foi assassinado os judeus choraram e rezaram por ele. Durante uma semana lamentaram a morte de Augusto, que enriqueceu o Templo de Jerusalém com presentes caros e os estimulava a respeitar o sabá com rigor. E eles obedeceram – se recusando a perder sua identidade, independentemente de quem sentasse no trono dos conquistadores de Roma.

Kappler achou que havia encontrado uma forma de ao mesmo tempo salvar os judeus e fortalecer a Gestapo; e, ao que parece, Wolff estava de acordo. Repentinamente, o coronel suavizou o tom no confronto com Almansi e Foa. Seu rosto ossudo ficou ainda mais rígido, acentuando a longa e fina cicatriz que atravessava sua bochecha esquerda.

"Você e seus correligionários", disse ele calmamente, "são cidadãos italianos, mas isso não tem muita importância para mim. Nós, alemães, os consideramos apenas judeus, portanto, nossos inimigos. Para ser mais exato, os consideramos um grupo distinto, mas não completamente dissociado de nossos piores inimigos, contra os quais estamos lutando. E iremos tratá-los de acordo."

Almansi e Foa ouviram aterrorizados e finalmente se deram conta de que sua comunidade corria um sério perigo.

"Não é a vida de vocês ou de seus filhos que queremos – se vocês concordarem com nossas exigências", prosseguiu Kappler. "Estamos interessados no ouro de vocês para comprarmos novas armas para o nosso país. Vocês têm 36 horas para nos entregar 50 quilos de ouro. Se pagarem, não sofrerão. Se não, 200 de seus judeus serão presos e deportados para a Alemanha, onde serão mandados para a fronteira com a Rússia."

Chocados, os dois líderes judeus conseguiram convencer Kappler a estender o prazo por mais quatro horas e, orgulhosos, recusaram a oferta do nazista de pôr carros e homens à disposição para ajudá-los a recolher o ouro. Quando estavam saindo, Kappler os advertiu: "Lembrem-se de que já conduzi uma série de operações desse tipo e todas acabaram bem. Fracassei apenas uma vez e algumas centenas de seus irmãos pagaram com a vida."

Quando Kappler saiu, sentiu orgulho de si mesmo; a idéia de trocar a vida de judeus por ouro fora dele. Torcia apenas para que Hitler e Himmler se dessem conta de que fazia sentido e que, com os judeus a salvo, não haveria necessidade de tomar nenhuma medida contra o Vaticano.

Almansi e Foa – que ocupavam posições de destaque na hierarquia fascista até Mussolini ceder às exigências de Hitler em 1938 e começar a reprimir os judeus – visitaram ex-colegas ligados ao regime do *Duce*, argumentando que a soberania fascista seria afetada caso sucumbissem à chantagem de Kappler. A tentativa entretanto fracassou, e eles convocaram uma reunião com membros do Conselho da Comunidade Judaica, os judeus mais influentes de Roma, para decidir como cumprir o prazo de 48 horas determinado pelos nazistas para a entrega do ouro.

O clima repleto de tensão, desespero e descrença começou a ser tomado por uma ponta de esperança, quando se sentaram juntos indagando-se uns aos outros se o coronel Kappler cumpriria a promessa. Será que os judeus de Roma estavam prestes a perder a casa e a vida? Não foi esse o destino planejado por seus ancestrais. De acordo com uma lenda judaica, quando o rei Salomão e a filha do faraó se casaram, um anjo fincou um longo junco no mar, marcando o lugar onde um dia seria erguida a Cidade Eterna. Uma ilha começou a surgir no local, e uma floresta cresceu na ilha.

Os primeiros habitantes construíram duas cabanas de junco, mas o sábio Aba Kolon, então, apareceu e, ao ver as cabanas se desmancharem, decretou que nenhuma cabana duraria se a terra não fosse molhada com a água do rio Eufrates. Assim, se lançou numa longa e árdua jornada até o Eufrates e voltou com a água. Na terra úmida, ergueu novas cabanas, que agora permaneciam firmes. Nascia Roma, para esperar pela chegada do Messias.

Será que o Messias tinha chegado para salvar os judeus e suas "cabanas" com o acordo do ouro?

No boca a boca, os líderes da comunidade convocaram seus integrantes para comparecerem com jóias de ouro e quinquilharias ao Grande Templo, na margem direita do rio Tíber, às 10h30 da manhã seguinte, em 27 de setembro. Foram chegando aos poucos e meia hora depois o ouro começou a ser recolhido, com um joalheiro e dois ourives munidos de uma balança, atrás de uma mesa em uma das salas do templo.

O desespero que tomava o templo crescia enquanto os líderes aguardavam a chegada de seus irmãos. Uma vez que a maioria dos judeus ricos já havia deixado a cidade, a tarefa de salvar a comunidade passou para os pobres. A maior parte deles vivia nas favelas de Trastevere, do outro lado do rio, em frente ao tradicional gueto – vendedores de quinquilharias e operários desprezados pelos judeus mais ricos.

Não haviam percebido que Kappler, Wolff, Weizsäcker e pelo menos alguns outros oficiais alemães acreditavam que o ouro, além de comprar a vida de judeus, possivelmente compraria a de Pio XII. Caso os judeus fossem salvos, o papa não seria forçado a se deparar com o dilema do protesto quando ouvisse o barulho dos caminhões repletos deles seguindo pela madrugada – uma escolha que poderia definir seu próprio destino.

15. Uma questão de prioridade

O dilema do papa – se deveria condenar o genocídio publicamente ou não – era ainda mais doloroso pelo fato de ele ter passado a gostar dos alemães quando trabalhava para a Igreja na Alemanha, após a Primeira Guerra Mundial. Era difícil para ele desejar o mal de amigos e seus filhos, que agora lutavam sob as ordens de um tirano determinado a destruir a Igreja e assassinar milhões de inocentes. Ao mesmo tempo, fazia o máximo para se convencer de que os relatórios sobre as atrocidades cometidas contra os judeus não tratavam de um genocídio, dado que aceitar o fato aumentaria ainda mais a já insuportável pressão para que se pronunciasse publicamente.

Embora o papa estivesse errado quanto à idéia na qual desejava acreditar, o que essencialmente era uma tentativa de salvar a Igreja, não foi o único líder mundial acusado de ter dado pouca atenção ao genocídio em nome de uma "causa maior". Outros líderes, durante esse período de abominável desumanidade, também foram bloqueados por objetivos de longo prazo, os quais viam como prioritários. Mesmo que inadvertidamente, esses mesmos líderes lubrificaram as máquinas do genocídio que mataram milhões de inocentes que nada tinham a ver com a guerra.

O presidente Roosevelt e o primeiro-ministro Churchill recusaram-se a bombardear as câmaras de gás ou as estradas de ferro que levavam a elas, argumentando que precisavam de todos os aviões para a guerra – e que apenas uma vitória poderia salvar os judeus.

A fim de se protegerem da pressão popular para acabar com o genocídio, raramente se pronunciavam em público sobre o assunto, mesmo após terem recebido relatórios confiáveis a respeito em 1942. Algumas vítimas das câmaras de gás poderiam ter sido salvas se três anos antes Roosevelt não tivesse mandado de volta o *St. Louis*, repleto de refugiados judeus da Europa nazista, após o navio ter tocado as águas norte-americanas.

Em 25 de fevereiro de 1943, o secretário de Estado Cordell Hull escreveu ao embaixador britânico em Washington: "O problema dos refugiados não pode ser considerado algo restrito a pessoas de alguma raça ou crença em particular. As medidas nazistas contra as minorias têm causado a fuga de pessoas de várias raças e crenças, além de outras devido a posições políticas."

Em outras palavras, genocídio era apenas um sinônimo para opressão. Dessa forma, em 20 de abril de 1943, Breckinridge Long, secretário-assistente de Estado de Roosevelt, encarregado da questão dos refugiados, escreveu em seu diário sobre os líderes judeus dos Estados Unidos que pressionavam o governo do país a tomar alguma medida: "Um dos perigos disso tudo é que as atividades deles talvez enfatizem as investidas de Hitler, contra as quais lutamos nessa guerra, e afetem o estímulo e caminho de nossos cidadãos judeus."

Os britânicos, assim como os norte-americanos, não faziam distinção entre as perseguições e mortes aleatórias por motivações políticas de refugiados não-judeus e o assassinato em massa calculado de milhões de judeus. Quando o governo britânico recebeu pela primeira vez relatórios sobre as mortes nas câmaras de gás dos campos de extermínio, logo depois das primeiras deportações do gueto de Varsóvia, em 22 de julho de 1942, os considerou exagerados e não os divulgou. Em 27 de agosto, o Ministério das Relações Exteriores mandou uma mensagem a Washington sobre uma declaração pública conjunta a respeito das atrocidades na Polônia: "Após termos refletido mais, ainda não estamos convencidos de que as evidências sobre a utilização de câmaras de gás são consistentes o suficiente para justificarem nossa participação em uma declaração pública."

Dois meses mais tarde, em outubro, Jan Karski, integrante do Armia Krajowa*, encontrou-se com dois líderes da Resistência judaica em Varsóvia e confirmou que os relatos sobre o genocídio não eram exagerados.

"O que há de benéfico em falar?" disse um dos dois líderes. "Por que preciso continuar vivendo? ... Se todos os judeus foram mortos, não precisam mais de líder algum. ... Mas não há sentido em lhe dizer tudo isso. Possivelmente, ninguém que não faça parte desse mundo entenderá. Você não entende. Até eu não entendo, já que o meu povo está morto e eu estou vivo."

Karski, alarmado com o que soube, contatou Londres e Washington, relatando a história a Churchill e Roosevelt. Agora, eles já sabiam. As câmaras de gás realmente existiam. Os judeus, entretanto, teriam que esperar até o fim

* Exército da Resistência polonesa. (N.T.)

da guerra. Uma nota à imprensa divulgada pelo Departamento de Estado, em parte, sugeria isso: "Nada que afete ou prolongue os esforços de guerra [dos aliados] pode ser recomendável."

A embaixada britânica em Washington, por outro lado, mandou um memorando ao Departamento de Estado em 20 de janeiro de 1943:

> O problema dos refugiados não pode ser tratado como um problema exclusivamente dos judeus, a ser conduzido por agências judaicas ou por órgãos adaptados para dar assistência a eles. ... Há a possibilidade de a Alemanha, ou de seus Estados-satélites, substituírem a política de extermínio por uma de expulsão, com o objetivo de, como fizeram antes da guerra, constranger outros países, inundando-os de imigrantes estrangeiros.

O extermínio ao menos atenuava o problema dos refugiados para "outros países"!

Também os britânicos, que controlavam a Palestina, não permitiram que os judeus encurralados na Europa buscassem refúgio no local, temendo contrariar os árabes. Com efeito, Haj Min al-Hussein, líder palestino, estava na Alemanha ajudando Hitler a capturar judeus a fim de mandá-los para as câmaras de gás. "Os judeus da Europa", me disse ele após a guerra, "não tinham direito de ir para a Palestina."

Até mesmo David Ben-Gurion, que chefiava a agência judaica e em 1948 viria a se tornar o fundador de Israel e o primeiro premiê do país, parecia seguir uma linha semelhante. Embora alguns colegas o tivessem pressionado a exigir que os aliados bombardeassem as instalações de extermínio, ele argumentava que precisava reservar sua limitada influência para a luta pelo apoio a um Estado judeu, após a guerra, na Palestina controlada pelos britânicos – a única resposta a longo prazo, achava ele, para as atrocidades anti-semitas. Em um certo momento da guerra, Ben-Gurion sentiu que precisava escolher entre salvar os judeus que já estavam na Terra Prometida ou os milhões da Europa.

Yitzhak Gruenbaum, membro do governo de Ben-Gurion, afirmou: "Nós soubemos dos massacres em agosto [1942], mas não tornamos a informação pública porque [marechal-de-campo Erwin] Rommel estava ameaçando a Palestina, e o *Yishuv* [a comunidade judaica] precisava concentrar todos os esforços em construir um refúgio permanente. Tínhamos que instilar no coração do povo a idéia de que precisávamos lutar e de que não podíamos nos comportar como carneiros a caminho do abatedouro. Como poderíamos, então, falar sobre o que estava acontecendo na Polônia?"

O próprio Ben-Gurion não demonstrou qualquer sinal em público de que soubesse da Solução Final. Falou sobre um Exército judaico e outros assuntos, mas nenhuma palavra sobre o massacre, exceto uma referência superficial ao "desastre que acometeu a comunidade judaica da Polônia". A sua função era pregar a necessidade de um Estado judeu, estimular a Grã-Bretanha a formar um Exército judeu e fazer com que Chaim Weizmann, seu principal rival, caísse no esquecimento político – passos essenciais, sentia ele, para a criação de um Estado. Ben-Gurion, um dos mais importantes líderes judeus da história, não deixaria nada atrapalhar seu caminho. Em 1948, tal trajetória finalmente o levou ao Estado judeu – mas sem os milhões que não viveram para habitá-lo.

As tolices táticas desses gigantes da política não justificam a limitada condenação pública do genocídio por parte do papa, diriam seus críticos, especialmente por se tratar de um homem santo que optou por dedicar-se à salvação da vida humana.

Quanto à destruição da terra sagrada e de seus tesouros, outros perguntavam, será que a essência da fé não exigia dos líderes religiosos qualquer sacrifício material necessário para salvar vidas, ou para criar as condições necessárias a esse fim, mesmo com o objetivo de apenas afirmar que o espírito, diferentemente da carne, nunca perece?

Antes de os nazistas arrasarem Roma, essa pergunta se cristalizou em um dilema moral, quando os norte-americanos começaram a bombardear o que acreditavam ser alvos militares escondidos por entre antigos monastérios, monumentos e igrejas.

O papa Pio XII conversava com diplomatas estrangeiros na manhã de 19 de julho de 1943, quando, repentinamente, o cortante estampido de armas antiaéreas interrompeu a conversa. Após um curto e inesperado silêncio, explosões fizeram a terra tremer. O papa se levantou de sua mesa e correu até uma janela de seu gabinete. Os diplomatas o viram empalidecer enquanto observava as colunas de fumaça negra, como se fossem enormes dedos darem um soco no céu azul de verão.

Apesar dos pedidos desesperados do papa tanto aos aliados quanto ao Eixo para que Roma fosse declarada cidade aberta, os aviões aliados já cruzavam o céu da capital, despejando bombas nos campos pantanosos do distrito de São Lourenço, área pobre de operários na parte leste da metrópole.

Por duas horas, Pio XII permaneceu na janela vendo o céu manchado, sussurrando rezas e, ocasionalmente, levantando os óculos para secar as lágrimas de seus olhos. Por fim, foi até a mesa e ligou para monsenhor Montini.

"Quanto dinheiro há no banco do Vaticano?" perguntou.

"Cerca de 2 milhões de liras, Sua Santidade."

"Retire imediatamente essa quantia e pegue o primeiro carro que você conseguir no pátio de San Damaso. Iremos te encontrar."

O papa e Montini entraram num carro pequeno e saíram rapidamente pelas ruas de Roma, até chegarem a uma barricada que bloqueava o caminho para a estação de trem em chamas. Os dois desceram do carro e um oficial, surpreso ao ver o papa, informou que as bombas haviam parcialmente destruído a basílica de São Lourenço e atingido o cemitério onde os ancestrais da família Pacelli estavam enterrados, espalhando os restos mortais de seus próprios pais.

O papa começou a caminhar com dificuldade por entre os destroços das casas incendiadas, onde havia mais de 500 corpos espalhados, e os sobreviventes lutavam para tocar sua batina branca. Um trabalhador estendeu o casaco sobre o pavimento da rua. Pio XII ajoelhou-se sobre ele e começou a rezar. Antes de partir, aninhou uma criança morta nos braços e mandou Montini distribuir os objetos que carregava na bolsa.

Para Pio XII, Roma era parte da tradição e espiritualidade do Vaticano. Ele fora o arcebispo de Roma e os outros papas que o precederam já haviam algum dia atuado na cidade. Os habitantes do local eram o seu rebanho, e suas igrejas, além de outras instituições católicas, faziam parte integral do Vaticano. A devoção do papa a Roma era ainda mais forte graças ao fato de ele ter nascido no local e ter boas recordações de sua juventude na cidade. Quando foi ordenado padre em 1899, Pacelli escolheu realizar sua primeira missa na capela dos Borghese da basílica de Santa Maria Maggiore porque no altar havia uma pintura da Virgem Maria, "Salvação dos Romanos".

E agora sua amada Roma, tão integrada espiritualmente à casa de Deus na Terra, estava sendo bombardeada – pelos aliados.

Ao voltar para o Vaticano naquele mesmo dia, o papa imediatamente escreveu um protesto emocionado ao presidente Roosevelt, que em parte dizia:

> Testemunhamos a dolorosa cena da morte descendo dos céus e, sem piedade, atingindo casas inocentes e levando mulheres e crianças. Visitamos pessoalmente, e com pesar contemplamos as ruínas repletas de crateras da antiga basílica de São Lourenço, igreja de valor inestimável e um dos santuários mais amados e valiosos para os romanos. ...

> Deus sabe quanto sofremos desde os primeiros dias de guerra por todas as cidades expostas a bombardeios aéreos e, especialmente, por aquelas que não foram bombardeadas apenas por um dia, mas por semanas e meses sem trégua. No entanto, já que a divina Providência nos pôs na liderança da Igreja católica e do Episcopado dessa cidade tão rica em santuários sagrados e santificadas memórias imortais, consideramos que era Nossa obrigação fazer essa súplica específica e esperar que todos reconheçam que essa cidade tem – em todos os bairros e em alguns bairros, todas as ruas – monumentos de fé ou arte insubstituíveis. A cultura cristã não será atacada sem que isso cause danos irreparáveis ao patrimônio da religião e da civilização.

É possível entendermos a imensa dor que o papa sentiu ao testemunhar a destruição de um patrimônio tão sagrado. Os críticos, entretanto, observaram que nessa súplica veemente pela salvação de alguns dos monumentos mais sagrados e grandiosos artisticamente, construídos de forma divina com tijolos, pedras e argamassa, o papa não se referiu ao genocídio programado de milhões de civis – programa ideológico sequer relacionado aos horrores habituais de qualquer guerra visando obter vantagens militares. Até aquele momento, disseram os críticos, os alemães ainda não haviam ocupado Roma e o papa podia continuar tentando se convencer, e aos outros, de que os relatos sobre o genocídio nas demais partes da Europa eram exagerados.

Ainda assim, seus difamadores perguntavam se os relatos, mesmo que exagerados, da deliberada destruição de um povo inteiro não deveriam ter despertado nele ao menos a mesma indignação que a destruição de monumentos sagrados, mas desprovidos de alma. As mais importantes obras-primas, argumentavam, foram criadas pelo homem, mas foi Deus, enfim, que criou o homem. O homem não deveria ter prioridade sobre suas criações?

O ministro britânico Osborne, que normalmente reconhecia o papa pela sabedoria e humildade, escreveu em seu diário: "Quanto mais penso nisso, mais fico revoltado. De um lado, o massacre praticado por Hitler contra a raça judaica e, de outro, o fato de o Vaticano, aparentemente, só estar preocupado com as conseqüências da guerra na Itália e com os bombardeios em Roma."

A revolta de Osborne surgiu, em parte, de uma conversa que seu amigo próximo, Harold Tittmann, teve com Pio XII: "[O papa] trouxe imediatamente a questão do bombardeio a Roma. ... Ele deixou claro [antes do ataque a São Lourenço] que seria obrigado a fazer um protesto público e solene, acrescentando que o efeito conjunto do bombardeio e dos protestos dos católicos de todo o mundo poderia ser prejudicial apenas à causa dos aliados."

Protesto público contra a investida militar dos aliados, mas silêncio público enquanto os nazistas assassinavam deliberadamente milhões de civis?

O papa percebeu que tinha pouco a perder se ameaçasse se pronunciar contra os aliados. Mesmo que a ameaça não impedisse os bombardeios, provavelmente não provocaria uma retaliação contra o próprio Vaticano. Porém, um pronunciamento contra os assassinatos em massa resultaria, ele não tinha dúvidas, em uma retaliação terrível por parte dos alemães, isso sem mencionar o fim do sonho do papa em mediar uma paz negociada.

Com um toque de sarcasmo, o superior de Tittmann, Myron Taylor, fez um comentário a Montini utilizando-se apenas de referências geográficas: "Não estou certo se a Santa Sé condenou os bombardeios de Londres, Varsóvia, Roterdã, Belgrado, Coventry, Manila, Pearl Harbor e de regiões do Pacífico Sul."

Algumas semanas mais tarde, em agosto de 1943, as "prioridades equivocadas" do papa foram enfatizadas no esboço de uma carta escrita pelo líder da pequena Resistência católica a pedido do cardeal Preysing. O documento deveria ser assinado por todos os bispos alemães, que não podiam mais negar o massacre dos judeus, embora soubessem menos sobre os assassinatos que o Vaticano. A carta, chamada "Esboço de uma petição a favor dos judeus", dizia:

> É com o mais profundo pesar – sim, até mesmo com indignação sagrada – que nós, os bispos alemães, ficamos sabendo da deportação de não-arianos feita de maneira a ignorar todos os direitos humanos. É nosso papel sagrado defender os alienáveis direitos de todos os seres humanos, garantidos pela lei natural. … O mundo não entenderá se não utilizarmos nossa voz com força contra a supressão dos direitos desses inocentes. Seremos culpados diante de Deus e dos homens devido a nosso silêncio. O peso de nossa responsabilidade torna-se ainda mais opressor à medida … que chegam até nós relatos chocantes sobre o terrível destino daqueles que já partiram, os quais estiveram sujeitos, em quantidades assustadoras, a condições de vida realmente desumanas.

O autor claramente sabia que uma referência ao "genocídio" instigaria uma vingança terrível e não mencionou o horror – embora distinguisse o destino dos judeus do de todas as outras vítimas do nazismo, com exceção dos ciganos. Todos, menos uns poucos bispos, rejeitaram o esboço. Como poderiam concordar com ele? Não eram obrigados pela concordata a se manterem afastados dos assuntos do governo? Esse era um ensinamento da Igreja. Além disso, por que morrer sem razão? Mesmo assim, o esboço, com sua linguagem veemente e pouco diplomática, que fora lido por muitos, deve ter abalado o papa, especialmente porque o destino da Igreja continuava incerto, um anátema para ele.

De qualquer forma, Roosevelt mal teria tempo para se arrepender de ter bombardeado Roma. Em 26 de julho, seis dias após o ataque, Mussolini foi chutado do poder, em parte porque isso enfatizou intensamente o fiasco de sua diplomacia. O papa pediu ao sucessor do *Duce*, marechal Badoglio, que desmilitarizasse a cidade, como os aliados exigiam, mas antes que o novo premiê pudesse agir, aviões atacaram novamente em 13 de agosto, quase atingindo a basílica de São João, em Latrão.

Pio XII, mais uma vez, correu para o local a fim de confortar os feridos, rezar pelos mortos e distribuir donativos aos que haviam perdido suas casas. Dessa vez, voltou ao Vaticano com a batina manchada de sangue. Os ataques tampouco chegaram ao fim quando os alemães ocuparam Roma em 10 de setembro. Eles também ignoraram o pedido do papa para decretar Roma cidade aberta, já que para isso precisariam mandar tropas e suprimentos do norte pelas ruas da cidade, intensificando os ataques aéreos ao local.

O sofrimento que esses ataques causavam ao papa sugeria a alguns diplomatas aliados que, por estar furioso, Pio XII talvez evitasse qualquer passo contrário aos interesses alemães, principalmente denunciar o genocídio. Entretanto, com a derrubada de Mussolini e a subseqüente ocupação de Roma pelos alemães, o Führer, convencido de que o papa, apesar dos bombardeios, apoiava os aliados e o golpe, ordenou com raiva um golpe seu – contra o papa.

No entanto, mais do que raiva movia o Führer. Ele e seu bando temiam que o pontífice se sentisse obrigado a pôr fim ao silêncio quando os judeus de Roma, os judeus do próprio papa, fossem capturados para a deportação. Líderes aliados, por outro lado, achavam que na realidade essa ameaça induziria o papa a se pronunciar, encarando tal decisão como uma forma de aliviar sua consciência e de tomar medidas próprias a fim de salvar os condenados.

Instruído por Washington, Harold Tittmann encontrou-se em agosto novamente com o papa para pressioná-lo. Mas recorreu aos mesmos argumentos utilizados por todos os outros diplomatas que estavam no Vaticano: caso se pronunciasse especificamente sobre a matança dos judeus, a situação apenas pioraria.

Pio XII falou com tanta mestria que Tittmann partiu com a sensação de que os argumentos do papa faziam sentido, embora Washington o obrigasse a fazer pressão pela visão oposta.

"Pessoalmente", escreveu ele mais tarde em suas memórias, "não posso ajudar, mas sinto que o Santo Padre optou pelo melhor caminho ao não se pronunciar, e dessa forma salvou muitas vidas. Quem poderia saber o que os nazistas teriam feito, com sua fúria cruel, se tivessem sido instigados por uma denúncia pública vinda da Santa Sé?"

Argumentou, alguns poderiam comentar, como o maior diplomata de todos – o próprio papa Pio XII.

Em todo caso, Washington não pediu a Tittmann que medisse esforços a fim de mudar a opinião do pontífice. Talvez, sentiam agora, a melhor forma de "salvar o papa", o slogan adotado por Roosevelt, seria deixar que continuasse calado. Os judeus – os que sobreviveram – teriam que esperar até a rendição da Alemanha. Porém, ninguém estava certo de que o papa, ao ver suas crianças romanas sendo mortas, iria, ou poderia, ignorar os pedidos de ajuda.

Caso o dilema o consumisse mental e espiritualmente, Pio XII não deixaria o medo de que algo lhe acontecesse determinar sua decisão. No passado, já havia provado ser corajoso, tanto quanto seu avô Marcantonio. Quando Eugenio Pacelli atuava como representante do Vaticano em Munique, em 1919, os comunistas, que haviam ocupado a cidade temporariamente no caos da Primeira Guerra Mundial o atacaram com revólveres, facões e outras armas, exigindo a limusine do núncio. Entretanto, o arcebispo Pacelli, uma figura magra em vestes negras, os enfrentou como se contasse com o respaldo de um Exército, mesmo tendo uma pistola apontada para si.

"Saiam daqui", disse ele calmamente. "Essa casa não pertence ao governo bávaro, mas à Santa Sé. É inviolável pela lei internacional."

Os invasores acabaram desistindo e foram embora.

Se a Pacelli coragem não faltava, ele tentava evitar um confronto maior do que o já vivido, ao se deparar com a ameaça nazista. Quando criança, ao ouvir a história contada por seu tio de um padre missionário que fora crucificado por pagãos, ele comentou: "Acho que eu também gostaria de ser um mártir."

Acrescentou, entretanto, algumas ressalvas: "Sim, quero me tornar um mártir – mas sem pregos!"

O rabino-chefe Zolli também desejava um martírio com algumas condições.

Ele era um dos líderes judeus mais importantes que não compareceram à reunião do templo em 27 de setembro. Escreveu em suas memórias que estava na casa de Amedeo Pierantoni e que mandou um recado por meio de seu amigo Giorgio Fiorentini dizendo que sua presença "não teria a menor utilidade, já que a discussão giraria em torno de assuntos financeiros". Se pudesse ser útil, contudo, a comunidade poderia contar com ele.

Zolli contribuiu com um cordão de ouro e 5 mil liras, e instruiu Miriam, sua filha mais nova, a recolher anéis de ouro. (Sua filha mais velha, Dora, morava em outra parte de Roma com o marido e os filhos.)

Às 7h da manhã seguinte, após ter ficado sabendo que a comunidade só havia conseguido 35 quilos de ouro, 15 a menos que o exigido, Zolli aceitou a sugestão de Fiorentini e resolveu pedir o restante ao Vaticano. Afinal de contas, ele era o rabino-chefe de Roma. Deve ter ocorrido a Zolli que o papa até o convidaria para ficar no Vaticano com a família, onde várias pessoas que corriam perigo haviam sido convidadas a se esconderem.

O rabino aceitou a sugestão do amigo e agora esperava pacientemente enquanto o tesoureiro do Vaticano falava com o papa. O Novo Testamento, como Zolli havia lembrado, não abandonava o Velho. E ninguém, acreditava o rabino, sabia disso melhor que ele, pois conhecia o Novo Testamento de forma quase tão profunda quanto entendia do Velho.

O tesoureiro do Vaticano finalmente voltou da conversa com o papa sobre o empréstimo do ouro e disse a Zolli: "Volte aqui um pouco antes da uma da tarde. Os oficiais terão fugido, mas dois ou três empregados estarão esperando por você e lhe darão o pacote. O recibo será um simples papel. Não haverá dificuldades."

"Por favor, mande meus agradecimentos a Sua Santidade", disse Zolli, certamente decepcionado com o fato de que seria aguardado por um "mero empregado".

Zolli, ao que parece, não sabia que, na noite anterior, o Conselho da Comunidade Judaica havia mandado dois outros representantes para a mesma missão. Renzo Levi e um outro colega judeu visitaram o padre Borsarelli, o vice-prior do monastério do Sagrado Coração, para pedir-lhe que conseguisse o ouro com o Vaticano. O padre disse a eles que iria dar seguimento ao pedido e mandou que voltassem duas horas mais tarde, às 4h30, para saberem da resposta.

Quando os dois judeus voltaram ao templo, havia muita gente na entrada da sinagoga esperando para contribuir com a coleta. A maior parte era de judeus pobres vestidos com roupas esfarrapadas e remendadas, que, de modo comovente, vieram trazer alianças, medalhões, pulseiras e quaisquer outras jóias de ouro que possuíam. Alguns, porém, eram ricos e outros eram não-judeus conscientes que, estranhamente, cogitavam o fato de suas contribuições não serem aceitas. Alguns dos que "contribuíram" concordaram apenas em *vender* o ouro – por 400 liras o grama, pagas com dinheiro doado por outros.

Cada vez mais pessoas se juntavam à multidão, prontas para dar sua contribuição à pilhagem de Hitler. E à medida que cada item era pesado e o peso contabilizado, tudo indicava que no final alcançariam os 50 quilos.

Renzo Levi estava eufórico quando voltou ao monastério do Sagrado Coração, onde boas-novas o aguardavam. Padre Borsarelli contou que o Vaticano havia concordado em prover o ouro.

"Sim", disse o padre, "estamos dispostos a emprestar a quantidade necessária. No entanto, obviamente, exigimos uma devolução."

O empréstimo, aprovado pelo próprio papa, poderia ser devolvido em parcelas, sem prazo para o pagamento final.

Levi ficou um pouco surpreso pelo padre ter enfatizado que esse era um empréstimo e não um presente, embora a comunidade estivesse determinada a pagar ao Vaticano de qualquer forma. Mesmo assim, apreciou a atitude e agradeceu ao padre pela oferta. No entanto, acrescentou: "Agora estamos mais confiantes de que alcançaremos a nossa meta. Se eu não voltar até às seis horas da tarde, será porque não precisamos mais do empréstimo."

Ele não voltou. Os judeus conseguiram coletar o suficiente sem o empréstimo. Entretanto, quando Zolli foi ao Vaticano na manhã seguinte, também para pedir o ouro, pensaram que a visita estava ligada ao pedido de Levi e, aparentemente, sem saber que o ouro não era mais necessário, disseram a ele que o pacote ainda não estava pronto.

Zolli descobriu que sua missão fora desnecessária quando mandou Miriam entregar um recado a Foa sobre a oferta do Vaticano e lhe dizer que o rabino desejava ser o primeiro da lista caso alguém fosse exigido como garantia.

Foa não se impressionou com a inútil missão de Zolli ao Vaticano, tampouco com o fato de ele ter se oferecido como garantia. Era vergonhoso, disse a colegas, que a comunidade tivesse como rabino-chefe um homem "covarde", que em vez de alimentar o espírito de seu povo se preocupava apenas em salvar a própria pele. Zolli, entretanto, não se abalou. Era a vontade de Deus que ele esperasse um pouco mais para ser iluminado pela luz que emanaria do céu. E, assim, iria para perto dos que o amavam e para ver o papa não precisaria mais bancar o construtor de paredes. Enquanto isso, iria se concentrar em tentar salvar seu povo – com a ajuda do papa –, caso a troca de vidas por ouro não passasse de um truque dos nazistas.

Precisou de apenas um dia para se dar conta de que a troca era de fato um truque. Em 29 de setembro, os homens de Kappler invadiram o templo à procura de "provas" mostrando que os judeus estavam ajudando os antifascistas. Os invasores vasculharam tudo, inclusive jogando a Torá sagrada no chão, e fugiram com dezenas de documentos. Alguns dias mais tarde, especialistas alemães foram ao templo e retiraram a valiosíssima coleção de livros raros, após terem folheado delicadamente as páginas amareladas com o cuidado, a habilidade e a paixão dos que realmente amam as artes.

Os judeus do gueto, no entanto, não ficaram tão alarmados. Seus líderes não os haviam assegurado de que o roubo dos livros de forma alguma era um presságio à captura do povo? Para alguns dos moradores do gueto, os livros não eram tão importantes, já que não podiam lê-los. Se o presidente Foa não estava com medo e havia se recusado a fugir, por que deveriam temer?

O que não sabiam era que Almansi e outros líderes da comunidade judaica haviam se mudado de casa na semana passada. Muitos tampouco sabiam que uma lista completa e atualizada com os endereços dos membros da comunidade simplesmente havia caído nas mãos dos alemães. Por que, se perguntava Zolli, Foa não destruiu os arquivos antes que os alemães pudessem encontrá-los? O fato de terem sido confiscados não alarmou a congregação do templo. Não haviam pago um resgate em ouro?

Porém, o ceticismo de Zolli aumentou. Será que precisaria bater mais uma vez à porta do papa? Embora respeitasse Pio XII, não ficaria feliz em mais uma vez ter de atuar como um mensageiro indesejado. Mas provavelmente estava ciente de que o papa estaria impondo um grande risco ao Vaticano, caso os nazistas invadissem o local e encontrassem o rabino-chefe.

Na verdade, será que o Vaticano estava sendo realmente seletivo na escolha dos que poderiam se refugiar? "Pedimos muitas vezes ao Vaticano que garantisse asilo aos refugiados que vieram nos pedir ajuda", disse-me Donald Pryce Jones, assistente para a Itália de Allen Dulles, diretor do Departamento de Serviços Estratégicos. "Eles recusaram." Entretanto, "aceitaram algumas pessoas em troca de dinheiro", porque "a hierarquia do Vaticano era repleta de padres alemães" (e não devido a uma decisão do papa), disse ele. Não criticou as instituições localizadas fora do Vaticano, que estavam lotadas de refugiados. Funcionários do Vaticano, contudo, negavam veementemente qualquer tipo de discriminação para abrigar refugiados.

❖ ❖ ❖

Albrecht von Kessel disse-me ter ficado estupefato quando soube do acordo do ouro. Em vez de fugir, como seu amigo Alfred Fahrener havia recomendado, os judeus, que, sentia ele, estavam alimentando um "desejo de morte", negociavam com seus assassinos.

Kessel procurou novamente Fahrener, que aparentemente havia contatado alguns judeus, mas não os líderes da comunidade. Não havia com o que se preocupar agora, Fahrener disse a ele. Afinal de contas, a tranqüilidade e a ordem haviam sido restabelecidas e os alemães estavam agindo de forma correta. Com efeito, refugiados judeus de Vichy, na França, chegavam à cidade, por considerá-la um lugar mais seguro.

Kessel contou estar espantado e disse a Fahrener que caso os judeus não "sumissem" imediatamente, os que ficassem seriam deportados. "Se forem mortos", acrescentou, "o sangue deles continuará em minha mente e na mente de meus amigos – e nós não merecemos isso. Imploro para que você leve meus conselhos a sério e use toda a sua influência sobre os judeus de Roma!"

16.
Véspera do desespero

Kessel estava especialmente aflito por ter se envolvido em um outro golpe militar para derrubar Hitler. O plano havia sido marcado para outubro, mesmo mês em que ocorreria a captura dos judeus. Se a operação fosse bem-sucedida, os judeus seriam salvos. Entretanto, o golpe foi cancelado. Padre Robert Leiber, secretário pessoal e conselheiro do papa, disse à Inteligência norte-americana que alguém próximo lhe havia revelado a conspiração:

> A tentativa foi organizada por um grupo do alto escalão do Exército. Contava com forte apoio, mas desistiu por achar que o momento propício para a derrubada de Hitler ainda não havia chegado. Mesmo os mais contrários ao Führer achavam que o poder lendário de Hitler se manteria, a menos que a queda do ditador mostrasse ao povo alemão que a derrota da Alemanha era inevitável.
>
> Enquanto isso, por um lado, com o objetivo de contra-atacar energicamente a ameaça russa, seria desejável um acordo com as potências ocidentais antes que a Alemanha fosse completamente arrasada militarmente. Por outro lado, paira o seguinte medo: uma revolução em um momento em que a falta de esperança quanto ao resultado da guerra ainda não foi reconhecida pela ampla maioria da população alemã poderia levar a um aprofundamento do fanatismo nazista. A lenda se fará valer: Hitler poderia ainda ter ganho a guerra se não tivesse sido traído.

Com o plano de outubro abortado, Kessel canalizou suas forças com o objetivo de salvar os judeus. Em 25 de setembro, o general Ernst Kaltenbrunner, chefe do Escritório Central de Segurança, que incluía a Gestapo, passou uma lista de países dos quais os judeus poderiam ser deportados no momento. A Itália era a primeira nação da lista. No mesmo dia, Himmler mandou uma mensagem ao coronel Kappler informando-o do plano de captura.

Embora Himmler tivesse ordenado a captura, continuava preocupado, assim como Wolff, que isso obrigasse o papa a se pronunciar, desencadeando o seqüestro do pontífice e gerando um fervor revolucionário – e reduzindo ainda mais suas chances de contar com a cooperação dos aliados no futuro. Entretanto, ele ainda não estava pronto para se unir à Resistência. Continuava preso à obrigação moral de obedecer às ordens do Führer, matando a maior quantidade possível de judeus, e também temia que Hitler soubesse que ele esteve em contato com alguns líderes da Resistência.

O medo de Himmler tampouco diminuiu quando uma campanha de propaganda radiofônica transmitida de Londres pela "inteligência negra" de Sefton Delmer tentava mostrar que o chefe da SS desejava substituir Hitler e se tornar o novo Führer. Ao saber por meio de um dissidente nazista que Himmler havia participado de reuniões clandestinas, Delmer montou a campanha "Himmler para presidente". A estação "inimiga" divulgou que a SS estava se preparando para ocupar os estoques de munição do Exército e outros pontos estratégicos do Reich.

A campanha utilizava discursos e artigos sobre Himmler com o objetivo de dar-lhe mais glamour e popularizar sua imagem como "amigo do povo". Para isso, contava com fotógrafos instruídos de como alcançar tal resultado. Os fotógrafos precisavam saber que "o lado esquerdo do rosto [de Himmler] tinha uma expressão mais gentil, enquanto o perfil direito passava uma impressão mais masculina e militar. ... As fotos da SS precisavam mostrar predominantemente o lado direito do rosto [de Himmler], enquanto o lado esquerdo deveria ser priorizado nas imagens [dele] em conversas amigáveis com pessoas do povo ou crianças".

A rádio também "revelou" que Himmler estava preocupado com a deterioração da saúde física e mental de Hitler e contou que o chefe da SS se preparava para substituir o Führer, caso fosse necessário. Além disso, Delmer espalhou pela Alemanha cópias perfeitas do "juramento de lealdade ao Führer" declarado pelos soldados alemães que entravam para a *Wehrmacht*. Porém, substituía o nome de "Adolf Hitler" pelo de "Heinrich Himmler".

Também trocou o rosto do Führer pelo de Himmler em um selo postal que espalhou pelo país, tentando convencer a população alemã de que foi o próprio Himmler, com pressa para assumir o poder, quem encomendou os selos, entregues antes do tempo aos correios e à população.

Desesperado, Himmler mandou agentes da Gestapo recolherem os selos, mas nem todos foram achados. Só lhe restava torcer para que Hitler, que não era um filatelista, não visse uma cópia. De qualquer forma, ele ainda não estava em condições de mostrar qualquer resistência às exigências do chefe, especialmente às relacionadas aos judeus.

❖ ❖ ❖

Embora Kappler acreditasse que a ordem de Himmler para a captura não era razoável, e esperasse que o acordo do ouro supriria a demanda de Berlim por "sangue", não foi isso que aconteceu. E Kappler não era homem de desobedecer ordens, independentemente de aprová-las ou não. Mal acabara de recebê-la, contudo, lhe foi sugerida uma forma discreta de se esquivar dela – por Eitel Möllhausen, cônsul alemão.

Möllhausen acabara de assumir a direção da embaixada alemã na república de Mussolini, substituindo temporariamente o embaixador Rahn, que se machucara em um acidente de automóvel. Soube da mensagem de Himmler naquele mesmo dia por meio do general Rainer Stahel, o moderado comandante alemão responsável por Roma, que havia sorrateiramente lido o recado, embora este tivesse sido endereçado apenas a Kappler. A mensagem dizia:

> É sabido que esse grupo de judeus colaborou ativamente com o movimento de Badoglio, portanto, sua rápida remoção representará, entre outras coisas, uma medida de segurança necessária para garantir a devida tranqüilidade à retirada do front sul. O sucesso desse feito será garantido por meio de uma ação-surpresa, e por esse motivo é absolutamente necessário suspendermos a aplicação de qualquer ato individual contra judeus para não levantarmos suspeitas entre a população quanto a uma iminente *Judenaktion*.

"Não quero me envolver nessa *Schweinerei**", disse Stahel, um soldado da *Wehrmacht* sem fortes convicções ideológicas. Sabia que Hitler havia ordenado o seqüestro do papa e temia ter que sufocar uma rebelião popular caso o plano fosse implementado.

"Tudo bem", Möllhausen me disse ter respondido, "você não deverá encontrar dificuldades para sabotar o plano."

"Vim até você exatamente porque não há nada que eu possa fazer", respondeu Stahel. "A ordem foi dada diretamente a Kappler, e, a menos que ele

* Confusão. (N.T.)

nos informe, precisaremos fingir que não sabemos de nada. Mas pensei que talvez você pudesse fazer algo por meio do Ministério das Relações Exteriores."

"Como?" perguntou Möllhausen. "Sou apenas um diplomata de baixo escalão. E a questão dos judeus está a cargo somente da SS."

Möllhasen pensou por um momento e acrescentou: "Irei pensar sobre isso durante a noite. Não sei o que posso fazer, mas irei pensar."

"Conheço você o suficiente. Sei que fará algo", concluiu Stahel.

Afinal de contas, Möllhausen, quando baseado na Tunísia, impediu a deportação dos judeus do país com a ajuda de um oficial nazista e, com o apoio de Kesselring, determinou que fossem mandados para trabalhos braçais.

Möllhausen, que era em parte francês, tinha a pele morena e feições mediterrâneas, que condiziam perfeitamente com sua natureza inconformada e irritadiça. Morou em Marselha até quase o início da guerra. Voltou, então, para a Alemanha, onde foi contratado pelo Ministério das Relações Exteriores devido a seu domínio de línguas. Quando foi designado para Paris, desenvolveu uma relação de amizade com Rahn, que também estava baseado na cidade. Como protegido de Rahn, foi com ele para o Norte da África e depois para Roma.

Por meio de uma combinação de sorte e contatos, Möllhausen conseguiu acumular um poder considerável – resultado extraordinário para um homem tão jovem e que se opunha de forma irredutível a entrar para o Partido Nazista. Influenciado por pessoas como Rahn, tornou-se um nacionalista ferrenho, mas não conseguia aceitar a ideologia nazista.

Decidiu simplesmente se adaptar marchando com fervor nacionalista, enquanto ignorava, evitava ou frustrava qualquer política nazista que lhe parecesse repugnante. Embora tentasse modificar o sistema com suficiente entusiasmo para aliviar a consciência, não arriscava a carreira – ou a vida – buscando eliminar a fonte do mal.

Agora, Möllhausen procurava desenvolver uma outra solução "tunisiana". Mas será que Kappler iria cooperar? Ele já estava ocupado com a deportação de mais de 1.500 *carabinieri* – a guarda real italiana – suspeitos.

"Como você ficou sabendo dessa ordem?" perguntou Kappler, quando Möllhausen se referiu à mensagem secreta.

"Que diferença faz? A ordem existe e eu gostaria de saber o que você fará."

"Recebi uma ordem e não posso fazer nada quanto a isso."

"Você pode fingir que nunca a recebeu."

Möllhausen fez uma pausa e acrescentou com cuidado: "Essa ordem veio de Berlim, mas você também recebe ordens do marechal-de-campo Kesselring, certo?"

O cônsul sabia que Kesselring, a maior autoridade militar na Itália, era um soldado altamente disciplinado e não estava envolvido com o "problema dos judeus". O motivo disso não era apenas porque participar de ações genocidas lhe parecia repugnante e porque temia a reação de suas tropas, mas também porque tais ações poderiam desencadear protestos por parte do papa. Isso, como conseqüência, poderia induzir Hitler a dar algum passo contra o Vaticano e desencadear protestos populares que atrapalhariam suas operações militares.

De todo modo, Hitler determinou que o "problema dos judeus" deveria ficar a cargo, exclusivamente, dos oficiais da SS, já que eles recebiam treinamento psicológico para lidar com a questão.

A maioria das pessoas próximas a Hitler raramente se arriscava a desafiar as vontades dele. Como Walter Warlimont, um general nazista, me disse, elas perdiam "o senso de lógica" e "tinham o cérebro removido". O Führer, porém, raramente repreendia Kesselring por modificar as ordens que questionava, pois considerava o marechal-de-campo indispensável, principalmente com os aliados fazendo pressão para entrar em Roma. E apesar de o ataque contra os judeus ser de responsabilidade da SS, sob o comando de Wolff, e não da *Wehrmacht*, Hitler, também dessa vez, poderia ouvir os conselhos de Kesselring.

Möllhausen precisava agora de uma desculpa para extrair alguma recomendação do marechal-de-campo que talvez pudesse salvar os judeus.

Möllhausen e Kappler foram imediatamente ao quartel-general de Kesselring, nos arredores de Roma, e contaram ao marechal-de-campo sobre a ordem determinada por Berlim para a captura dos judeus. Möllhausen disse-me ter perguntado ao marechal se ele lembrava como havia aprovado a "solução" adotada na Tunísia após terem convencido Hitler de que a deportação dos judeus daquele país poderia ter "conseqüências negativas" para a Alemanha. Bem, por que não fazer o mesmo com os judeus de Roma? Botemos os judeus para trabalhar.

Os dois homens trocaram longos olhares e Kesselring, ciente de que suas tropas regulares não seriam usadas para a captura, fez uma pergunta a Kappler, aparentemente com o objetivo de obter uma resposta que lhe desse uma desculpa para apoiar tal solução.

"De quantos homens", perguntou Kesselring, "você precisaria para a operação?"

A resposta foi um batalhão motorizado, além de suas próprias tropas da SS.

Kesselring replicou: "Sob essas circunstâncias, lamento dizer que não posso aprovar. ... Preciso de todas as forças disponíveis para a defesa da cidade."

Mas os judeus, acrescentou, poderiam ser utilizados para construir fortalezas ao redor de Roma.

Möllhausen e Kappler partiram. Isso era exatamente o que queriam ouvir, mesmo que por motivos diferentes. Agora, eles poderiam ao menos citar Kesselring quando questionassem o bom senso da captura. Foi nesse momento que Kappler teve a idéia de extorquir ouro dos judeus como uma alternativa à deportação – e a um possível desastre no Vaticano.

Adolf Eichmann, chefe da divisão da SS responsável pelos judeus, era um líder nazista que não se impressionava com o pragmatismo de Kappler. Decidiu mandar a Roma o seu mais experiente "especialista em judeus", Theodore Dannecker, que se tornou conhecido por liderar a captura dos judeus de Paris. Um cacoete no rosto revelava sua tensão, quando começou a obter o reconhecimento dos chefes por sua habilidade em retirar judeus de esconderijos.

Ao ficarem sabendo da chegada de Dannecker no início de outubro, Weizsäcker, Kessel e Möllhausen, aparentemente com o conhecimento de Wolff e Rahn, encontraram-se para traçar um contraplano. Kessel deu o tom do encontro, quando declarou com fervor: "Esses cavalheiros em Berlim [estão] destruindo o último resquício de simpatia do Vaticano para com a Alemanha. ... E agora precisam vencer a guerra de forma completa e rápida se não desejarem ainda mais decepções, porque ninguém os perdoará pela perseguição aos judeus e pelo destino de todos esses infelizes que sofrem e morrem nos campos de concentração."

Após ajudar a definir o contraplano e conversar com o general Stahel, que o aprovou, Möllhausen mandou uma mensagem, em 6 de outubro, para o ministro das Relações Exteriores, Ribbentropp. Referia-se à mensagem sobre as deportações que Kappler recebera antes da coleta do ouro. O seu objetivo era fazer Berlim achar que o plano para as deportações havia vazado e que, portanto, não podia mais ser implementado. Marcada com a classificação de "muito, muito urgente", embora não existisse nenhuma classificação oficial com mais de um "muito" para os telegramas, dizia:

> Para Herr *Reichsminister* pessoalmente. O *Obersturmbahnführer* Kappler recebeu ordens de Berlim para capturar os 8 mil judeus residentes de Roma e levá-los para o Norte da Itália, onde serão *liquidados* [itálico do autor]. O comandante de Roma, general Stahel, informou-me que apenas permitirá tal ação mediante aprovação de Herr *Reichsminister* das Relações Exteriores. Pessoalmente, sou da opinião de

que faríamos um melhor negócio usando os judeus para trabalhos braçais, como foi feito em Túnis. Apresentarei essa idéia junto com Kappler ao marechal-de-campo Kesselring. Por favor, notifique. Möllhausen.

Kesselring, certamente, já havia apoiado essa idéia, mas Möllhausen não queria contar que havia conversado com o marechal-de-campo sem o conhecimento de Berlim.

No dia seguinte, 7 de outubro, Möllhausen mandou outra mensagem "muito, muito urgente" a Ribbentropp: "Com relação ao telegrama do dia 6, de n.192. O marechal-de-campo Kesselring pediu ao *Obersturmbahnführer* Kappler que, por ora, adie a *Judenaktion* planejada. Entretanto, caso seja necessário tomar alguma medida, ele preferiria utilizar os judeus romanos fisicamente capazes para a construção de fortificações perto daqui."

Essas mensagens irritaram Ribbentropp, em parte porque Himmler ficou sabendo e perguntou por que o Ministério do Exterior estava se intrometendo nos assuntos da Gestapo, mas principalmente porque Möllhausen usou pela primeira vez em um documento oficial a palavra "liquidados". E ninguém, a não ser os altos oficiais nazistas supostamente sabiam do que iria acontecer de fato aos judeus – por isso, a mensagem de Himmler enviada em 25 de setembro a Kappler indicava apenas que os judeus seriam deportados para "o norte".

Furioso, Ribbentropp reclamou com o embaixador Rahn das mensagens de Möllhausen. Será que o cônsul não sabia que usara uma palavra proibida? Rahn, recuperado dos ferimentos e que nesse momento já tinha estabelecido sua embaixada em Fasano, deixando Möllhausen como seu representante em Roma, também ficou furioso, embora por motivos diferentes. Perguntava-se por que Möllhausen estava pondo em perigo a conspiração para salvar o papa com uma violação de regras tão estúpida? Ele chamou Möllhausen e exigiu de modo lacônico:

"Venha imediatamente a Fasano explicar-se!"

Möllhausen partiu logo e explicou a Rahn que usou a palavra proibida de forma deliberada na esperança de assustar seus superiores, fazendo com que desistissem da captura. Rahn, entretanto, o repreendeu duramente, temendo um desastre. E o seu medo aumentou quando soube que Kappler foi advertido por Berlim:

Herr *RAM* [ministro das Relações Exteriores do Reich] pede que você informe o embaixador Rahn e o cônsul Möllhausen de que devido a uma ordem do

> Führer, os 8 mil judeus residentes de Roma serão mantidos reféns em Mauthausen. Herr *RAM* pede que você diga a Rahn e Möllhausen que eles não devem, de forma alguma, interferir nessa questão, e sim deixá-la a cargo da SS.

Os alemães que lutavam para salvar os judeus, contudo, sabiam que Berlim mentiu ao dizer que os judeus seriam mandados para Mauthausen, um campo de concentração, mas não de extermínio – e sabiam também que os trens de Roma iriam para Auschwitz.

Em 10 de outubro, Weizsäcker sentiu um lampejo de esperança quando um comentarista da BBC citou as transmissões forjadas de Salò, sugerindo que Pio XII poderia ser seqüestrado e ligando a reportagem à reunião entre o embaixador e o papa no dia anterior. Embora Weizsäcker soubesse que a transmissão era falsa, conseguiu uma desculpa para contatar o ministro Ribbentropp e recomendou-lhe que negasse a reportagem, fazendo com que o Reich não implementasse o plano. Entretanto, o embaixador ficou alarmado com a resposta mandada por Ribbentropp dois dias depois:

"Não pretendemos negar publicamente qualquer boato."

Isso significava que Hitler estava prestes a transformar os "boatos" em fatos – mesmo antes de os judeus serem capturados? À beira do desespero, Weizsäcker mandou uma segunda mensagem ridicularizando de forma indireta a idéia de remover o papa, lembrando de uma anedota dos tempos napoleônicos: "Se o imperador desejasse pegar o papa, não teria nas mãos papa algum, mas um pobre monge."

Guardando a entrada do gueto estava o *Porticus Octavia*, onde um dia, há quase 2 mil anos, ouviu-se a pomposa festividade anunciando o início da grande marcha triunfal liderada por Tito e o imperador Vespasiano, com seus mantos roxos e coroas de louros, para celebrar a destruição de Jerusalém. Agora, na chuvosa tarde de 15 de outubro de 1943, uma pequena parte de Jerusalém parecia, mais uma vez, prestes a cair no abismo. Porém, foram poucos os judeus de Roma que perceberam isso.

O gueto estava repleto de vida na habitual correria pré-sabá. Donas-de-casa com lenços na cabeça segurando guarda-chuvas e sacolas de compras desejavam-se "*shabbath shalom*", enquanto caminhavam, em meio ao vento pelas ruelas parando de loja em loja, de barraca em barraca e, por vezes, eram obrigadas a esperar em longas filas por algum item precioso.

Posto que havia pouca comida disponível, alguns alimentos básicos como espaguete poderiam exigir uma longa espera e, no dia seguinte, as lojas distribuiriam um ovo a cada pessoa que possuísse o cartão para pegar ração. No dia seguinte também, a porção semanal de tabaco seria vendida, o que era ainda mais importante para alguns – pelo menos para os que estavam dispostos a passar metade da noite esperando na fila para não correrem o risco de o produto terminar antes que conseguissem chegar até o caixa.

Apesar das dificuldades e do tempo ruim, o clima era cautelosamente alegre. A entrega do ouro aos alemães cerca de duas semanas antes deu segurança aos residentes do gueto. E muitos dos judeus – que quando os nazistas chegaram foram viver com amigos não-judeus para fugirem do trabalho forçado – eram agora obrigados a voltar para casa.

Enquanto isso, naquele dia, os conspiradores, apreensivos, esperavam para saber o que resultou dos frenéticos esforços para cancelar o plano de captura dos judeus e, dessa forma, evitar que Pio XII sucumbisse ao status do monge visualizado por Weizsäcker, se de fato sobrevivesse.

A captura estava marcada para o dia seguinte, e, já que Hitler ainda não tinha posto em prática o plano do seqüestro, tudo indicava que ele ao menos havia aceito a tática dos conspiradores – chantagem. Esperaria para ver qual seria a reação do papa quando os caminhões repletos de judeus se fizessem ouvir na residência papal antes de decidir se implementaria o plano do seqüestro. Ao que parecia, apenas um cancelamento de última hora da ordem de captura poderia garantir o silêncio público do papa.

O general Wolff alegou que até aquele momento havia telefonado oito vezes a Hitler para pedir o adiamento do plano do seqüestro, argumentando que os comunistas estavam prestes a se revoltar ou que os preparativos ainda não haviam sido concluídos. Mais cedo, enquanto estava na Alemanha, Wolff encontrou-se duas vezes com Himmler no dia 15 de setembro e certamente conversara com ele sobre a ordem de Hitler para o seqüestro e também sobre a iminente captura dos judeus de Roma.

No final de setembro, quando Wolff foi a Roma e depois a Fasano, onde, relutante, preparou o plano do seqüestro, também tinha a sua disposição cem policiais de um batalhão da SS baseado no Norte da Itália incorporado às unidades da *Waffen*-SS que seriam usadas para a operação de captura que Hitler estava determinado a executar. O general pôs todas essas forças, que somavam apenas 365 homens, sob o comando de Kappler, que, Wolff sabia, estava tão relutante quanto ele para realizar a operação.

Wolff, entretanto, tinha um plano próprio e precisava garantir a cooperação de Kappler. E por "coincidência" o general sugeriu a Himmler, aparentemente no dia 15 de setembro, quando se encontraram na Alemanha, que Kappler fosse promovido e recebesse a Cruz de Ferro*. Himmler concordou. Será que foi porque ele também necessitava da cooperação de Kappler – para sabotar a captura?

Em 6 de outubro, quando Wolff viajou novamente à Alemanha, Kappler o avisou que Dannecker havia chegado a Roma com ordens para capturar todos os judeus e mandá-los para "o Reich". No dia seguinte, 7 de outubro, Wolff encontrou-se novamente com Hitler no quartel-general do Führer, no Leste da Prússia, e aparentemente o advertiu mais uma vez de que a operação poderia provocar um pronunciamento do papa, causando distúrbios nas ruas de Roma e em outras cidades italianas.

Em 11 de outubro, entretanto, Kaltenbrunner, refletindo a vontade de Hitler, mandou uma mensagem a Kappler para que ele seguisse com a captura, utilizando-se dos mesmos argumentos feitos para cancelar ou suspender a operação:

> A imediata e completa erradicação dos judeus da Itália é precisamente de especial interesse à política interna e à segurança geral do país. O adiamento da expulsão dos judeus até que os *carabinieri* e os oficiais do Exército italiano sejam retirados não pode ser mais considerado que a mencionada idéia de mandar os judeus da Itália para trabalhos que provavelmente serão muito improdutivos [sic] sob a responsabilidade direta das autoridades italianas.
>
> Quanto maior for o atraso, mais os judeus, que, sem dúvida, planejam formas de fugir, terão a oportunidade de desaparecerem completamente ou de se mudarem para as casas de italianos pró-judeus.

A captura ocorreria em 16 de outubro.

❖ ❖ ❖

---

* Medalha de condecoração do Exército alemão instituída pelo rei Friedrich Wilhelm III da Prússia, em reconhecimento aos soldados das Guerras Napoleônicas. (N.T.)

Há tempos esperada, a tão temida ordem finalmente foi dada. No dia seguinte, o papa talvez se pronunciasse podendo detonar o plano contra o Vaticano. Como testemunha diante de um tribunal após a guerra, Wolff estava relutante em falar do Holocausto, dado seu papel como o principal ajudante de Himmler, mas, hesitante, respondeu a uma pergunta sobre a deportação dos judeus de Roma:

> Lembro-me disso vagamente. Acho que foi no verão de 1943, em setembro, ou pode ter sido em outubro. Foi bem no começo, quando fui mandado para a Itália e sem treinamento apropriado, que a ordem veio de Berlim. Era um lembrete de Himmler de que os judeus precisavam ser presos e deportados para o Reich.

Nos dias que precederam a captura, Wolff estava no Norte da Itália às voltas com a procura de uma residência apropriada para a nova República de Mussolini e depois disso foi mais uma vez à Alemanha. Alegou, portanto, que não sabia do que se passava em Roma.

Ele, entretanto, certamente sabia que seu representante da SS em Roma, o coronel Dollmann, também estava no quartel-general de Wolff atuando como intérprete em uma reunião entre o Führer e o ministro da Defesa de Mussolini, marechal Rodolfo Graziani. Dollmann debateria suas anotações, assim como uma carta do *Duce*, com o ditador nazista naquela noite – uma chance de tentar mais uma vez.

O coronel Dollmann ficou irritado enquanto traduzia cuidadosamente a carta para o alemão. A carta tratava do avanço dos aliados na direção de Roma após a aterrissagem deles em Salerno, e pedia ao Führer que defendesse Roma – rua a rua, se necessário, o que incluía as ruas da Cidade do Vaticano.

Os relatórios sobre o plano de Hitler para seqüestrar o papa acrescentaram à apreensão de Mussolini o temor de que o Führer se retiraria logo de Roma. Para o *Duce*, o abandono da cidade seria uma loucura, já que o lugar era o coração e a alma da Itália, que ele continuava a alegar ser sua.

Embora Dollmann gostasse do *Duce*, o admirasse e reconhecesse que era influenciado por ele, precisou, infelizmente, ser *contra* a proposta de Mussolini. Por uma questão de prestígio, Dollmann não podia concordar com a visão do ditador italiano de que os alemães deveriam, caso fosse necessário, deixar Roma e o Vaticano se desintegrarem na batalha com todos os seus tesouros.

Dollmann apaixonou-se por Roma bem antes da guerra e não conseguia fazer uma distinção clara entre o destino da cidade e o seu próprio. Veio, como estudante no final dos anos 1920, a reviver o Renascimento e a manter a fantasia de uma nova Europa unida, dedicada aos valores que estimularam tais façanhas sob a ordem dos velhos monarcas e do papa.

Dollmann teve contato com seu próprio mundo glorioso ainda criança, quando a mãe, amiga íntima de Sua Majestade Imperial e Real Franz Josef I da Áustria-Hungria, o levou em uma visita que fez ao imperador. Enquanto ouvia o zumbido da conversa ao fundo, olhava o imperador fixamente como se ele fosse um deus, alguém muito distante. Sim, aqueles eram tempos suntuosos, tempos de heroísmo e lealdade até a morte.

E, agora, ele servia a Adolf Hitler.

Bem, por que não? Esse era um meio de atingir um fim. E o fim era permanecer em Roma. Para ele, Roma não existia simplesmente para ser desfrutada: implorava-lhe a aceitar seus favores. Circulava com a elite, a aristocracia e os artistas da época.

Belas mulheres disputavam sua atenção, embora ele desdenhasse das mulheres e as visse apenas como fofoqueiras dos últimos escândalos. Desenvolveu um prazer perverso em mandar algumas das princesas e duquesas "mais esnobes" para a cadeia – na verdade, para conventos – por "crimes" menores, como ouvir a BBC. Dollmann, então, as devolvia para parentes ricos que iriam não apenas pagar qualquer quantia pela liberdade delas, como convidá-lo, felizes, para festas suntuosas.

De qualquer forma, todas as portas de Roma, ao menos as importantes, estavam abertas para Dollmann, e o general Wolff lhe deu a chave para abrir as que ainda estavam fechadas. A sua principal função era atuar como a ligação entre Wolff e o marechal-de-campo Kesselring e entre este e o Vaticano. Além disso, também monitorava a sociedade romana, que exercia grande influência sobre o Vaticano e cujas lealdades políticas, movidas pelas necessidades de sobrevivência, poderiam ser perigosas. Com sua perspicácia, seu jeito elegantemente afeminado e a aparência amável – cabelo muito claro, olhos expressivos, mãos finas, rosto rosado –, era o homem perfeito para essa tarefa. Dollmann e a elite romana se entendiam mutuamente: ambos queriam manter o que tinham a quase qualquer custo.

Mas se Dollmann gostava de seu trabalho, em parte devido ao acesso à sociedade de Roma, subiu rapidamente na hierarquia da SS por causa de sua notória habilidade de explorar tal acesso. Entrou no Partido Nazista logo após Hitler ter chegado ao poder em 1933, já que para os estudantes alemães em

Roma essa era a atitude correta a ser tomada. Hitler era um homem rude, até grosseiro e inclusive um tanto louco, mas essas pareciam ser as características tradicionais do despotismo alemão. Além disso, o Führer talvez acabasse unificando o continente – o primeiro passo para a retomada da antiga e gloriosa Europa que Dollmann desejava.

A grande oportunidade veio em 1937, quando foi à Alemanha como guia e intérprete de um grupo da juventude fascista italiana e atuou como intérprete pessoal de Hitler. Encantado com Dollmann, Himmler o levou para a SS sem o treinamento habitual. E devido a seu profundo conhecimento do cenário italiano, Dollmann mostrou-se de grande valia para os nazistas. Dessa forma, logo passou a andar pomposo pelas ruas de Roma ostentando o título de tenente-coronel, com seu uniforme finamente confeccionado, tecido e decorado, quase como o do imperador Franz Josef.

Dollmann me deixou claro que naquele momento estava mais preocupado com o fato de que "se o papa se pronunciasse contra o assassinato de judeus e por isso fosse seqüestrado", o caos talvez dominasse a cidade e os únicos resquícios da vida alegre de um dia seriam as obras de arte destruídas e as garrafas de champanhe quebradas.

Sim, Dollmann amava Roma e, enquanto se preparava para o encontro com Hitler, estava convencido de que o destino o escolhera para salvar a cidade – e o Vaticano.

❖ ❖ ❖

Na noite de 15 de outubro, Dollmann, acompanhado do marechal-de-campo Keitel, o chefe do Estado-Maior alemão, sentou-se apreensivo com Adolf Hitler. O coronel disse mais tarde que se via como "uma das pouquíssimas pessoas que estiveram muito próximas a Hitler e não se tornaram reféns de sua influência hipnótica". Tal característica, explicou Dollmann, era evidente, principalmente, nos olhos do Führer, que permaneciam constantemente fixos em qualquer pessoa com quem falava. Aqueles que conseguiam resistir a esse olhar eram aceitos, aqueles que se esquivavam eram atacados com um discurso devastador ou dispensados abruptamente. Tinham a sensação de que seriam mandados imediatamente para uma morte terrível em Dachau, enquanto aqueles que, aparentemente, eram indiferentes ao olhar de Hitler, provocavam nele a mais profunda hostilidade, o que mais cedo ou mais tarde seria responsável por suas desgraças.

Dollmann estava determinado a resistir a esse olhar, como fizera no passado, mas nunca havia corrido risco tão grande.

"O marechal-de-campo", disse Hitler cordialmente, com o esperado olhar perfurando os olhos concentrados do coronel, "me disse que você tem dúvidas quanto a permanecer em Roma e que preferiria se retirar da cidade. Por que um antigo romano como você vê as coisas dessa maneira?"

Cuidadoso, Dollmann respondeu com uma breve explicação entremeada de flashes históricos: uma declaração errônea, temia ele assim como os outros, o poderia mandar para Dachau. Disse que muitos eram os motivos. A Resistência romana poderia causar problemas, e também o Vaticano. Os aliados, que já haviam bombardeado áreas fora da cidade, provavelmente continuariam com os ataques. Obras de arte de valor inestimável seriam destruídas e o mundo culparia a Alemanha pela ocupação da cidade. Além disso, fornecer alimentos para a cidade era um grande problema. A menos que fatores militares determinassem a permanência da ocupação, concluiu ele, ao ficar em Roma os alemães estavam perdendo bem mais prestígio do que ganhando.

Segundo Dollmann, Hitler respondeu com um olhar surpreso e curioso: "Em relação a essa retirada que você sugere, como acha que deve ser feita na prática? Certamente, você deve ter pensado nisso. Ou você acha que eu deveria devolver Roma aos traidores do sul [para onde fugiram o rei e seu governo] em retribuição a eles não terem cumprido com os compromissos e com a palavra de honra?"

O clima estava tenso, e Dollmann percebeu os nervos vibrando na face de Keitel. Existem duas possibilidades, respondeu Dollmann calmamente, suprimindo o próprio medo. Uma seria entregar a cidade à Cruz Vermelha Internacional. O coronel fez uma pausa após a sugestão que poderia salvar o Vaticano e o papa.

A segunda possibilidade, continuou ele – sabendo do sentimento maligno de Hitler em relação ao rei "traiçoeiro" – seria encontrarmos uma forma de atacar duramente a monarquia, aumentando o controle do Vaticano sobre a cidade. Hitler parecia atordoado com essa idéia inovadora, a qual ele sabia que traria oportunidades a Mussolini. Seria essa uma volta aos antigos Estados papais que foram abolidos em 1870 em favor de um governo secular?

"Você já falou com o embaixador Weizsäcker sobre isso?" perguntou Hitler suspeitosamente.

Essa pergunta não foi um bom presságio; Weizsäcker tinha uma importuna fama de "derrotista".

Quando Dollmann respondeu que não, o Führer disse calmamente: "Estamos em Roma agora e acho que deveremos continuar em Roma!"

Ao deixar o local, Dollmann percebeu que o teste da chantagem acabaria sendo aplicado. Dera o melhor de si servindo ao general Wolff. Porém, era tarde demais para Roma – e para os judeus.

Na manhã seguinte, 16 de outubro, Adolf Hitler lançou o seu muito estudado desafio ao papa numa séria demonstração de intenções que determinaria quem, após a guerra – que Hitler continuava a acreditar que iria vencer –, reinaria como o poder dominante.

17.
"Mas eles me prometeram..."

A princesa Enza Pignatelli Aragona ainda dormia em sua modesta casa em Roma quando o telefone tocou por volta das 5h da manhã daquele dia chuvoso. Segundo me disse, pegou o aparelho e ouviu uma voz nervosa: "Princesa, os alemães estão prendendo os judeus e os levando em caminhões!"

Chocada, a princesa, uma mulher pequena mas determinada, despertou completamente. Ela havia escondido vários judeus em sua casa e nas de outras famílias cristãs, mas nunca imaginou que os alemães pudessem ir tão longe.

"O que eu posso fazer?" perguntou a quem havia telefonado, um amigo cristão que vivia muito perto do gueto.

"Você conhece o papa", foi a resposta. "Vá falar com ele. Apenas ele pode salvar os judeus."

Em um primeiro momento, a princesa Pignatelli achou tal sugestão impraticável. Sim, ela conhecia bem o papa. Nascida em uma família nobre de Nápoles, fora sua aluna em um convento e seu pai era amigo íntimo do pontífice. Entretanto, mesmo que o papa aceitasse recebê-la a uma hora daquelas, ela não tinha como ir ao Vaticano, já que não possuía carro e o transporte público não funcionava tão cedo.

Lembrou-se então de um amigo, Gustav Wöllenweber, diplomata da embaixada de Weizsäcker, que, como o chefe, era contra as políticas anti-semitas do governo, e telefonou para ele.

"Por favor, venha me buscar imediatamente", implorou a princesa. "Preciso ir ao Vaticano. Explico mais tarde."

Quando Wöllenweber chegou e soube da missão dela, a levou primeiro ao gueto para ver se os relatos eram verdadeiros. A SS os parou a um quarteirão da entrada do gueto e impediu até mesmo a passagem do diplomata alemão. Os dois, no entanto, viram pessoas, muitas ainda vestindo pijamas, marchando rua abaixo na chuva e sendo jogadas na caçamba de caminhões cobertas por lonas negras. Viram crianças assustadas agarradas às saias de suas mães e mulheres idosas implorando clemência. Ouviram gritos, rezas e o estalar de chicotes no chão da rua quando alguém tentava fugir.

Enquanto corriam para o Vaticano, a princesa Pignatelli pensava na ironia de sua desesperada incumbência; um diplomata alemão a ajudava a frustrar uma política decretada pela Alemanha. Ao chegar ao Vaticano, suplicou a um funcionário:

"Por favor, leve-me imediatamente a Sua Santidade!"

O surpreso funcionário olhou para o relógio e deve ter pensado que ela estava louca – pedir uma audiência com o papa a essa hora! Porém, depois que a princesa explicou sua missão, ele a levou até a porta da capela onde o papa participava de uma missa.

Quando Pio XII apareceu, cumprimentou a princesa com um sorriso surpreso, devido à hora, e sugeriu que fossem juntos a seu gabinete.

"Vossa Santidade", implorou a princesa, "o senhor precisa agir imediatamente. Os alemães estão prendendo e levando os judeus. Apenas o senhor pode impedi-los."

O papa parou e olhou chocado para a princesa. Essa, obviamente, fora a primeira notícia que ouvira sobre as prisões.

"Mas eles me prometeram que não tocariam nos judeus de Roma!" exclamou.

O choque de Pio XII talvez sugerisse o motivo que o fez não advertir os judeus da captura; aparentemente, não sabia que uma ação desse tipo ocorreria em breve. Quem lhe havia prometido? Weizsäcker ou outro embaixador alemão anti-Hitler? Dollmann ou outro militar agindo em nome de Wolff? Alguém que estivesse tentando evitar um protesto por parte do papa contra a ação que poderia desencadear o plano do seqüestro, mas que fora incapaz de manter sua promessa?

Independentemente da resposta, aquele foi um momento apreensivo para o papa, já que, por fim, ele precisava resolver seu doloroso dilema. Deveria se pronunciar antes que fosse tarde demais, mesmo sabendo que a presente missa talvez fosse a última que conduziria – pelo menos no Vaticano –, ao mesmo tempo em que poderia fazer novas vítimas? Ou deveria protestar apenas com o embaixador Weizsäcker e torcer pelo melhor?

Após uma pausa, Pio XII acompanhou a princesa, à beira da histeria, até seu gabinete. Pegou o telefone e ligou para o cardeal Maglione. As tropas alemãs estão capturando os judeus, disse. Ligue para o embaixador Weizsäcker com urgência e proteste contra a medida!

Quando o papa levou a princesa Pignatelli até a porta, prometeu: "Farei tudo o que estiver a meu alcance."

Mais tarde, naquela mesma manhã, o embaixador Weizsäcker chegou ao Vaticano para uma reunião com o cardeal Maglione, encontro esse que ambos sabiam poder mudar o destino do papa, seu lugar na história e as suas expectativas de intermediar a paz. Nunca a habilidade diplomática de Weizsäcker havia enfrentado um teste tão difícil. Toda a sua missão em Roma, da forma como ele a havia concebido, agora estava afetada.

Ao mesmo tempo, temia que, durante a captura, a Gestapo soubesse que ele havia escondido uma família judia no Colégio Teutônico, no Vaticano. Isso poderia pôr fim a sua missão junto à Santa Sé e talvez a sua esperança de organizar, com o papa, uma paz negociada.

Agora que a captura havia começado, mesmo com todo o esforço para contê-la, o embaixador não podia desistir. Precisava impedir que Pio XII se pronunciasse em público. E, apesar da ansiedade, tinha esperança. O papa, afinal de contas, não havia protestado publicamente contra as deportações e os relatos de assassinatos em massa na maioria dos países da Europa. Além disso, estava lidando com o cardeal Maglione, um homem sensato que talvez fosse a única pessoa capaz de convencer o papa a continuar calado nesse momento crucial. Mas, em vez disso, será que o cardeal Maglione, sabendo do plano de Hitler para seqüestrar o papa, se sentiria moralmente obrigado a aconselhá-lo a se pronunciar ou sucumbiria à pressão diplomática para fazer o mesmo?

Como secretário de Estado de Pio XII, o cardeal, de fato, era muito influente, em parte porque os dois homens se complementavam em termos de temperamento, personalidade e experiência diplomática. Pio XII, hesitante e tímido, lidava basicamente com os alemães e Maglione, decidido e com amplo conhecimento de mundo, negociava principalmente com os franceses. Cada um havia aprendido como convencer o outro, pelo menos ocasionalmente, a mudar de opinião. Em relação à captura, acreditava-se que o cardeal seria a favor de um protesto mais vigoroso.

Ao fazer pressão pelo silêncio do papa, Weizsäcker teria que convencer Maglione a ignorar seus declarados sentimentos pró-aliados, embora, como prisioneiro da neutralidade de Pio XII, o cardeal não tivesse conversado sobre a Solução Final com ninguém fora do Vaticano, nem mesmo com a Resistência católica.

Maglione, portanto, seguia, muitas vezes frustrado, as prioridades definidas por Pio XII, especialmente nas conversas com os bispos alemães. Não falava sobre os campos de extermínio, mas enfatizava a necessidade de salvar os tesouros de Roma e do Vaticano. Por que provocar uma reação? Por que estimular a revolta dos católicos, que, intimidados por Hitler, talvez estivessem sentindo a necessidade de priorizar a lealdade ao Führer?

Muitos dos embaixadores junto à Santa Sé achavam que Maglione era mais firme que Pio XII. Sabiam que o papa dissera certa vez aos cardeais: "Não quero colaboradores, quero pessoas que façam o que eu digo." Contudo, sabiam também que o papa fazia com freqüência o que Maglione queria. Muitas vezes Maglione, que já conhecia Pio XII há vários anos, aborrecia seu superior por tratá-lo de igual para igual, como fazia quando Pacelli ainda era um cardeal.

Os interesses de Maglione eram muitos e mais variados que os do papa. Acompanhava os deslocamentos dos Exércitos da Segunda Guerra Mundial e comentava com conhecimento as estratégias dos generais, fazendo marcações em um mapa fixado na parede para defender seus pontos de vista. Outras paredes em seu gabinete eram cobertas por mapas das campanhas napoleônicas. Embora os dois homens tentassem suavizar as diferenças, as naturezas contrastantes não permitiam uma relação tão próxima quanto a que o Santo Padre tinha com seus outros dois assistentes, monsenhor Tardini e monsenhor Montini.

Os dois homens eram veementemente contra o Eixo, mas, por sua vez, será que eles usariam a influência que tinham sobre o papa para tentar acabar com o silêncio público do pontífice sobre os massacres e correriam o risco de um violento ataque por parte dos nazistas? Tardini era um homem gordo, baixo, alegre e de certa forma sarcástico; sua língua afiada estava sempre às voltas com frases corrosivas, e até mesmo vulgares, típicas do humor dos romanos de pouca escolaridade da classe baixa, da qual viera.

Por vezes, Tardini alarmava os outros cardeais com sua capacidade de falar o que lhe vinha à cabeça com uma franqueza brutal e nada diplomática. Em suas anotações feitas em uma reunião com Myron Taylor, Tardini relatou que quando Taylor implorou ao papa que protestasse contra os assassinatos dos judeus, ele (Tardini) respondeu:

"O papa já falou."

"Ele pode repetir", replicou Taylor.

"E eu não poderia deixar de concordar", escreveu o cardeal.

Enquanto a personalidade estridente de Tardini contrastava com o comportamento moderado de Pio XII, Montini era silencioso, gentil, persuasivo e pensativo como um diplomata profissional, o que talvez explicasse por que era especialmente próximo do papa de inclinações diplomáticas. Jornalistas e diplomatas estrangeiros no Vaticano gostavam muito de Montini, especialmente quando ele lhes trazia presentes, como peixes do lago do castelo Gandolfo ou cestas de frutas dos pomares do lugar.

No entanto, era Maglione quem Weizsäcker iria encontrar agora, e embora fosse pouco provável que ganhasse peixes ou frutas, rezava por um presente que pudesse salvar o papa e, talvez, a Alemanha. Será que a essa altura uma chantagem sutil funcionaria?

Ao ser anunciado no gabinete de Maglione, Weizsäcker foi imediatamente recebido com um protesto. A Santa Sé, disse Maglione, tentava evitar passar para o povo alemão a impressão de que faria, ou desejava fazer, qualquer coisa que pudesse causar danos à Alemanha. O papa, contudo, estava profundamente aflito com o fato de pobres e inocentes terem que sofrer apenas porque pertenciam a uma determinada raça, principalmente "ali em Roma, sob os olhos do mesmo Pai".

Ele "vai tentar fazer algo por esses pobres judeus", respondeu Weizsäcker. No entanto, "o que a Santa Sé pode fazer se isso continuar?", perguntou.

"A Santa Sé não queria ser confrontada com a necessidade de expressar sua desaprovação", disse o cardeal, e enfatizou que "caso a Santa Sé fosse forçada a [protestar], confiaria as conseqüências à divina Providência."

Weizsäcker ouviu com atenção e ficou visivelmente inquieto. Essa foi a primeira pista que o pior poderia acontecer: o papa talvez se pronunciasse publicamente se a captura dos judeus continuasse. O embaixador respondeu com cuidado:

"Por mais de quatro anos tenho acompanhado e admirado a atitude da Santa Sé. Ela tem tido sucesso em conduzir o barco em meio a pedras de todos os tamanhos e formatos sem deixá-lo encalhar e, apesar de acreditar nos aliados, tem mantido um equilíbrio perfeito. E agora que o barco já está prestes a chegar ao porto, me pergunto se vale a pena pôr tudo isso em risco. Penso nas conseqüências que um protesto da Santa Sé pode acarretar."

O embaixador acrescentou, "a ordem para a ação vem do alto escalão. Vossa Eminência me daria a liberdade de não considerar esta uma conversa oficial?".

Quando Maglione demonstrou surpresa com o pedido, Weizsäcker disse que não queria a responsabilidade de contar a seus superiores sobre um possível protesto por parte do papa. Explicou que conhecia a mentalidade deles, e que reagiriam de forma ainda mais violenta não somente contra os judeus, mas contra a Igreja.

A palavra "seqüestro" claramente estava na cabeça dos dois.

Maglione respondeu que não falaria nada sobre a conversa, definida por ele como "tão cordial", e que Weizsäcker poderia decidir sobre contar ou não do encontro.

O embaixador partiu sentindo que a resposta do cardeal não havia aliviado seu temor quanto a um protesto por parte do papa. Será que a chantagem tinha funcionado? Talvez. Porém, ele sabia que Maglione, diferentemente dos outros prelados de Pio XII, rejeitava o fascismo e era a favor dos aliados, que pressionavam o papa a se pronunciar.

Enquanto isso, o secretário Kessel, o adjunto do embaixador Weizsäcker, correu desesperado para encontrar o cônsul Möllhausen na embaixada de Roma, com o objetivo de pedir sua ajuda para pôr fim à captura e à iminente deportação. Möllhausen, entretanto, havia ido para Fasano. No lugar dele, estava Gerhard Gumpert, o secretário para Assuntos Econômicos da embaixada, cuja principal função era obter mercadorias italianas para a Alemanha. Kessel insistiu para que Gumpert agisse a fim de prevenir as deportações, argumentando que se a embaixada no Vaticano tomasse tal medida, Hitler talvez reagisse contra o papa.

"Mas Kessel", respondeu Gumpert, um advogado frustrado que sofria com uma úlcera, "o que eu posso fazer? Se você me pedisse algumas sacas de batatas ou de grãos, eu poderia ajudá-lo. Mas não sei sobre essas questões."

"Bem... bem", gaguejou Kessel em seu forte tom nasalado, "algo precisa ser feito."

Por fim, Gumpert argumentou que a única saída seria utilizar a influência do Vaticano – de forma indireta. Os dois homens pensaram como poderiam fazer isso e desenvolveram um tortuoso emaranhado de intrigas. Escreveram uma carta ao general Stahel, que era simpático à causa deles, requisitando o fim das prisões. Pediram, então, a um "alto funcionário do Vaticano", o bispo Alois Hudal, reitor da Santa Maria dell'Anima, a Igreja católica alemã de Roma, que a assinasse, já que era conhecido por ser pró-nazista e passaria mais credibilidade.

Os dois diplomatas conseguiram que o padre Pankratius Pfeiffer, chefe da Ordem dos Salvatorianos em Roma, e o contato deles na Santa Sé, mandasse a carta para o general Stahel. Não está claro se Pio XII ficou sabendo desse esquema. Dizia a carta:

> Tenho que falar com você sobre um assunto da maior importância. Um competente dignitário do Vaticano, que é amigo próximo do Santo Padre, acabou de me dizer que na manhã de hoje iniciou-se uma série de prisões de judeus de nacionalidade italiana. Em nome das boas relações que existiam até o momento entre o Vaticano e o alto comando das Forças Armadas alemãs – sobretudo graças à sabedoria política e magnanimidade de Sua Excelência, que um dia serão lembradas pela história de Roma –, eu sinceramente solicito que você peça a suspensão imediata dessas prisões, tanto em Roma quanto nos arredores da cidade.
>
> Caso contrário, temo que o papa *tomará uma posição pública* contra a ação, posição essa que sem dúvida será usada pela propaganda antialemã como uma arma contra a Alemanha.

Assim que o padre Pfeiffer mandou a carta a Stahel no fim da tarde, Gumpert telefonou para o escritório do general e, como planejado, Stahel lhe entregou a carta. Gumpert então mandou uma mensagem a Berlim, dizendo que a carta se destinava a Stahel, mas que o general havia entregue a ele porque envolvia questões diplomáticas, e não militares. Assim, o general se livrou de qualquer suspeita de que estivesse envolvido no plano de resgate.

Algumas horas depois, Weizsäcker, ao tomar conhecimento do esquema, mandou uma mensagem a Berlim dando prosseguimento ao assunto:

> Confirmo que ele representa a reação do Vaticano às deportações dos judeus de Roma. A cúria está especialmente incomodada, dado que a ação ocorreu, por assim dizer, debaixo da janela do próprio papa. A reação poderia ser abafada se, de alguma forma, os judeus fossem mandados para trabalhos forçados aqui na Itália. Círculos hostis em Roma estão se utilizando desse acontecimento para pressionar o Vaticano a abandonar suas restrições.
>
> Argumenta-se que, quando um incidente semelhante ocorreu nas cidades da França, os bispos daquele país tomaram uma clara posição. Portanto, o papa,

> como líder supremo da Igreja e como bispo de Roma, não pode fazer outra coisa que não o mesmo. O papa também está sendo comparado a seu antecessor, Pio XI, homem de temperamento mais espontâneo. A propaganda do inimigo no exterior certamente verá esse acontecimento da mesma maneira, de forma a atrapalhar nossas cordiais relações com a cúria.

Weizsäcker utilizou-se, de forma conveniente, da carta de Hudal para transmitir o aviso dado pelo cardeal Maglione horas antes, o qual dizia que o papa poderia se sentir obrigado a se pronunciar, caso a captura continuasse – mas sem revelar que o próprio cardeal o havia avisado. Obviamente, ele esperava que a mensagem extra-oficial de Hudal não fosse forte o suficiente para provocar uma reação violenta contra o Vaticano. Mas como vinha de alguém que simpatizava com o nazismo, talvez pudesse fazer Berlim pensar melhor se deveria continuar com as prisões e deportações dos já capturados.

Naquele mesmo dia, tarde da noite, Kappler mandou a Berlim uma mensagem ansiosamente aguardada. A chantagem parecia ter funcionado, ou pelo menos contribuído para um grande êxito. Na sua opinião, o papa estava evitando o confronto entre os dois influentes rivais na luta pelas mentes e almas de grande parte da humanidade.

> A ação contra os judeus começou e terminou hoje conforme um plano calculado da melhor forma possível pelo gabinete. Todas as forças [SS] disponíveis foram utilizadas. A participação da polícia italiana foi limitada, já que não se pode confiar nela, e se restringiu a uma rápida seqüência de prisões individuais nos 26 distritos onde a ação foi aplicada.
>
> O isolamento de quarteirões inteiros seria uma medida inviável, tanto devido à qualidade [de Roma] como cidade aberta quanto ao número insuficiente de policiais alemães, 365 no total. Mesmo assim, 1.259 pessoas foram presas em casas de judeus e levadas para a escola militar da cidade, em uma ação que durou das 5h30 da manhã às 2h da tarde. Após a liberação de indivíduos de sangue misturado; de famílias de casamentos mistos, inclusive dos parceiros judeus; de estrangeiros, entre eles um cidadão do Vaticano; de criados e hóspedes arianos, 1.002 judeus foram detidos. ...
>
> A atitude da população italiana foi, sem dúvida, de uma resistência pacífica, que em muitos dos casos individuais se transformou em assistência ativa. Em um

dos casos, por exemplo, a polícia foi recebida na casa de um judeu por um fascista vestido com uma camisa preta, que, segurando o documento de identidade, alegou ter ocupado a propriedade há apenas uma hora e dizia que lhe pertencia ... outros até tentaram fazer com que policiais isolados ficassem distantes dos judeus.

Após dois dias presas num colégio militar perto do Vaticano, as vítimas foram levadas para a principal estação de trem da cidade e amontoadas em vagões de carga. Em 18 de outubro, os vagões partiram da estação de trem do subúrbio de Tiburtina com mais de mil judeus, dos quais 90% eram mulheres e crianças. Estavam calmos, resignados e confiantes, apesar de não terem acesso a comida, água ou banheiros. Cinco dias depois, em 23 de outubro, os vagões pararam em Auschwitz e despejaram os judeus nas câmaras de gás – todos menos os que o dr. Josef Mengele julgou aptos para o trabalho escravo.

Nesse mesmo dia, Ribbentropp encaminhou lentamente as mensagens de Roma a Adolf Eichmann, que por sua vez pediu a seus superiores instruções que, aparentemente, nunca recebeu.

No lixo deixado para trás na plataforma em Roma, um varredor encontrou um bilhete amassado. Aparentemente, o autor, Lionello Alatri, um empresário renomado, supôs que quem achasse o papel o reconheceria e mandaria o bilhete a sua empresa:

> Estamos indo para a Alemanha! Eu, minha mulher, meu sogro e Anita. Avise o nosso agente de viagens Mieli. Dêem 600 liras a meu *portiere* no final de cada mês e 250 liras a Irma, a quem vocês também devem dar o dinheiro das contas de gás e eletricidade. ...
>
> Estamos enfrentando nossa partida com coragem, embora as más condições de meu sogro me preocupem. Tentem ser valentes, como nós estamos sendo. Um abraço a todos, Lionello.

Abaixo de sua assinatura, Alatri fez um pós-escrito tocante:

> Diga ao barão que Ettore, Elda e a prima deles estão conosco. Diga ao representante de vendas Ricardelli que sua mulher e filhos estão conosco e passam bem. Avise o *portiere* da via Po nº 162, que Lello e Silvia estão conosco e passam bem. Avise o *portiere* da via Vicenza nº 42, que o vendedor de peles está co-

> nosco e bem. Avise o *portiere* da Corso Italia nº 106, que a família Di Veroli está conosco e bem. Raoul está conosco e bem. Avise o *portiere* da Sicilia nº 154, que Clara está conosco e bem.

A essa altura, os judeus que tentaram se iludir quanto à operação dos nazistas já sabiam da existência dela – até o presidente Foa. Embora seus amigos fascistas tivessem tentado riscar seu nome da lista de judeus perseguidos, não podia mais confiar neles e fugiu para Livorno dois dias após a ação.

Milagrosamente, a maioria dos 8 mil judeus de Roma escapou. Alguns já estavam escondidos há um certo tempo, entre eles os poucos que deram ouvidos aos avisos e abandonaram suas casas pouco antes de os alemães fecharem o cerco. Na verdade, o cerco ainda não havia sido completamente fechado. Dias após a captura principal foram feitas algumas prisões e os judeus corriam perigo.

Alguns dias mais tarde, em 23 de outubro, nenhum dos parentes e amigos listados por Lionello Alatri continuavam bem. Estavam mortos. Poderiam ter sobrevivido se o papa tivesse se pronunciado publicamente? Ninguém sabe ao certo, mas os críticos especulam que tal protesto talvez tivesse feito com que os alemães mandassem o trem para um campo de concentração convencional como Mauthausen, ou estimulado os partisans a atacá-lo e libertar as vítimas.

Além dos estimados 4.300 judeus amontoados em monastérios, igrejas e conventos, o próprio Vaticano acolheu alguns refugiados. Porém, um ataque dentro das muralhas do país significava uma ameaça bem maior à Igreja do que um ataque a alguma instituição do Vaticano fora das muralhas. De qualquer forma, o perigo de uma tomada do Vaticano aparentava ter diminuído.

Será que havia diminuído mesmo? Weizsäcker tinha dúvidas; o papa também. Sim, ele ficou publicamente calado, mas Hitler, com seu temperamento volátil, poderia agir a qualquer momento de forma imprevisível. E a preocupação do embaixador aumentou quando, em 23 de outubro, leu no jornal do Vaticano, *L'Osservatore Romano*:

> Os persistentes e deploráveis ecos da calamidade ... continuam, mais do que nunca, a atingir o Santo Padre. O ilustre pontífice ... não desistiu, em momento algum, de utilizar todos os meios que dispõe para aliviar o sofrimento. Independentemente da forma, isso é conseqüência de caridade universal e paternal ... que não conhece fronteiras ou nacionalidade ... tampouco religião ou raça.

Um mestre da sutileza, Weizsäcker passou a achar que sua reclamação, mesmo velada, contra as deportações, era uma ameaça ao Vaticano, principalmente porque Berlim não respondeu às mensagens de Roma. O embaixador disse ter sentido que tal falta de resposta havia demonstrado que, em um primeiro momento, ele estava certo. Já que para seus superiores a *ameaça* de um protesto público por parte do papa não era digna sequer de uma resposta, seria pouco provável que o protesto *verdadeiro*, mesmo um tão vago quanto o publicado pelo jornal do Vaticano naquela manhã, iria fazê-los desistir da captura – e poderia, de fato, desencadear um ataque.

Mesmo assim, o próprio Weizsäcker preparou uma mensagem para Berlim. Elaborada com inteligência, palavras sutis e detalhes enganosos, a mensagem dizia que não era mais necessário prosseguir com a captura:

> O papa, apesar das pressões que sofre de todos os lados, não se deixou convencer a censurar a deportação dos judeus de Roma. Embora soubesse que uma atitude como essa seria usada contra ele por nossos adversários e seria explorada pela propaganda anticatólica dos círculos protestantes dos países anglo-saxões, fez o que pôde, mesmo em se tratando de uma questão delicada como essa, para não contrariar o governo alemão nem as autoridades alemãs em Roma. Como tudo indica que aqui não haverá outras ações referentes à questão dos judeus, podemos dizer que esse assunto, tão desagradável para as relações entre a Alemanha e o Vaticano, foi resolvido.

Em 25 de outubro, *L'Osservatore Romano* publicou a versão do papa para a mesma questão em um comunicado semi-oficial sobre a amável benevolência do papa, escrita no estilo prolixo e confuso do jornal do Vaticano:

> O papa concede seu cuidado paternal a todas as pessoas independentemente de nacionalidade ou raça. As diversas e crescentes atividades de Pio XII aumentaram recentemente devido ao grande sofrimento de muitos desafortunados.

Weizsäcker escreveu a Berlim:

> Dado o conteúdo do texto, nenhuma objeção é necessária a essa declaração ... será entendida apenas por uns poucos como uma referência específica à questão dos judeus.

Quais os resultados realmente obtidos com essas tentativas de fazer o papa parecer "razoável" aos olhos dos nazistas? Teriam ajudado os judeus ao estimularem Berlim a não provocar desnecessariamente o papa? Teriam prejudicado os judeus ao fazer Berlim achar que o papa não tomaria uma posição firme em relação às medidas adotadas contra eles? Ou será que não tiveram qualquer resultado? Ninguém sabe ao certo.

Outros mil judeus romanos foram deportados nos meses seguintes. Não foram pegos, porém, em capturas organizadas, mas em prisões individuais feitas principalmente por fascistas italianos em busca da recompensa em dinheiro por entregá-los.

O papa agora se tornara mais confiável nas rodas nazistas e a probabilidade de ele ser seqüestrado diminuiu. Pio XII não condenou publicamente o crime acontecido embaixo de sua janela e ao ter sobrevivido à ameaça de seqüestro, ao menos temporariamente, pôde se voltar para o inimigo número um de sua lista. Mesmo antes da captura, em 14 de outubro, Harold Tittmann mandou uma mensagem ao Departamento de Estado dizendo que o povo "estava preocupado com a insuficiente proteção, já que dessa forma elementos irresponsáveis poderiam cometer atos de violência na cidade". E, assim, pediu aos alemães que mandassem novas tropas policiais a Roma.

Após a captura, o medo aumentou e ele consolidou sua posição ao permitir que o cardeal Maglione aceitasse o pedido de Weizsäcker para publicar no dia 30 de outubro em *L'Osservatore Romano* um comunicado expressando gratidão às tropas alemães pelo respeito demonstrado ao Vaticano e ao papa, o protetor de todos os romanos – como se mandar caminhões de civis desamparados para campos de extermínio não muito longe do Vaticano pudesse ser entendido como um sinal de respeito. Em troca, os alemães prometeram continuar com a mesma atitude respeitosa. A declaração dizia em parte: "A Santa Sé, reconhecendo que as tropas alemãs respeitaram a cúria romana e a Cidade do Vaticano, recebeu com satisfação as garantias dadas pelo embaixador alemão em relação ao futuro."

A chantagem parecia ter funcionado, tanto para os chantagistas quanto para o chantageado – como esperavam os conspiradores alemães.

O comunicado veio na mesma semana em que a maioria dos judeus de Roma capturados virou cinza nos incineradores nazistas. As relações entre o Vaticano e a Alemanha melhoraram tanto que, em 25 de outubro, Tittmann pôde garantir ao Departamento de Estado que:

> A ansiedade mostrada pela Santa Sé em relação à possível violação do princípio de neutralidade da Cidade do Vaticano durante os primeiros dias da ocupação de Roma pelos alemães tem diminuído de forma progressiva e atingiu tal nível que no momento podemos dizer que o clima no Vaticano é de otimismo.

Em 28 de outubro, quando quase todos os judeus capturados já estavam mortos, Weizsäcker mandou uma mensagem a Berlim dizendo que o perigo de um protesto por parte do papa havia terminado. A chantagem parecia ter salvo o papa e talvez também a Alemanha. Apenas os judeus capturados, ao que parece, saíram perdendo.

Em 3 de novembro, o diplomata britânico Osborne mandou uma mensagem para o Ministério das Relações Exteriores:

> A situação está agora mais fácil e a possibilidade de uma invasão ao Vaticano, mais remota. ... Há indícios de que [os alemães] tentam agradar a população. As prisões são agora menos freqüentes e há menos saques. A ameaçadora busca de casa em casa, em Roma, não aconteceu e a Gestapo ou está menos ativa ou sofreu uma redução considerável em termos de efetivo.

Não ficou claro se Osborne sabia que, em seu país, analistas da Inteligência haviam decodificado as mensagens trocadas, a partir de julho, entre Berlim e os oficiais alemães em Roma. Assim, ficaram sabendo antecipadamente que os judeus seriam capturados em 16 de outubro – não os avisaram e nem fizeram nada para impedir o crime, nenhuma ação e nem ao menos publicidade.

Em dezembro, o clima relaxado em Berlim refletiu-se em um memorando que o chefe de Segurança do Reich Ernst Kaltenbrunner mandou a Ribbentropp dizendo que apenas o programa alemão de eutanásia e as políticas de esterilização, menos controversas que o "problema dos judeus", continuavam a atrapalhar as relações com o Vaticano – apesar da suspensão dessas medidas.

Em uma mensagem enviada em 25 de outubro, Tittmann escreveu:

> A Santa Sé parece satisfeita com o tratamento dispensado pelas autoridades alemãs em Roma. Havia sinais de uma crescente cordialidade em relação ao Vaticano, para a qual não há uma explicação cabível.

Como refletido nessa observação, as autoridades norte-americanas em Washington e no Vaticano, ao que parece, nunca perceberam o perigo real da ameaça de seqüestro por parte de Hitler – com as implicações trazidas pela chantagem – nem das conseqüências desse fato para a relação do papa com o Führer.

Por outro lado, uma vez que o plano de Hitler para seqüestrar o papa já não era mais tão ameaçador, Pio XII passou a se sentir livre para protestar, ao menos na intimidade. No verão de 1944, quando os judeus do Norte da Itália enfrentavam a deportação, o papa disse a Myron Taylor que "a história ou sua própria consciência não o perdoariam se não se esforçasse para salvar outras vidas ameaçadas nessa articulação".

A atitude de Hitler para com o papa tornou-se mais moderada, embora o Führer não estivesse, necessariamente, tratando-o com mais respeito. O pontífice, aos olhos do nazista, havia cedido primeiro, em uma disputa decisiva de força de poder. Mas será que tinha mesmo?

18.
Barganha com sangue

Fora da Itália no dia 16 de outubro, o general Wolff estava ou no quartel-general de Hitler ou no de Himmler. Ao testemunhar no julgamento de Nuremberg, disse que só ficou sabendo que a captura havia sido efetuada em 18 de outubro, dia em que o trem repleto de judeus partiu de Roma para o campo de extermínio de Auschwitz. Nesse dia, Kappler lhe telegrafou um relatório para a Alemanha com a marcação de "Urgente! Secreto! Presença imediata!".

Essa mensagem urgente, disse Wolff, provava que ele ficou sabendo da captura tarde demais para que pudesse fazer algo. Porém, após interrogá-lo em um tribunal em Munique, o promotor concluiu que Wolff manipulou para que o telegrama urgente fosse mandado em 18 de outubro, pois iria almoçar no dia seguinte com Hitler e Himmler e queria contar que Kappler havia relatado como as ordens eram seguidas de forma eficiente – sem um protesto por parte do papa, ao menos até aquele momento.

E é bem possível que isso fosse verdade, especialmente porque Wolff poderia usar essa "boa notícia" para enfatizar que uma conspiração contra o Vaticano não fazia sentido. Contudo, parece pouco provável que o general, conhecido por ser extremamente detalhista em seu trabalho, não soubesse, a cada minuto, o que se passava no dia 16 de outubro em Roma.

Embora o coronel Kappler tivesse autorização para iniciar sozinho a captura, lhe pediram que consultasse Wolff, o comandante da SS na Itália, antes de implementá-la com a ajuda de Theodore Dannecker. E o general tinha autoridade para modificar as instruções.

É digno de nota que apenas mil dos 8 mil judeus de Roma foram pegos na captura organizada do dia 16 de outubro e mandados para Auschwitz, onde cerca de metade deles morreu. Sim, a maioria dos judeus não abandonou suas casas. Eles não sabiam que os nazistas tinham uma lista com seus endereços e de qualquer forma, após o episódio da extorsão de ouro, se convenceram de que estavam a salvo, apesar de alguns, advertidos com insistência por amigos, terem fugido na última hora para conventos, monastérios ou casas de vizinhos.

Também é significativo o fato de que apenas 365 soldados e policiais da SS participaram da captura. Wolff provavelmente sabia que para uma operação cujo objetivo era apanhar 8 mil vítimas seria necessário um número bem maior de homens. Também poderia ter avisado Berlim, se quisesse, que precisava de um efetivo maior para ter êxito. Com efeito, o plano original previa 2 mil homens.

Em vez disso, usaram um efetivo suficiente apenas para capturar uma quantidade de judeus capaz de saciar a sede de sangue de Hitler – ao menos temporariamente –, mas não um número suficiente para fazer com que o papa se sentisse obrigado a se pronunciar contra essa operação letal.

Apesar de a carta de Hudal e o esforço de Weizsäcker provavelmente terem ajudado a influenciar Hitler e Himmler, Wolff, ao que parece, convenceu o chefe da SS – que, como ele, também pensava em trair Hitler – a impedir ou limitar a operação em nome dos interesses de ambos. E devem também ter convencido Hitler, argumentando que não valia a pena correr o risco de serem condenados pelo papa ou pela propaganda do inimigo enquanto já tinham mil judeus nas mãos. Himmler encerrou a barganha com uma ordem a Kappler: suspenda a captura às 2h da tarde.

De todo modo, está claro que Wolff, que já havia facilitado a Solução Final, contava com o poder, o incentivo, o desejo e a oportunidade para reduzir as proporções da captura dos judeus de Roma em nome de seus próprios interesses – e no mínimo adiar o plano de Hitler para seqüestrar Pio XII e ocupar o Vaticano. E assim, por fim, com o papa e 7/8 dos judeus a salvo, e com Hitler orgulhoso de um resultado tão limitado de uma operação tão simbólica e decisiva, o Führer também havia hesitado.

Independentemente de quão convincente fora a ação, Wolff podia desfrutar sua vitória pessoal. Provavelmente, ajudou a salvar o papa (e a si próprio) com essa ação esquiva e com outras medidas enganosas. Além disso, saciou o apetite voraz de Hitler lhe servindo pelo menos uma porção de novas vítimas.

Em meados de dezembro de 1943, o general Wolff, com a coragem salva pelo silêncio público do papa, visitou o Führer com o objetivo de falar sobre os preparativos para o ataque contra o Vaticano, entre outros assuntos. Levou meses, contudo, pensando nas palavras certas – o general sabia que essas palavras poderiam jogá-lo no esquecimento junto com o papa. Com uma dose de calma disfarçando sua ansiedade, argumentou em voz baixa que a Igreja, a única autoridade inquestionável na Itália, não deveria ser incomodada; disse também que a operação poderia ter "conseqüências extremamente negativas em casa e no front". O general explicou ainda que o povo poderia ser "muito útil para nós no futuro", ajudando a implantar uma nova ordem na Europa. O papa não havia mostrado boa vontade com a Alemanha em relação à questão dos judeus?

Wolff fez uma pausa para passar certa serenidade e aguardar que Hitler definisse seu destino.

"Está bem, Wolff", respondeu, finalmente, o Führer. "Aja como você, com toda a sua perícia, achar melhor. Mas não se esqueça que irei responsabilizá-lo caso fracasse em suas otimistas garantias."

Wolff partiu sentindo-se vitorioso, embora estivesse trêmulo. Caso Pio XII decidisse repentinamente agir contra os interesses do Führer, o general, assim como o papa, sentiriam na pele a fúria de Hitler.

Wolff tinha ainda uma preocupação específica: Pio XII, que sabia da promessa do general de frustrar o plano do seqüestro, mostraria gratidão quando chegasse a hora de se entregarem ao vingativo inimigo? Wolff não podia agendar um encontro com o pontífice sem a permissão do marechal-de-campo Kesselring, seu superior na Itália e que nunca tinha sido convidado para uma audiência com o papa ou recebido de Berlim a permissão para marcar uma. Além disso, o papa, criticado pelos aliados por não ter se pronunciado publicamente contra a captura dos judeus, provavelmente não desejaria receber o principal oficial da SS na Itália e assim prejudicar ainda mais suas relações com os Estados Unidos e a Grã-Bretanha. Wolff teria simplesmente que esperar pelo momento propício para abrir as portas do Vaticano.

Alguns meses depois, com o papa mais uma vez em perigo, tal momento parecia ter chegado.

19.
Lógica assassina

Em outubro de 1943, mal os nazistas haviam amontoado os judeus em caminhões destinados ao esquecimento, dois estudantes italianos entraram para o Grupo de Ação Patriótica (GAP), o braço armado do Partido Comunista, braço esse que manejava revólveres e bombas. Rosario Bentivegna, o filho de um diplomata fascista, e Carla Capponi, uma condessa florentina, encontraram a paixão pela revolução no desprezo de ambos pela classe privilegiada em que foram criados.

Ambos descobriram o marxismo sozinhos. Mas sabiam pouco sobre a ideologia, exceto que prometia varrer qualquer resquício da desigualdade fascista. Como muitos outros estudantes idealistas, não foram cooptados pela propaganda do Partido Comunista; procuraram o partido. Acreditavam que quando os nazistas fossem obrigados a fugir da Europa, e antes da chegada das tropas aliadas, esquerdistas como eles teriam a oportunidade de tomar o governo.

Bentivegna fora escolhido para liderar um dos quatro grupos do GAP que operavam em Roma e Carla era sua assistente. Em um primeiro momento, a tarefa deles era aterrorizar somente os fascistas e fazer com que não cooperassem com os invasores nazistas. Entretanto, apenas alguns dias após a captura de outubro, Bentivegna matou um policial fascista. Além disso, em 1º de março de 1944, enquanto Bentivegna cuidava da cobertura, Carla atirou nas costas de um soldado alemão. Ouviu um suspiro alto e o homem caiu no chão. Carla pegou a bolsa de couro do soldado e fugiu aos prantos. Agora, já estava pronta para matar outros. E seriam muitos outros.

Os companheiros de Carla e Rosario também cometeram atos terroristas semelhantes. Porém, os alemães e fascistas não reagiram com represálias extravagantes, mas com uma eficiência calma, cruel e silenciosa. Prenderam e torturaram líderes partisans sem chamar muita atenção da população. À medida que mais líderes da Resistência eram capturados, diminuíam as chances de uma insurreição quando os aliados finalmente chegassem. Os romanos pareciam mais apáticos do que nunca.

O GAP achava que o povo de Roma precisava ser estimulado a se revoltar. Para o seu próprio bem, alguns teriam que morrer.

A via Rasella aparentava ser o lugar ideal para um bombardeio que ferisse seriamente e de uma só vez os invasores inimigos e desencadeasse uma reação forte o suficiente para gerar uma rebelião. Era uma rua estreita, perto da *piazza* Barberini, no centro da zona comercial de Roma, onde todos os dias às 2h da tarde ouviam-se os passos das pesadas botas e das músicas cantadas em marcha. O som vinha dos homens da 11ª companhia do 3º batalhão do SS *Polizeiregiment* de Bolzano, em sua maioria formada por soldados mais velhos, do Sul do Tirol, trazidos a Roma apenas para lutar contra a Resistência.

Como a rua era estreita, as tropas tinham que marchar em fileiras próximas e os partisans poderiam atacá-las com mais facilidade. Além disso, a rua virava uma ladeira e os soldados precisavam diminuir o passo, o que também os tornava alvos ainda mais fáceis.

A possibilidade de um grande ataque no momento psicologicamente certo – durante a celebração do 25º aniversário do fascismo – era simplesmente uma oportunidade imperdível.

"Tenha cuidado", disse um varredor de rua a outro colega, que havia parado seu carrinho de lixo em frente ao palácio Tittoni, na via Rasella. "Um fiscal do Departamento de Saneamento está fazendo uma inspeção por aqui. Trabalhe ou você será multado."

O homem que recebera a advertência concordou com a cabeça e começou a varrer a área a sua volta, mas quando o seu companheiro de limpeza foi embora, parou o que estava fazendo e olhou o relógio. Eram quase 3h30 da tarde, uma hora e meia de atraso. Será que os alemães não virão?

Um jovem vestido informalmente veio pela rua e, quando passou pelo varredor, murmurou: "Dê a eles mais dez minutos. Se não vierem, vá embora."

O varredor – Rosario Bentivegna – estava aborrecido. Havia empurrado o carrinho de lixo por meia cidade e se os alemães não viessem teria que fazer o mesmo caminho de volta – com os 18 quilos de TNT contidos nele.

No alto da via Rasella, que terminava na via Quattro Fontane, Carla Capponi, cujos longos cabelos ruivos haviam sido cortados e tingidos de negro, esperava em frente ao palácio Barberini. Nervosa e apreensiva, ela já havia estragado uma parte do plano. Carla supostamente deveria estar esperando em frente ao edifício do *Il Messaggero*, na esquina da via Rasella, no começo da ladeira; quando as tropas estivessem se aproximando, um outro partisan daria o sinal a ela, que deveria então entrar na via Rasella e passar por Bentivegna. Esse movimento indicaria a Rosario que os alemães estavam vindo. No entanto, ela interpretou mal o sinal que recebera e avançou prematuramente, dando um falso alarme à operação.

Já não podia mais voltar do palácio Barberini até o *Il Messaggero* porque levantou a suspeita de dois policiais fascistas que vigiavam o edifício do jornal e a seguiram, parando a um quarteirão atrás dela. Carla ficaria somente em frente ao palácio Barberini e daria cobertura a Bentivegna quando ele subisse a colina depois de acender o pavio. Outro partisan, Guglielmo Blasi, deveria estar no local, mas desapareceu. Carla teria que dar cobertura à fuga de Rosario sozinha.

Inesperadamente, ela ficou aterrorizada ao ver algumas crianças brincando no jardim atrás dos portões do palácio.

"Vão para casa, crianças", implorou. "Corram!"

No entanto, elas simplesmente foram para outro ponto do jardim.

Finalmente, ouviu os homens marchando, o ruído das botas no chão da rua que quase se sobrepunha ao ritmo militar da música cantada por mais de 150 vozes. Os alemães subiam pela via Rasella! Carla esperava, e, mais tarde, registrou em um poema:

> Uma longa dor marcava os minutos,
> Trêmulos como perplexas espadas de aço prestes a cair sobre nós,
> Nós, que estávamos encurralados na rua.
> Nossos corações comprimidos no peito...
> Nas montanhas pisadas, soa uma cadência no asfalto.
> Ecoando no coração (apenas o cérebro deixou a promessa intacta)...
> Olhos sobre nós em cada esquina.
> Olhando, esperando...

Franco Calamandrei, que estava perto do início da via Rasella, foi andando pelo outro lado da rua e em frente à tropa levantou o boné. Com esse sinal, Rosario acendeu o longo pavio, que passou a queimar no meio do lixo, e colocou seu próprio boné no carrinho, a indicação que tudo estava em ordem.

Subiu a ladeira até a via Quattro Fontane e entrou à direita, onde encontrou Carla. Enquanto os dois começaram a correr rua abaixo, a terra tremeu com a enorme explosão. Depois, com outras três provocadas por granadas jogadas atrás das tropas por partisans.

> E passou, ao ser varrida com o medo
> a timidez da juventude,
> dos nossos vinte anos ...

"Vingança! Vingança por meus pobres *Kameraden*!"

O general Kurt Mälzer, o comandante de Roma, estava fora de si, triste e enfurecido, quando chegou à via Rasella logo após as explosões. E a imensa quantidade de álcool consumida por ele em um almoço com o coronel Kappler alimentou suas desvairadas e contraditórias emoções, quando viu os corpos dos soldados alemães. Muitos deles estavam desmembrados, estendidos sobre poças de sangue em meio aos destroços, gemidos e gritos dos feridos.

"Vou explodir as casas de todo o quarteirão!" vociferou. "Já dei a ordem necessária. Vou explodir tudo isso, prometo. E ninguém vai me impedir!"

Dollmann e Möllhausen, que chegaram logo depois de Mälzer, fizeram de tudo para impedi-lo. Soldados já inspecionavam todas as casas da rua. Retiraram homens, mulheres e crianças e os organizaram em uma fila em frente ao palácio Barberini.

"Herr general", suplicou Möllhausen, "imploro que não faça isso. Tente se acalmar. O nome da Alemanha e o seu próprio estão em jogo. Já que os atacados fomos nós, levamos vantagem do ponto de vista psicológico."

Mälzer começou a chorar. "Meus soldados!" dizia aos prantos. "Meus pobres soldados! Vou explodir todo o bairro, junto com todos que estiverem dentro das casas. E você, Möllhausen, com essa cara de Cristo bizantino, vou mandar para a prisão imediatamente."

Mälzer mandou um ajudante contatar o marechal-de-campo Kesselring. "Explique a situação. Diga a ele que peço plenos poderes e que o Herr cônsul não concorda com minhas ordens."

"Espere um minuto", disse Möllhausen ao oficial. "Se você citar meu nome, explique ao marechal-de-campo por que eu discordo."

"Quero lhe lembrar mais uma vez", gritou Mälzer ao cônsul. "Esse assunto me diz respeito e eu é que mando aqui. Ninguém pediu a você que viesse!"

Após uma continência irônica, Mälzer foi embora e Möllhausen entrou no carro com raiva. O cônsul dirigia em direção à embaixada, com a esperança de conseguir ligar para Kesselring antes de Mälzer, quando de repente viu o carro de Kappler em alta velocidade na direção da via Rasella. Möllhausen e Kappler pararam os veículos, saíram dos carros e conversaram sobre a situação.

"Aquele idiota do Mälzer quer explodir todas as casas daqui", gritou Möllhausen. "Precisamos impedi-lo, custe o que custar!"

Após alguns minutos, Kappler voltou para o carro e seguiu para a via Rasella, onde Dollmann o confrontou repetindo o que o cônsul havia dito, no entanto com mais calma. Os dois sabiam que era preciso tomar alguma decisão imediatamente.

Dollmann raramente se desviava de seu caminho para cometer maldades, mas geralmente estava disposto a apoiar alguma. Afinal de contas, ele desfrutava os resultados de tais colaborações. Kappler não colaborava com o mal; fazia parte da burocracia. Essa diferença em termos de compromissos e papéis criou atritos entre eles, os quais foram exacerbados por disparidades sociais. O esnobismo aristocrático de Dollmann se chocava fortemente com a mentalidade de Kappler, a de um policial de cidade do interior.

Recentemente, a relação dos dois havia melhorado porque a mulher de Kappler, de quem estava separado, tentou usar Dollmann para manchar a reputação do marido em vingança por sua notória infidelidade. *Frau* Kappler ofereceu a Dollmann relatórios embaraçosos sobre ele escritos pelo próprio marido a seus superiores. Dollmann contou a Kappler sobre a trama da mulher – criando assim uma dívida do chefe da Gestapo com ele. A mulher de Kappler pediu ajuda a amigos bem posicionados e talvez até conseguisse que o coronel fosse mandado embora de Roma, se ele não tivesse sido condecorado durante a crise gerada pela captura dos judeus.

Kappler não podia se envolver em mais um escândalo. Era um homem ambicioso. Até mesmo adotou um menino por meio da Associação *Lebensborn* para crianças órfãs da SS, porque sabia que não subiria na organização se não tivesse filhos. Estava disposto a cumprir cada vírgula das ordens de seus superiores.

Dollmann, contudo, era uma ameaça. Sabia de detalhes sórdidos da vida particular de Kappler, além dos contados pela mulher dele – sabia, por exemplo, que Kappler estava tendo um caso com uma moça holandesa misteriosa, em quem Dollmann nada confiava. Além disso, Dollmann era protegido de Himmler e Wolff.

"Veja, Kappler, o que eles fizeram com os meus meninos", disse Mälzer amargurado, quando o chefe da Gestapo chegou ao local. "Agora, vou explodir todas essas casas."

Kappler olhou fixamente para os corpos, enfileirados na rua pelos sobreviventes. Em seguida, falando baixo, convenceu Mälzer a voltar para seu quartel-general e prometeu cuidar de tudo. Mälzer, lançando os olhos sobre a fila de civis em frente ao palácio Barberini, deu mais uma ordem:

"Todos deverão ser mortos!"

O frio e metódico Kappler, entretanto, decidiu desafiar a destemperada demonstração de autoridade de Mälzer. Embora tecnicamente Mälzer, como comandante de Roma, fosse seu superior, Kappler na realidade tinha que obedecer apenas a seus chefes da SS.

O cônsul Möllhausen, ainda furioso, chegou à embaixada alemã cerca de uma hora após o confronto. Chutou uma cadeira que estava em seu caminho, pegou o telefone e ligou para Kesselring, mas soube apenas que o marechal-de-campo estava no front e não podia ser contatado. Falou então com o chefe de operações de Kesselring, coronel Dietrich Beelitz, que ligou imediatamente para o quartel-general de Hitler, no Leste da Prússia. Um ajudante de Hitler, o general Treusch von Buttlar contou ao Führer o que tinha acontecido na via Rasella e voltou ao telefone meia hora depois, por volta das 4h30 da tarde. Disse a Beelitz:

"Ele está tomado pela comoção e quer explodir um quarteirão inteiro da cidade, junto com todos os que vivem ali, quer matar uma quantidade extraordinária de italianos. Para cada policial alemão morto ele quer de 30 a 50 italianos."

Esse número, porém, acabou reduzido para dez.

Naquela noite, Möllhausen, após ter ficado sabendo da ordem de Hitler por meio de Beelitz, correu para encontrar Kappler na via Tasso; e a cena o fez se lembrar do encontro que tiveram meses antes, quando veio a ordem de capturar os judeus para a deportação.

O papa foi convencido a ficar em silêncio quando ocorreu a captura, disse o cônsul. Ninguém sabia ao certo para onde estavam sendo levados. Mas como ele ficaria calado enquanto centenas de reféns italianos seriam realmente assassinados diante de seus olhos? O plano para seqüestrar Pio XII poderia ser retomado, o que resultaria numa ampla violência civil.

"Não preciso dizer", o cônsul me contou ter afirmado, "que não farei nada para ajudar ou favorecer o inimigo. Não me esqueci que estamos em guerra, o que você está planejando vai além da guerra e da pátria."

Kappler escutou pacientemente, sem qualquer expressão em seus olhos pequenos e acinzentados. Já havia decidido.

"Todos os que serão escolhidos", respondeu calmamente, "receberão ou já receberam uma sentença de morte. Ou pelo menos foram condenados como *Todeskandidaten* [candidatos à morte]. Para cada nome que escrevo, devo pensar três vezes."

Kappler pensou bastante aquela noite, já que precisava fazer uma lista de 320 homens – dez nomes para cada um dos 32 alemães mortos na via Rasella. O general Ebehard von Mackensen, comandante do 14º Exército, pelo qual Mälzer era responsável, primeiro definiu esse número sozinho ao discutir a represália com Kappler. Mackensen também aprovou a idéia de executar apenas pessoas que já estavam na cadeia, condenadas à morte ou à prisão perpétua, além de detidos por crimes que seriam punidos com morte, mas que ainda não haviam sido julgados.

O que iria acontecer se não existissem italianos suficientes nessas condições para entrar na lista? Não importa, disse Mackensen, esse número pode ser divulgado, mesmo que a quantidade de pessoas assassinadas seja menor. Agora, tudo o que precisavam era do consentimento de Kesselring e Hitler.

Naquela noite, quando o marechal-de-campo voltou do front e soube, chocado, o que tinha acontecido, concordou com o plano e telefonou para o quartel-general de Hitler. Após conversar com o Führer, o chefe do Estado-Maior, general Alfred Jodl, deu a aprovação final. A represália, como ordenou Hitler, deveria acontecer dentro de 24 horas. Kesselring estava aliviado. Afinal de contas, quem merecia morrer, iria morrer. Ele não questionou a aparente garantia de Kesselring de que morreriam apenas homens das categorias prescritas – embora soubesse que não existiam muitos deles. Quanto menos detalhes soubesse da operação, melhor.

Os detalhes, contudo, *interessavam* muito a Kappler, que precisava fazer a lista dos homens que seriam mortos. Apenas quatro prisioneiros estavam mesmo condenados à pena de morte. Ele, portanto, iria acrescentar muitas pessoas "menos culpadas" à lista.

Kappler, contudo, não se arriscou a dizer mais, especialmente a Dollmann, que provavelmente recorreria à chantagem e certamente pediria ao general Wolff que o mandasse cortar nomes da lista. Wolff já tinha dado ordens a Kappler de adiar a aplicação de qualquer represália até que ele, Wolff, chegasse de Fasano no dia seguinte, em 24 de março. Entretanto, Kappler prosseguiu mesmo assim, como Hitler havia exigido.

Após ter trabalhado durante toda a noite, Kappler percebeu que não poderia completar a lista, mesmo se incluísse presos acusados dos crimes mais vagos. Porém, seu chefe imediato na SS, o general Wilhelm Harster, telefonou de seu quartel-general em Verona com uma sugestão útil: "Se você não conseguir chegar ao número exato, inclua quantos judeus precisar."

Kappler foi tomado pela mesma preocupação que o afligira quando ordenou a captura dos judeus alguns meses antes. Temia que os assassinatos em massa estimulassem uma rebelião popular. Mas como a ordem havia sido dada diretamente por Hitler, teria que segui-la ao pé da letra. O problema, contudo, era que não tinha judeus suficientes para chegar ao número exigido. Teria que recolher mais uma porção deles.

E assim fez. Pegou mais alguns judeus espalhados e outras vítimas aleatórias presas na via Tasso e nas demais cadeias. De fato, a lista final de presos continha cinco nomes a mais que o exigido, mas como essas vítimas já estavam em suas mãos, seria sensato incluí-los com os outros.

Quando o massacre das Fossas Ardeatinas, o local da execução, finalmente começou, a principal preocupação de Kappler era quanto ao estado de espírito de seus homens, já que logo ficaram cansados, desanimados e tomados por sentimentalismos. Uma coisa era metralhar um grupo grande de pessoas, outra bem diferente era prolongar o sofrimento das vítimas, fazendo-as esperar, enquanto os soldados matavam um por um, atirando de perto.

Um homem, até mesmo um da SS, ficaria perturbado se tivesse tempo para perceber que estava matando outro ser humano. Kappler tentou explicar a racionalidade da matança botando o braço em volta dos ombros de cada soldado que entrava nas fossas, como se contasse os fatos da vida a um filho adolescente. O desafio refletiu-se em um artigo publicado pelo *Il Messaggero*, em 26 de março de 1944:

> Em 23 de março de 1944, criminosos executaram um ataque à bomba contra um grupo de policiais alemães que passavam pela via Rasella. A emboscada matou 32 homens da polícia alemã e feriu outros muitos. O perverso ataque foi executado por comunistas e defensores de Badoglio. Uma investigação ainda está em curso para esclarecer até que ponto esse ato criminoso contou com uma participação anglo-americana.
>
> O comando alemão decidiu acabar com as atividades desses abomináveis bandidos. Não deixaremos que ninguém sabote impunemente a recém-firmada cooperação ítalo-germânica. Portanto, o comando alemão determinou que para cada alemão assassinado, dez criminosos comunistas-badoglianos deveriam ser assassinados. Essa ordem já foi executada.

Esse comunicado diminuía a extensão da represália ao declarar que 32 alemães haviam morrido na via Rasella, pois dava a entender que apenas

320 italianos foram assassinados em retaliação, embora na realidade 325 foram executados. Os alemães desejavam esconder que Kappler havia matado por engano cinco homens a mais que a proporção de dez para um exigida. Além disso, seus colegas, tendo em mente as possíveis repercussões do pós-guerra, não estavam nada certos de que era "legal" matar dez reféns para cada alemão, que morreram *após* a ordem ter sido dada. Um oficial alemão de baixa patente descreveu o massacre:

> Os prisioneiros tiveram as mãos amarradas atrás das costas. Os pés deles também foram amarrados, de forma que podiam mover-se apenas com passos muito curtos ou aos pulos. Foram recolhidos e jogados em caminhões, como bagagem. Muitos deles mostravam sinais de maus-tratos no rosto e tinham perdido os dentes.
>
> Por curiosidade, entrei nas fossas e vi a execução de 60 reféns. Fizeram-nos ajoelhar numa fileira formada por cinco a dez prisioneiros, um atrás do outro. Os homens da SS, andando atrás da fila, descarregavam as armas no pescoço das vítimas. Eles morreram silenciosamente, alguns exclamando "longa vida para a Itália!". A maioria deles rezava ... um homem velho, o qual eu vim a saber que era o general Simoni, dizia palavras encorajadoras para os outros. ... Saí dali porque estava ficando enjoado.

Dois padres que visitaram a cena do crime relataram, mais tarde, que "viram um túnel de cerca de 45 metros com corpos empilhados, quatro deles completamente grudados por alguma substância pegajosa, de forma que era impossível soltá-los. E acrescentaram:

> Dos seis corpos examinados em detalhes, um era de um distinto homem de idade, que usava óculos com armação de ouro. Os outros eram todos de homens jovens. Havia um homem com a mão direita exposta, na qual três dedos estavam desfigurados e sem a carne, que fora removida na tortura. Outro, com as mãos amarradas, estava imprensado contra a parede, obviamente mostrando que havia tentado escapar, o que provava que ainda não estava morto quando a cova foi fechada.

O general Wolff ficou furioso quando, ao chegar a Roma, soube por meio de seu quartel-general em Fasano, em 24 de março, que o massacre de Ardeatina estava em curso. Não é que desaprovasse a ação, mas ficou irritado por Kappler ter dado prosseguimento aos assassinatos sem esperar por sua aprovação.

O coronel Dollmann disse em suas memórias que também estava com raiva, mas por outro motivo. Suspeitava que Kappler planejava algum tipo de represália pelo ataque da via Rasella, mas não fora informado dos detalhes e estava certo de que o chefe da Gestapo não agiria antes de Wolff, a quem considerava um homem sensato, tentar impedir tais assassinatos.

Dollmann disse que tinha um plano próprio: trazer para Roma as famílias dos homens mortos na via Rasella para um desfile pelas ruas e um solene cortejo fúnebre a fim de ganhar a simpatia dos romanos. Simultaneamente, os alemães deveriam ameaçar tomar medidas drásticas caso os atos terroristas continuassem.

Segundo Dollmann, ele discutiu esse plano com o padre Pfeiffer, visando substituir a represália. Se o papa tivesse feito pressão para que os líderes alemães aceitassem essa medida, muitas vidas poderiam ter sido salvas.

O coronel começou a explicar a idéia a Wolff a caminho do aeroporto. Estavam indo ao monte Soratte para encontrar o marechal-de-campo Kesselring, mas repentinamente alguém atirou no carro deles por trás de arbustos na margem da estrada. Furioso, o general gritou:

"Você viu isso? E para você há humanidade! Himmler está certo. Precisamos dar o exemplo por aqui!"

Será que ele realmente quis dizer isso ou foi apenas uma explosão por terem escapado por muito pouco?

Wolff ficou ainda com mais raiva quando soube que Kappler começou a dar o tal exemplo sem ter falado com ele. Correu para o escritório de Kesselring pedindo uma explicação e o marechal-de-campo lhe contou sobre as conversas entre Berlim e Roma que levaram à represália. Afinal de contas, observou, a ordem para a ação foi dada pelo próprio Hitler – e deveria ser obedecida em um prazo de 24 horas.

O relato de Kesselring acalmou Wolff, que, de qualquer forma, tinha em mente uma operação bem maior que o assassinato de poucas centenas de romanos. Himmler, disse ele a Kesselring (aparentemente a mando de Hitler), queria que todos os comunistas e elementos suspeitos fossem retirados de Roma. Iria transferir imediatamente famílias inteiras das áreas mais perigosas de Roma para o Norte da Itália.

Dollmann alegou ter ficado atordoado. Na sua opinião, uma deportação em massa seria mais terrível até que as punições aplicadas pelos bárbaros aos romanos antigos. Além disso, para Kesselring, o plano não fazia sentido do ponto de vista militar. De onde tiraria soldados para uma operação desse porte? Mas Wolff, ainda abalado por seu próprio confronto com a morte naquele dia, disse, para surpresa dos outros, que a idéia era boa.

Parecia sentir que apesar das poucas centenas de romanos mortos, os habitantes da cidade deveriam considerar-se privilegiados. Os não-judeus seriam simplesmente realocados; os judeus estariam em êxtase se tivessem tido o mesmo destino. E embora não confiasse nos italianos, por apoiarem os terroristas ou serem permissivos com eles, ameaçando seus homens, não tinha muito ódio dos judeus, embora os considerasse um povo inferior.

Ele havia salvado a maioria dos judeus de Roma – e se acreditasse que também acabaria por se salvar nesse processo? De qualquer forma, os judeus nunca o ameaçaram de fato e o general até gostava de alguns deles. É evidente que isso não significava que deveria reagir com sentimentalismos ao destino reservado ao povo. Ele estava simplesmente fazendo o seu trabalho, procurando agradar o seu chefe e ganhar uma promoção, tal como qualquer outro soldado faria.

Por outro lado, Wolff agora desejava vingança, punindo os terroristas políticos e as pessoas que os protegiam. Como já tinha ajudado Himmler nas medidas contra os judeus, e contra pessoas que não tinham ferido a eles ou seus homens, fazia sentido ser generoso com os não-judeus que mataram alemães? Deveriam, pelo menos, ser banidos de Roma, mesmo que apenas para garantir uma base mais segura a seus soldados.

Não sentia tanta raiva desde que capturou os infelizes residentes de Lídice, na Tchecoslováquia, após o assassinato de seu grande amigo Reinhard Heydrich, o homem que garantia o funcionamento das câmaras de gás.

Dollmann, no entanto, lembrou Wolff de como Pio XII provavelmente reagiria. O silêncio público do papa durante a deportação dos judeus ajudou-o a escapar de um seqüestro por parte dos nazistas. Será que agora o pontífice não se sentiria mais obrigado a protestar contra os nazistas, já que a ação não havia sido apenas contra alguns milhares de judeus, mas contra uma imensa parte da população de Roma? E será que tal reação não reativaria o plano de seqüestro de Hitler e talvez até amarrasse a corda em seus pescoços se os aliados vencessem a guerra, o que agora já parecia praticamente inevitável?

Wolff havia se convencido? Não muito, ao que parecia. Seu pragmatismo, contudo, lutava para se sobrepor à vaidade e ao ego, e, gradualmente, acalmava sua fúria nazista. Após ter resistido com sucesso à ordem de seqüestro dada por Hitler para aumentar suas chances de sobreviver no pós-guerra, seria uma medida racional arriscar todo esse esforço impondo brutalmente uma desocupação? Ou será que essa turbulência interna simplesmente escondia que havia percebido uma nova oportunidade?

Enquanto Wolff ponderava se deveria pôr em prática a expulsão em massa, não estava totalmente seguro de que conseguiria novamente convencer Hitler de que um ato tão drástico prejudicaria os interesses da Alemanha e que, mais uma vez, corriam o risco de uma condenação por parte do papa. Será que ele, assim como o papa, conseguiria sobreviver a outro jogo perigoso? Por outro lado, salvar os romanos de uma catástrofe, dessa vez a maioria, aumentaria ainda mais a dívida de Pio XII para com ele.

20.
A caminho do Vaticano

Com a matança na via Rasella, os piores pressentimentos do papa pareciam estar se realizando. Como havia previsto alguns meses antes a Harold Tittmann, "elementos irresponsáveis", na sua visão, agora ameaçavam Roma com caos e comunismo. Supostamente, os comunistas queriam provocar uma reação que gerasse um levante por parte dos romanos, e esse medo consumia Pio XII. O papa começou a enfrentar outro dilema torturante quando soube do massacre das Fossas Ardeatinas, executado no dia seguinte ao atentado da via Rasella, aparentemente antes que tivesse alguma chance de protestar.

Já acusado por muitos de "permitir" aos alemães que deportassem judeus, Pio XII dessa vez poderia ser acusado de omissão enquanto os nazistas se vingavam, abatendo centenas de romanos, inclusive alguns judeus que sobreviveram à captura. E caso se pronunciasse de forma veemente dessa vez, diriam que estava sendo tendencioso, escolhendo as vítimas a serem salvas. Ele devia protestar após o ocorrido? Se fizesse, um Hitler furioso talvez usasse a intervenção do papa como desculpa para retomar o plano do seqüestro.

Pio XII, finalmente, decidiu falar, mas de uma maneira branda, por meio do *L'Osservatore Romano*. Optou por uma abordagem neutralista, relacionando cuidadosamente a represália de Ardeatina à provocação na via Rasella. Com essa estratégia, esperava impedir Hitler de executar o plano contra ele. A chantagem, ao que parece, continuava a funcionar. De qualquer forma, ele aparentava sentir que "o que estava feito, estava feito". Dizia o artigo:

> Pedimos aos elementos irresponsáveis que respeitem a vida humana, a qual não têm o direito de sacrificar. Pedimos que respeitem a inocência de suas vítimas fatais. Aos

elementos responsáveis pedimos atenção à responsabilidade perante eles mesmos, perante as vidas que buscam salvaguardar, perante a história e a civilização.

No dia seguinte à publicação desse artigo, que condenava com equivalência o atentado e a vingança olho por olho, os alemães responderam com um grande presente: concordaram em decretar Roma cidade aberta e, de fato, retiraram algumas tropas e armamentos do local.

De uma só vez, Pio XII satisfez romanos e nazistas, justificando para si a política de neutralidade do Vaticano e, novamente, salvando o país e o papado das loucuras de Hitler. Além da manifestação, o papa entrou em período de luto pelas vítimas romanas, embora muitas delas fossem comunistas e desejassem substituir os nazistas como os destruidores do país e, possivelmente, do cristianismo. De todo modo, Pio XII ainda não sabia da ordem de Hitler para expulsar milhares de romanos da sua cidade.

❖ ❖ ❖

Na noite da represália ao atentado da via Rasella, Wolff, Kappler, Möllhausen e Dollmann encontraram-se na suíte de hotel do general para discutir as execuções e a ordem drástica de Hitler para deportações em massa. Quando Kappler, com brilhantes olhos negros e rosto acinzentado e exausto, fez um último balanço das mortes nas fossas, Wolff, de acordo com Möllhausen, disse que os romanos não "mereciam tratamento especial". Precisavam sofrer mais.

Wolff detalhou o plano para deportá-los, apesar de Dollmann ter argumentado que o papa certamente denunciaria tal ação, além das mortes nas Fossas Ardeatinas. Além disso, um protesto como esse provavelmente ressuscitaria o plano do seqüestro, pois Hitler continuava relutante em deixar que o papa passasse para o lado dos aliados.

Por volta da uma da manhã de 25 de março, Dollmann telefonou para Himmler. Ele havia convencido Wolff a mandar o embaixador Weizsäcker pedir ao papa que não condenasse publicamente as deportações. Himmler, que, como Wolff, continuava pensando no próprio futuro, concordou em adiar as deportações se "aos olhos das figuras influentes de Roma isso fosse absolutamente necessário".

No dia seguinte, Wolff e Dollmann foram encontrar Kesselring, que, após ter ouvido todos os argumentos, se mostrou mais contrário ao plano do que nunca. Möllhausen disse que tinha visitado o marechal-de-campo naquela manhã e lhe descreveu a seguinte imagem: "Centenas de milhares de pessoas indo a pé para o norte ... carregando seus pertences, os mais fracos caindo pelo meio do caminho. ... As estradas bloqueadas, as tropas em perigo."

O mais convincente de todos os argumentos foi a impassível racionalidade militar do general Mackensen. Seu 14º Exército planejava uma nova ação para empurrar as forças aliadas em Anzio até o mar e não podia disponibilizar soldados para fins não-militares. Além disso, naquele momento o 10º Exército enfrentava um ataque aliado em Monte Cassino.

Wolff avisou a Himmler que iria suspender o plano para as deportações até que o 14º Exército pudesse disponibilizar os homens necessários – possivelmente após o novo ataque à cabeça-de-ponte de Anzio (a ofensiva planejada acabou sendo cancelada). Wolff ficou feliz com a demora; talvez a operação fosse imprudente, como Dollmann havia argumentado. Karl Wolff precisava pensar em seu próprio futuro.

E seu futuro talvez continuasse nas mãos do papa, a quem o general havia ajudado a salvar alguns meses antes, mas que agora estava novamente em perigo. Se a maior parte dos romanos fosse obrigada a deixar suas casas, dessa vez o pontífice não teria como evitar um pronunciamento público. Com efeito, talvez esse já fosse o momento de começar a cobrar a dívida do papa. Tentaria se encontrar secretamente com Pio XII e reivindicar, sutilmente, a gratidão do pontífice.

Ao mesmo tempo, ao saber por meio de Weizsäcker que o papa desejava intermediar uma paz negociada, Wolff achou que talvez pudesse ajudar o pontífice a alcançá-la. Pio XII ficaria feliz em ver Hitler fora do poder, mas era amigo da Alemanha e não queria vê-la destruída – desejo compartilhado pelos dois, o que talvez pudesse fortalecer a ligação entre eles.

Mais do que uma sobrevivência propriamente dita obrigava Wolff a buscar laços verdadeiros com o papa. Como disse a um tribunal alemão após a guerra, "nunca esqueceria" do massacre ocorrido em Minsk em 1941, a imagem de seres humanos em uma vala, pulando por cima dos mortos até que esta estivesse cheia. Apesar de o enjôo que sentiu ao ver a cena tivesse passado de forma gradual, as imagens, supostamente, continuavam em sua memória.

Wolff podia manter registros do genocídio – o número de pessoas amontoadas em um vagão, por exemplo –, e isso era como contar dinheiro no banco em que um dia havia trabalhado. Mas quando as estatísticas se transformavam em pessoas de verdade, a imagem congelava. Não era fácil operar um abatedouro de seres humanos.

Uma reunião entre Wolff e Pio XII precisava ser secreta porque apenas Weizsäcker tinha autorização para se encontrar com o papa sem a aprovação de Berlim. Além disso, Hitler não confiaria em um líder militar para conduzir conversas com o odiado pontífice. Até mesmo o marechal-de-campo Kesselring, a maior autoridade militar na Itália, nunca o havia visitado e nunca o faria sem primeiro consultar Berlim.

Assim, Wolff e Dollmann se perguntavam como poderiam conseguir uma audiência com Pio XII. Certamente, o papa, para quem a neutralidade era quase um imperativo bíblico, relutaria em se sentar com o chefe da SS na Itália e confidente de Heinrich Himmler, principalmente porque já era criticado pelos aliados por não ter se pronunciado publicamente e condenado as atrocidades da SS.

Wolff decidiu que primeiro precisaria ganhar a confiança de um alto dignitário do Vaticano e foi se encontrar com Weizsäcker, que tinha estreitas conexões com o país e compartilhava o mesmo desejo quanto a uma paz negociada. O embaixador, que precisava de todo o apoio possível para seus próprios esforços contra a aniquilação da Alemanha, aceitou, com prazer, marcar uma reunião entre o general e o dr. Ivo Zeiger, padre jesuíta e reitor da faculdade de teologia no Vaticano.

O general estava encantado, especialmente por sempre ter admirado as regras e a disciplina da ordem de Zeiger, a Companhia de Jesus, tendo inclusive, junto com Himmler, incorporado alguns de seus regulamentos burocráticos ao estatuto da SS. Acompanhado de Weizsäcker e Dollmann, Wolff foi ao encontro do padre, que estava surpreso com o fato de o ajudante de Himmler querer vê-lo, já que a Ordem dos Jesuítas figurava na lista negra de Hitler.

Quando Zeiger começou a falar das "terríveis medidas" tomadas pelos oficiais alemães fora das linhas de combate, supondo que Wolff, na condição de alto líder da SS, estivesse envolvido nos horrores dos campos de concentração, o general se deparou, pela primeira vez, com uma acusação velada e sabia que poderia acabar sendo executado. Chegou o momento de tomar uma decisão definitiva: iria trair Adolf Hitler para salvar a própria pele e viver uma mentira que racionalmente transformou em uma realidade artificial.

Mas até que o Terceiro Reich finalmente ruísse, posaria de soldado leal e, para que os netos se lembrassem dele, talvez ganhasse a Cruz de Ouro alemã pela luta contra os partisans e pela condução da guerra na Itália. De fato, recebeu a medalha mais tarde, em dezembro de 1944, pouco antes de ter traído de vez seu louco e confiante benfeitor.

Tentando exorcizar o fantasma dos inúmeros representantes do Povo Escolhido que mandou para o esquecimento em vagões de gado, Wolff respondeu ao padre jesuíta: "É verdade, isso é muito triste. Agradeço ao destino – ou se você desejar, a Deus – por não ter nada a ver com essas coisas sujas."

Zeiger disse mais tarde que aquelas palavras "ficaram ainda mais em sua memória" pelo general "ter feito algumas críticas ferinas" na presença do embaixador e de Dollmann, "palavras que em um dado contexto ... poderiam ser perigosas". Wolff, o pragmático, havia de fato abandonado o contexto nazista.

O general disse a Zeiger que "como chefe da polícia alemã na Itália, com a mais elevada responsabilidade," realmente pretendia "evitar todas as dificuldades desnecessárias para a Santa Sé, para a Igreja e para outras instituições". Encontrar Sua Santidade não seria útil para Wolff?

O padre mostrou ceticismo ao citar a prisão de um líder religioso condenado à morte apesar de não ter feito "nada de errado do ponto de vista político".

Alguns dias depois, o clérigo foi libertado da prisão: Wolff havia passado no teste. Entretanto, como não veio qualquer resposta sobre a audiência com o papa, Dollmann, com a esperança de sobreviver agarrado à casaca do chefe, decidiu que era preciso pedir a outra pessoa que os salvassem. E a salvação, estava convencido, dependia de laços pessoais com Pio XII.

Quem mais poderia fazer essa ligação entre eles? Uma certa mulher, repentinamente, lhe veio à cabeça. Embora Dollmann fosse conhecido por ver a maioria das mulheres como vagabundas e falsas, nessa ele confiava. Talvez ela fosse a única pessoa capaz de juntar Pio XII, o Vigário de Cristo, e Wolff, o protegido de Hitler e Himmler.

Deste modo, Dollmann encontrou sua velha amiga dona Virginia Agnelli, uma mulher de 44 anos, viúva de Edoardo Agnelli, o herdeiro da Fiat, de Turim. Vestida em um penhoar de renda veneziana, Virginia cumprimentou-o da cama da clínica onde estava internada – sob guarda policial. E, por coincidência, ela havia acabado de lhe escrever para pedir ajuda.

No início de janeiro de 1943, dois policiais fascistas à paisana foram à magnífica mansão de Virginia, uma construção antiga, a *villa* del Bosco Parrasio, ao pé do monte Gianicolo, em Trastevere, e pediram para vê-la. Embora ela estivesse na cama, com dor de garganta e febre, desceu as escadas e foi levada para o convento de São Gregório, transformado pelos fascistas em uma prisão, relativamente confortável, para mulheres bem-criadas de classe alta que fomentavam inclinações políticas perigosas. A herdeira da Fiat estava sendo acusada de alguma pequena transgressão.

Filha de mãe norte-americana, Virginia (cujo filho Giovanni, conhecido como Gianni, viria a se tornar presidente da Fiat) era fundamentalmente uma pessoa apolítica, como era típico das famílias industriais, as quais nunca sabiam quem seriam seus clientes no futuro. Nos últimos anos, figuras como o príncipe Humberto, o coronel Dollmann e muitas personalidades fascistas freqüentaram a casa bem decorada de Virginia.

O coração dela, contudo, era dos britânicos e Virginia não ficou nada triste quando Mussolini foi deposto. Tampouco guardava tais sentimentos só para si. Com freqüência, conversava em inglês, e não em italiano, nas festas e no telefone, o que rendia um material considerável para os registros da polícia fascista. Assim, Virginia foi presa.

Quando até os diplomatas e generais fascistas mais importantes fracassaram em fazer com que fosse liberada, Virginia lembrou-se do coronel Dollmann, que já havia ajudado a libertar outros prisioneiros socialmente proeminentes. Dollmann sempre tratou Virginia com grande deferência e o charme e a sagacidade do coronel já haviam brilhado em muitas das festas oferecidas por ela nos anos dourados do fascismo.

Dollmann lembrou em suas memórias que já havia brincado com as tendências anglófilas dela e que a aconselhou, cordialmente, a falar italiano em vez de inglês para não levantar a suspeita da polícia. Como relatou Dollmann, ela sorriu e perguntou ao coronel se ele tinha repentinamente virado um neofascista.

Virginia já estava presa quando decidiu escrever a Dollmann pedindo ajuda. Ele lembrou que logo após a ocupação de Roma, nos coquetéis regados a champanhe, ela falava que se os alemães deixassem a cidade – e de forma amável dizia que a opinião pública internacional previa isso – Roma poderia ser destruída em alguma batalha ou sabotagem. Não sabendo que o próprio papa corria um sério perigo, Virginia achava que apenas a influência do pontífice poderia salvar sua amada cidade.

Agora Virginia, que conhecia bem o papa, estava pedindo a ajuda de Dollmann – naquele exato momento que o coronel tentava conseguir para Wolff uma audiência com Pio XII. Dollmann então elaborou um plano engenhoso. Pediu a Virginia que dissesse às autoridades da prisão que sua dor de garganta havia se transformado em uma infecção séria. No mesmo instante, ela ficou gravemente "doente" e foi transferida para uma clínica; seu médico italiano deu um diagnóstico falso, disse que ela estava com amigdalite. Pretendia simular uma retirada de amígdalas e, assim, dar a sua paciente tempo para se "recuperar" da "operação".

Entretanto, com uma enfermeira e um médico alemães observando a operação e com guardas fascistas esperando fora da sala, o cirurgião não teve escolha; teria que retirar as amígdalas de Virginia, mesmo que isso não fosse necessário. Assim foi feito e a irmã dela, a princesa de São Faustino – que não sabia da participação de Dollmann no plano –, estava vestida de freira para silenciá-la caso ela protestasse.

O coronel Dollmann visitou-a no quarto em que se recuperava para lhe dizer como ela poderia ajudar a salvar Roma – mas, ao que parece, não lhe disse que ela também estaria ajudando a salvar o Vaticano e o papa. Será que Virginia poderia tentar conseguir uma reunião secreta entre o papa e o general Wolff?

Enquanto ela se recuperava, Dollmann foi até Kesselring e logo voltou à clínica com o oficial médico do próprio marechal-de-campo. Intimidado com a presença do visitante repleto de condecorações no uniforme, o policial, que de todo modo simpatizava com Virginia, deixou os dois alemães levarem a paciente. Ainda vestindo o penhoar de renda e com um lenço de seda no pescoço, Virginia se viu, alguns minutos mais tarde, na suíte do hotel Excelsior, dentro da área militar alemã.

Ela e Dollmann pediram a ajuda do padre Pfeiffer, o elo entre o Vaticano e os alemães, que por sua vez envolveu o cardeal Caccia Dominioni nos esforços. Assim, em maio de 1944, o cardeal conseguiu para Virginia uma audiência com o papa e ela encontrou Pio XII para lhe pedir que recebesse Wolff – o general Wolff, o principal nome da SS na Itália!? O papa sabia que o general havia trabalhado para impedir o plano do seqüestro e ajudar a salvar o Vaticano.

Mesmo surpreso com o pedido, Pio XII concordou imediatamente em recebê-lo, embora soubesse que estava se envolvendo em uma trama altamente perigosa – da mesma forma que Wolff. O papa sofria enorme pressão dos aliados, e de alguns padres, para se pronunciar publicamente contra o genocídio conduzido por Himmler e pela SS. E agora receberia um alto oficial da SS para uma audiência! Porém, mesmo os que cometeram os piores pecados mereciam uma chance de se redimir, especialmente Karl Wolff.

Pio XII não parecia ter se dado conta, ou desejado saber, que o general, na condição de principal assistente de Himmler, ajudou a empilhar judeus em trens de carga e submeteu outros a experiências médicas letais. O pontífice sabia, contudo, que Wolff tinha poder para abduzi-lo e roubar os inestimáveis arquivos e tesouros sagrados acumulados pelo Vaticano ao longo do tempo. Sabia também que ele ainda não havia exercido tal poder e que estava ajudando a cúria, correndo um sério perigo. Independentemente do passado repugnante do general, os funcionários do Vaticano, até mesmo nos dias de hoje, afirmam que ele certamente tinha um lado bom.

O papa, entretanto, não via a audiência apenas como um gesto de gratidão. Encarou o encontro como uma oportunidade para ter a garantia de que o Vaticano e Roma estavam totalmente em segurança.

Dessa forma, o general seria bem-vindo.

Dollmann decidiu dar a boa notícia a Wolff em um jantar que seria realizado no dia 9 de maio durante uma das visitas do general a Roma. A audiência com o papa estava marcada para o dia seguinte. Wolff chegou ao jantar bem-humorado, com o rosto claro de ariano iluminado, talvez por causa da loura bonita que o acompanhava. Quando Dollmann lhe contou da audiência, o general ficou tão surpreso quanto feliz. O papa tinha mesmo aceito encontrar o chefe da SS na Itália!

Wolff teria agora a oportunidade de estreitar laços com um protetor divino, que poderia atestar seu humanitarismo e seus esforços para salvar os tesouros do Vaticano e o próprio papa.

21.
Uma dupla peculiar

O corpo grande e musculoso de Wolff parecia querer descosturar o terno civil mal-ajambrado emprestado por Dollmann – mais baixo que o general – para que ele usasse na audiência secreta com o papa Pio XII, em 10 de maio de 1944. Apenas o papa e seus assistentes mais próximos podiam saber da reunião, e caso fosse uniformizado o general não passaria despercebido. Wolff temia as conseqüências caso Hitler ficasse sabendo do encontro, e o papa não queria mais confrontos com os aliados.

Após ter entrado no Vaticano discretamente, Wolff sentou-se de frente para Pio XII e o ouviu com a mesma atenção e reverência que geralmente dispensava ao Führer. O papa comentou sutilmente, em um excelente alemão, que tinha ouvido boatos sobre certos acontecimentos na via Tasso, o local de tortura da Gestapo, e pediu a Wolff que fizesse algo quanto a isso. Em particular, pediu a libertação de um certo ativista socialista, Giuliano Vassalli, filho de um amigo conservador. O general prometeu falar com o coronel Kappler.

O gelo foi quebrado. Wolff mostrou sua boa-fé.

Fiel a sua filosofia de neutralidade, Pio XII não pressionou Wolff a usar sua influência para acabar, especificamente, com o assassinato dos milhões de judeus, embora todos soubessem que o general era muito próximo do homem que conduzia o genocídio. Será que podia tocar em um assunto tão delicado enquanto a sorte da Igreja estivesse em jogo? Ou será que um pedido direto seu salvaria algum judeu quando chegasse aos ouvidos de Hitler?

Pio XII, entretanto, pediu a seu convidado que usasse a influência para estabelecer a paz – sem uma humilhação alemã. Os dois concordaram que o melhor fim para a guerra seria uma união entre a Alemanha e os aliados que contivesse o avanço soviético. O papa disse que se a Alemanha assumisse o compromisso, talvez os aliados também o fizessem. A insistência dos aliados por uma rendição incondicional, na melhor das hipóteses, só prolongaria a guerra.

Wolff sugeriu que o próprio papa seria o mediador ideal. O pontífice mostrou-se agradecido. Ali estava o tipo de oficial alemão necessário para fazer a paz. O general prometeu dar o máximo de si para terminar com a guerra.

Pio XII, então, pediu a Wolff que tentasse de tudo para cancelar o plano, que lhe fora relatado, de remover a maior parte da população de sua amada Roma. A dúvida de Wolff quanto à sensatez de tal operação se dissolveu, repentinamente, na total submissão ao novo ídolo.

Claro que iria fazer o possível, respondeu Wolff, como se estivesse agradecendo ao pontífice por lhe oferecer uma vida nova para depois da guerra. Precisava encontrar uma forma de convencer, novamente, o Führer – como o fez – do quanto ações extremadas como essa poderiam causar repercussões desastrosas para os interesses da Alemanha.

Pio XII, porém, achava que Hitler iria se impor a Wolff. Isso não poderia levar à retomada do plano do seqüestro?

"Não importa o que aconteça", disse o papa ao homem que recebera ordens para seqüestrá-lo, como já havia dito a Weizsäcker e a outros no passado, "não sairei de Roma voluntariamente. Meu lugar é aqui e lutarei até o fim pelos mandamentos cristãos de humanidade e paz."

Wolff garantiu ao papa que tentaria frustrar todos os planos e que faria de tudo para evitar lutas, derramamento de sangue e sabotagens em Roma. Evidentemente, Roma seria uma cidade aberta.

Pio XII sentiu-se mais seguro, como não se sentia há meses. Ali estava o tipo de líder necessário para salvar a Alemanha da destruição e a Europa de uma escravização soviética. Do fundo do coração, disse ele a Wolff: "Quanta injustiça, quantos crimes, quantos mal-entendidos e quantos ataques ao princípio cristão do amor ao próximo poderiam ter sido evitados se você tivesse vindo aqui antes de tudo?"

O papa, no entanto, condizente com sua forma misteriosa e obscura de se comunicar, não agradeceu diretamente a Wolff pelos esforços para salvar o pontífice e o Vaticano da fúria letal de Hitler. Será que o gesto de ter aceito receber o chefe da SS na Itália, uma pessoa próxima de Heinrich Himmler – correndo o risco de ser condenado pelos críticos que o pressionavam para se pronunciar contra Hitler – não expressava melhor sua gratidão que qualquer palavra? De qualquer forma, por que considerar a traição de Wolff para com o homem a quem servia, já que isso era totalmente justificável? Pio XII aumentou a admiração de Wolff ao fazer uma bênção sincera:

"Você tem um duro caminho a percorrer, general Wolff. Você me permite abençoá-lo nessa jornada perigosa – a você e a sua família?"

Agora, o papa podia relaxar um pouco, já que o chefe da SS na Itália estava do seu lado e tinha prometido proteger o pontífice e o Vaticano – se pudesse. Mas e se não pudesse e Hitler ficasse sabendo daquela conversa? Embora o pontífice se sentisse mais seguro, a Igreja não estaria completamente fora de perigo até que os nazistas se retirassem de Roma – e os comunistas não tomassem o poder.

Wolff, por sua vez, estava encurralado. Por um lado, Hitler considerava-o um mensageiro exemplar do nazismo que iria dominar o mundo. Por outro, Pio XII parecia vê-lo como o homem que poderia ajudar a *salvar* o mundo. Iria servir agora, ao mesmo tempo, ao Anticristo (por enquanto) e ao Vigário de Cristo, uma incrível proeza unindo dois mundos, talvez única na história.

Sua sabotagem contra o seqüestro idealizado por Hitler parecia estar saindo como o esperado. Não havia enfrentado um momento tão emocionante desde que o Führer lhe apertou a mão e o elogiou dizendo que ele era o nazista ideal, quando, anos antes, pegou no ar a caprichosa baqueta de um major que tocava bumbo e evitou que alguém que se ferisse.

Como disse Wolff, com um certo ar nostálgico, a um interrogador dos aliados, após a guerra:

"Continuo convencido hoje, tanto quanto na época, que a minha forma de lidar com a política – sem derramamento de sangue e sem pulso firme – foi de grande utilidade para ambos os lados. Como falei, a minha relação com o papa era muito boa. Ele não tentou me convencer a apoiar a Igreja católica e eu não tentei convencê-lo a apoiar o Reich – entendemos um ao outro e sempre nos demos bem."

Após a bênção do papa, Wolff levantou-se, juntou os calcanhares e ergueu firmemente o braço fazendo a saudação nazista!

O padre Pfeiffer, que esperava do lado de fora, embora a porta estivesse aberta, mal podia crer no que estava vendo. O papa, no entanto, sorriu contidamente, parecendo aliviado por Wolff não ter gritado "*Heil*, Hitler!". Na euforia por achar que seria salvo da forca, o general simplesmente se confundiu de deus. Não era fácil enganá-los.

Como sugerido pela saudação involuntária, a alegria de Wolff foi afetada por um pensamento desconcertante. Não conseguia tirar da cabeça o juramento que fizera para se tornar um oficial nazista: "Juro diante de Deus obediência incondicional a Adolf Hitler, o Führer do Reich e do povo alemão, o comandante supremo da *Wehrmacht*, e dou minha palavra que como soldado valente honrarei sempre o juramento, mesmo com minha vida em perigo."

O Führer o havia apoiado em todos os momentos, em todos os embates com os outros líderes. Wolff devia a ele toda a sua carreira e, mais uma vez, o general traía o Führer. Ajudou a sabotar o plano do seqüestro e agora, secretamente, prometia ao papa lutar por uma paz que condenaria seu benfeitor. Será que havia alguma forma de aplacar a sua angústia?

Como a guerra chegava ao fim, Wolff logo iria descobrir.

22.
O novo conquistador

Menos de um mês depois da audiência de Wolff com o papa, chegou o dia – 4 de junho de 1944. Quando as forças aliadas sob o comando do general Mark Clark alcançaram Roma, o coronel Kappler, além de outros líderes nazistas e fascistas, partiram com tanta pressa que o embaixador Rahn, em Fasano, os comparou a "ratos abandonando um navio que afundava".

Entre os que mais relutavam em partir, encontrava-se o coronel Dollmann, que tinha uma dupla ligação com Roma: o poder e a glória que a cidade lhe concedeu e os tesouros artísticos que o seduziam. Acompanhado de Mario, seu motorista romano, e de seu pastor alemão, Dollmann foi de carro ao cume do monte Soratte, a montanha celebrada nos versos de Horácio e Virgílio, para se despedir do marechal-de-campo Kesselring. Quando admirava a vista de Roma pela última vez, lembrou que o jovial imperador Otto III, filho da imperatriz grega Teofânia morreu ao pé do monte. Também rumava para o norte após ter sido expulso de Roma.

Em torno do meio dia, apenas um militar alemão importante continuava em Roma – o general Mälzer. Kesselring, que ficaria em seu quartel-general no monte Soratte até às 8h da noite, ignorou a sugestão dada por Weizsäcker, de que deveriam contatar os aliados diretamente para que todos os soldados alemães pudessem partir livremente. Mälzer, no entanto, achando que talvez pudesse vir a ser necessário, como contato oficial dos alemães, informou ao quartel-general de Kesselring que pretendia continuar em Roma "o maior tempo possível". Começou, então, a afogar as mágoas e medos no álcool.

Mälzer não teve muito tempo para ficar bêbado. Guiadas por partisans, as principais forças aliadas começaram a entrar em Roma no final daquela tarde, após batalhas violentas em algumas áreas. Ao que avançavam, centenas de pessoas deixavam suas casas, para abraçar os libertadores com gritos de alegria. Queriam tocar nas mãos, pernas e braços, quase empurrando os norte-americanos de seus jipes e tanques. Um conquistador novo havia expulso o antigo e os céticos romanos estavam felizes: dificilmente o novo seria pior que o antigo.

Em outras partes de Roma, o povo organizou manifestações, algumas lideradas por partisans usando nos braços as faixas vermelhas, brancas ou verdes dos esquerdistas moderados, ou faixas com o martelo e a foice do Partido Comunista e do movimento Bandeira Vermelha, cujos membros circulavam cantando alto o *Bandiera Rossa*, anátema do grupo

Muitos dos italianos pró-aliados não estavam lá: quase 10 mil pessoas foram executadas durante os nove meses da ocupação alemã. Os partisans tiveram um papel importante, embora não determinante, na libertação de Roma. Prenderam muitos alemães e fascistas após lutas locais sangrentas e capturaram atiradores de elite fascistas posicionados nos telhados de edifícios proeminentes. Alguns invadiram redutos fascistas, como lojas e apartamentos, prendendo pessoas e destruindo tudo o que viam pela frente.

Carla Capponi e Rosario Bentivegna correram para Roma achando que participariam de uma insurreição, mas acabaram ocupando o prédio de um jornal fascista, e assim a primeira reportagem "não clandestina" do *Unità* poderia ser publicada imediatamente. A revolução temida pelo papa nunca aconteceu.

O embaixador Weizsäcker e a mulher, movidos por uma grande curiosidade, resolveram deixar a embaixada e dar um passeio na manhã do dia 5 de julho. Passaram a noite anterior colados ao rádio, ouvindo as notícias da chegada dos aliados. Por volta das 9h30 da noite, ouviram berros, gritos de viva e aplausos vindos da direção da via 20 Settembre e perceberam que o momento havia chegado. Embora soubessem há tempos que tal resultado era inevitável, estavam com o coração apertado e ficaram ainda mais tristes à medida que seus orgulhosos soldados fugiam como animais feridos desesperados.

Eles, junto com outros integrantes da missão alemã no Vaticano e seus familiares, permaneceriam em Roma desfrutando a imunidade diplomática, o mesmo que fizeram os diplomatas aliados no Vaticano quando os alemães ocuparam a cidade. Entretanto, se mudariam para o Vaticano o mais rápido possível.

Agora, na primeira manhã sob o controle do governo inimigo, os Weizsäcker vagavam pelas ruas assistindo às manifestações, ao balançar das bandeiras inimigas e às moças italianas de braços dados com os soldados inimigos. No dia anterior, os romanos pelo menos fingiam ser amigos dos alemães. Hoje, amavam os norte-americanos e britânicos. Trocaram de sentimento como se trocassem de roupa. Afinal de contas, enquanto os alemães não tinham mais nada a oferecer a eles, os caminhões aliados estavam repletos de cigarros, comida e remédios. Bem, não era segredo algum, pensavam os Weizsäcker, que aos italianos faltava a rigidez de personalidade dos alemães.

O embaixador, porém, talvez também estivesse questionando a rigidez de sua própria personalidade. Quando os alemães fugiam de Roma e as tropas da SS estavam prestes a fazer uma busca no Colégio Teutônico de teologia, ele simplesmente denunciou a família judia que havia escondido no local. Se não tivesse feito isso e os soldados a encontrassem, certamente a missão do embaixador teria chegado ao fim, e provavelmente sua vida também.

Após o passeio, quando o casal se aproximava novamente da embaixada, viram alguns rapazes arrancarem a suástica de um mastro, conduzindo-a rua abaixo em uma outra manifestação. Ao entrarem na embaixada, souberam pelos diplomatas lá reunidos que dois homens haviam desaparecido: Ludwig Wemmer e Albrecht von Kessel foram presos apesar da imunidade diplomática. De certa forma, Weizsäcker ficou grato por Wemmer ter saído de seu caminho, pelo menos temporariamente. O embaixador sabia que ele havia sido mandado por Martin Bormann para monitorá-lo. Além disso, suspeitava que Wemmer esperava substituí-lo após a queda de Roma. Weizsäcker sentia que agora, mais do que nunca, ele era necessário em Roma para influenciar o papa.

E Kessel também era necessário, o único homem em quem podia confiar completamente. Kessel, um dos que conspiravam contra Hitler, provavelmente havia contado a Weizsäcker sobre o plano para assassinar o Führer em 1939, plano esse que acabou sendo abortado. Caso tenha contado mesmo, o embaixador deve ter ficado ainda mais preocupado com a prisão do amigo. Precisava de Kessel para um novo golpe a ser aplicado mais tarde.

Caso fosse bem-sucedido, Weizsäcker seria amplamente recompensado por seus esforços diplomáticos em Roma. Ele estava em condições de conseguir a cooperação imediata do papa na mediação de uma paz negociada entre a Alemanha pós-Hitler e os anglo-americanos. E tal destino poderia até chegar antes que os russos pisassem na Europa.

O "milagre" da salvação de Roma também não deixou de confortar o embaixador. Sem qualquer acordo, os dois lados pouparam a cidade e, exceto em toda a extensão da linha férrea, 95% de Roma sobreviveu intacta ao pesadelo. Ele queria se convencer de que a salvação de Roma abriria caminho para a salvação da Alemanha.

No entanto, para Weizsäcker, o mais importante era o seu papel ao salvar o papa do terrível destino que teria manchado para sempre a reputação da Alemanha. Sim, graças a Deus, ele conseguiu fazer com que Pio XII não se pronunciasse contra o genocídio dos judeus. Assim, impediu a implementação do plano contra o pontífice e a Igreja, e negou ao papa o possível título de neutralista qualificado para mediar a desejada paz.

Ainda não conseguia admitir o que muitos de seus colegas a essa altura já sabiam – que, como relatou a Inteligência dos aliados, "os anglo-saxões nunca iriam permitir que as negociações de paz com a Alemanha tivessem origem no Vaticano, já que isso traria prestígio demais à Igreja católica. Até os diplomatas do Vaticano admitiam abertamente essa idéia. É possível que a Inglaterra, ocasionalmente, concordasse em discutir alguma proposta específica feita pelo Vaticano, mas isso era pouco provável".

Às 5h da tarde daquele dia, foram ouvidas as badaladas do grande sino de São Pedro e o som de aplausos saudando o aparecimento da figura magra de batina branca que surgiu por trás das cortinas que decoravam a sacada central da basílica. O povo acenava, aplaudia, erguia as crianças e gritava "Viva o papa!".

Muitos seguravam bandeiras – italianas, norte-americanas, britânicas, francesas, e até mesmo as bandeiras vermelhas – enquanto um Piper J-3 Cub norte-americano promovia uma chuva de flores na área.

O papa Pio XII olhava para a multidão sorrindo com benevolência para suas crianças; meio milhão de pessoas formavam um imenso mosaico de cores, o que incluía uma grande faixa cáqui, no avermelhado do pôr-do-sol. Duas vezes naquela manhã, o povo reuniu-se na praça de São Pedro para saudar o papa; e numa dessas vezes, ele apareceu para abençoá-los.

Entretanto, a visão de um blindado estacionado em um dos extremos da praça incomodou Pio XII. Ele telefonou três vezes para seu secretário de Estado exigindo a retirada do veículo, mas logo que um partia, outro aparecia. Se os alemães podiam respeitar a neutralidade do Vaticano, por que os aliados também não podiam? A guerra ainda não havia terminado completamente – tampouco suas chances de mediar a paz.

O tom agora era de moderação. A população de Roma continuava a amá-lo. Sabia que ele tinha ajudado a salvar a cidade sagrada, o centro e o símbolo da civilização cristã. O papa levantou a mão e a multidão ficou em silêncio quando ele começou a falar: "Devemos agradecer a Deus pelos favores recebidos. Roma foi poupada. Esse dia ficará registrado nos anais da cidade."

Após mais algumas referências à salvação de Roma, o papa, freqüentemente interrompido por aplausos, concluiu seu breve discurso e abençoou a multidão ajoelhada. Mesmo depois de deixar a sacada, o povo continuava a aclamá-lo. Enquanto os militares partiam em jipes e caminhões, os italianos, sem transporte público devido à falta de combustível e eletricidade, voltavam para suas casas a pé. Isso não importava. Roma estava salva.

Na verdade, para muitos, naquele momento o mais importante era que Roma havia sido *libertada* – embora o papa não tivesse mencionado a palavra libertação e o *L'Osservatore Romano*, até o momento, ainda omitia a informação de que os aliados haviam chegado. Mas o povo, alvoroçado com a repentina liberdade, entendeu o papa. Afinal de contas, eram todos romanos.

Conquistadores e libertadores chegaram e partiram durante séculos. Não eram nada além de homens: eventualmente morriam, tinham aspectos positivos e negativos, e suas façanhas se perdiam na imensidão da história. Mas Roma – e a Igreja – era eterna. E não seria o papel do papa garantir que continuassem assim a qualquer custo?

❖ ❖ ❖

Três dias depois, em 8 de junho, os dois homens mais poderosos de Roma se encontraram. O general Clark e sua tropa, com uniformes de batalha, seguiram em jipes ao Vaticano e foram escoltados até o gabinete do papa por guardas suíços, em suas fardas coloridas. Pio XII relutou em conceder uma audiência a Clark, temendo que o convite prejudicasse sua imagem, aos olhos dos alemães, como possível negociador da paz.

Além disso, Clark representava uma aliança que insistia em uma rendição incondicional em parceria com a União Soviética. E, embora o povo estivesse celebrando sua "libertação", quanto tempo duraria a liberdade se a vitória aliada trouxesse os russos para a Europa? Como os alemães já não eram mais uma ameaça ao Vaticano e ao papa, chegou o momento de o pontífice retomar os furiosos ataques contra Stálin.

Sim, Pio XII recebeu o general Wolff com entusiasmo, mas sabia que o alto oficial da SS havia ajudado a sabotar o plano de Hitler para seqüestrá-lo e que o general podia ser um aliado útil para o Vaticano. Clark, diferentemente, poderia arruinar o sonho de paz apenas o visitando. Entretanto, o papa sabia que a sua única opção era recebê-lo.

Pio XII convidou Clark para uma conversa particular antes de um encontro dos dois com outros convidados. Esse não era um momento especialmente bom para nenhum deles, ambos estavam emocionalmente abalados. Clark realizou seu sonho ao conseguir que o 5º Exército superasse o 8º Exército britânico do general sir Harold Alexander e entrasse em Roma – mas a um custo humano imenso (muitos especialistas acreditavam que Clark deveria ter desviado de Roma e, então, encurralado as tropas de Kesselring, a um custo humano bem menor). E Clark chafurdou-se alegremente na glória, virando manchete ao redor do mundo – mas apenas por um dia. O seu nome foi rebaixado ao esquecimento das páginas internas, já que no dia 5, um dia após a vitória, as manchetes estavam às voltas com um acontecimento bem mais importante: o Dia D.

O papa, por sua vez, ficou profundamente aliviado por ter se livrado, assim como o Vaticano, da loucura de Hitler. Porém, as aterrissagens do Dia D indicavam que provavelmente os aliados continuariam a avançar até que a Alemanha fosse forçada a se render incondicionalmente – e que ele nunca seria chamado para negociar a paz que impediria o Exército Vermelho de invadir a Europa.

Mesmo assim, precisava manter a neutralidade para salvar quanto pudesse da Igreja e de suas instituições na Europa repletas de refugiados. E talvez um milagre ainda poderia levá-lo à mesa de negociações.

"Percebo que seu quartel-general agora está em Roma", disse o papa. "Quanto tempo ficará aqui? Temo que sua presença traga retaliações por parte dos alemães."

Os alemães não têm condições de retaliar, respondeu Clark. De todo modo, continuaria em Roma apenas por mais alguns dias.

O papa perguntou também se ele tinha tido algum contato com os soviéticos, demonstrando medo quanto às perspectivas de uma invasão comunista na Europa.

Aquele encontro foi quase um *déjà-vu*, já que a maior parte da conversa parecia com as que o papa costumava ter com os alemães, embora, dessa vez, a língua falada não fosse mais o alemão. Pio XII, contudo, percebeu que aquele era um momento histórico. Estava se encontrando pela primeira vez com o mais novo conquistador de Roma. Esse ainda não era o libertador, não com a bandeira vermelha balançando com o vento embaixo de sua janela.

Mas se o papa havia supervalorizado o medo que sentia dos comunistas tomarem Roma e o Vaticano quando os alemães saíssem, Hitler havia supervalorizado o seu medo de que o papa fizesse um pronunciamento público contra o genocídio quando caísse nas mãos dos aliados. Ele não se pronunciou. Não, argumentou ele, enquanto a Igreja ainda escondesse centenas de milhares de pessoas – que poderiam sofrer com as conseqüências – em suas construções por toda a Europa nazista.

De todo modo, Pio XII sentiu um imenso alívio com o fato de a sede de poder dos comunistas ter sido contida, pelo menos temporariamente – e com o fato de não mais precisar examinar os olhos dos alemães, com terror no coração, em busca de alguma pista sobre o seu destino e sobre o destino do Vaticano, lugar em que passou a maior parte da vida tentando regenerar e transformar em um lar espiritual digno de Deus.

23.
Salvo da armadilha

Foi após a derrota humilhante da Alemanha na contra-ofensiva das Ardenas, em janeiro de 1945, que Wolff olhou pela primeira vez para o próprio destino. Não haveria mais um acordo de "paz" que pudesse ajudar a liderar os esforços conjuntos de aliados e alemães contra as hordas de bárbaros da União Soviética. Não havia uma arma secreta capaz de modificar a situação de forma a prejudicar o inimigo que avançava incansável. Nada podia modificar a situação e a Alemanha parecia predestinada. Mas isso significava que ele também estava?

Wolff optou por uma aposta que talvez o salvasse – caso o apoio do papa não conseguisse. Com um futuro nada promissor, tinha pouco a perder. Hitler sempre considerou com seriedade cada proposta feita por ele. Agora, o general faria uma que resultaria em rendição ou morte – da Alemanha e dele próprio. Iria pedir a Hitler autorização para buscar formas de alcançar a paz antes que o inimigo destruísse a sua pátria. Poderia fazer isso sem o consentimento do Führer, mas por que não tentar honrar o juramento de lealdade que lhe era tão pesado?

De acordo com Wolff, Himmler o tinha advertido que esse esforço "teria custos [ao general custaria a cabeça] ..., mas expliquei a ele que havia apenas duas opções: perder a vida lutando e entregar meus soldados ao mesmo destino ou encarar o Führer como um homem e tentar cumprir com o meu dever. Provavelmente perderia a cabeça independentemente do que fizesse".

Himmler era avesso à idéia de Wolff se encontrar com Hitler porque ele mesmo desejava ser o mediador da paz e ganhar a simpatia dos aliados, o que poderia salvá-lo do destino que traçara para milhões de pessoas. Wolff disse depois da guerra que Himmler "queria me impedir de seguir com meus planos. Ele tinha planos próprios que acabaram não dando em nada".

Porém, o general, que sabia dos planos do chefe, estava certo que Himmler, que sabia que ele sabia, não se atreveria a tentar impedi-lo e arriscar ficar exposto por suas conversas não-autorizadas com o inimigo. E dessa forma, Wolff, acompanhado de Ribbentropp, foi encontrar Hitler no seu *bunker* em Berlim.

Wolff estava aterrorizado quando se sentou de frente para o Führer em 6 de fevereiro de 1945, olhando diretamente para os olhos de Hitler, como sempre fez durante todos esses anos atuando como o elo entre o ditador e Himmler. E Wolff foi direto ao ponto. Podia tentar buscar alguma forma de acabar com a guerra antes que fosse tarde demais?

O general estava preparado para uma reação explosiva. Porém Hitler já não era mais o mesmo homem. Se um dia fora severo e intransigente, ele agora estava curvado, com o rosto cansado e um olhar triste. Explosivo? Na verdade, parecia calmo. Wolff contou que disse a Hitler: "Meu Führer, a situação é crítica. Precisamos encontrar alguma saída prudente, algumas pessoas de confiança e tentar algo na linha da política."

Wolff alegou que "contou tudo a Hitler e revelou ... que está sendo cada vez mais sondado ... pelos aliados". Acrescentou: "Sugeri a ele que ... as ofertas não deveriam ser recusadas. ... Deveríamos ouvir o que eles tinham a oferecer."

Assim, sabendo que Hitler estava apostando em uma ruptura entre os anglo-americanos e os soviéticos, o que deixaria o caminho livre para a Alemanha se lançar novamente em uma batalha contra a União Soviética, Wolff continuou.

"Meu Führer, eu sei, é óbvio pelas interrogações e pelos indícios que percebo em minha área específica, que naturalmente há diferenças entre esses aliados não naturais, mas, por favor, não fique ofendido se eu disser não acreditar que essa aliança irá se desfazer sozinha, sem a nossa intervenção. Antes de isso acontecer, provavelmente, estaremos mortos ou completamente arruinados e isso não pode acontecer – precisamos fazer algo antes."

O Führer respondeu: "Um passo como esse será ruim para o nosso moral."

Wolff disse mais tarde que Hitler estava "muito amável e não recusou o pedido de todo. Aceitou minhas idéias em princípio, mas não me deu permissão para fazer alguma coisa".

Isso, contudo, era o suficiente para Wolff. Ele agora teria paz de espírito enquanto lutava por uma paz maior.

Em março de 1945, Wolff mandou Dollmann à Suíça contatar Allen Dulles e dizer-lhe que ele (Wolff) estava preparado para negociar a rendição de todas as tropas alemãs na Itália. Logo depois disso, o próprio general foi à Suíça convencer Dulles de que falava sério e concordou em entregar as tropas incondicionalmente.

Quando Wolff voltou para Itália, enquanto as negociações continuavam em curso, um Himmler furioso lhe telefonou. Aos berros, Himmler disse que Ernst Kaltenbrunner, chefe do Escritório de Segurança do Reich, o havia informado de sua reunião secreta.

"Isso foi imprudente da sua parte," disse Himmler a seu velho companheiro de genocídio. "E tomei a liberdade de consertar a situação. Sua mulher e seus filhos estão agora sob minha proteção."

Wolff gelou. Conhecia Himmler profundamente. Ele seria capaz de estrangular uma criança com um ursinho de pelúcia.

Algumas semanas mais tarde, Himmler lhe telefonou mais uma vez e mandou que fosse a Berlim imediatamente.

"Quero falar com você pessoalmente", ordenou.

Wolff não tinha escolha. Teve que ir – e provavelmente nunca voltaria. Mandou uma mensagem verbal a Dulles por meio de um de seus agentes: "Estou indo a Berlim por acreditar que essa viagem perigosa pode me dar a chance de conseguir algo para todo o povo alemão. Devo estar de volta à Itália em um ou dois dias."

Dulles estava abatido. Wolff havia usado sua astúcia com ele, como fizera com Hitler e com o papa. Além disso, o chefe do Escritório de Serviços Estratégicos (OSS, na sigla em inglês) confiava nele plenamente, embora antes de conhecê-lo nunca houvesse imaginado que algum dia lidaria com um membro da criminosa SS, muito menos com um de seus principais líderes. Mas sem o general, Dulles acreditava que as chances de um acordo "seriam realmente pequenas".

O agente também entregou a Dulles uma carta de Wolff:

> Caso eu perca meu posto ... e a ação com a qual estou envolvido não tenha êxito, peço que o povo alemão e as tropas alemãs na Itália não sofram as conseqüências. Se, após minha morte, minha honra for questionada, peço ao sr. Dulles que reabilite meu nome, tornando públicas minhas verdadeiras e humanas intenções; fazendo todos saberem que não agi por vaidade ou com traição, mas puramente com a convicção e a esperança de salvar, quanto fosse possível, o povo alemão.
>
> Após minha morte, peço ao sr. Dulles, em nome das idéias pelas quais morri, que tente conseguir condições decentes para a rendição das tropas alemãs e italianas.
>
> Peço ao sr. Dulles que após minha morte proteja minhas duas famílias da destruição, se isso por possível.

Nessa suposta carta de despedida faltava qualquer sinal de arrependimento por ter ajudado a conduzir o maior crime da história.

Ao encontrar seu chefe nesse crime, Wolff escutou calmamente Himmler falar sobre a quase "traição" do general. Kaltenbrunner, que como os outros dois estava em busca de contatos que o transformasse em um mediador da paz, apresentou a Himmler indícios que sustentavam sua opinião.

As acusações eram falsas, Wolff garantiu. Não existiu qualquer reunião secreta entre ele e Dulles. Por que os três não se encontram com Hitler e deixem que o Führer decida se ele estava falando a verdade?

Os acusadores, repentinamente, suavizaram o tom.

Himmler concordou em agendar a visita, mas se recusou a acompanhá-los, aparentemente ainda temendo expor suas conexões com a Resistência e, mais recentemente, com o conde Folke Bernadotte da Suécia, um possível "contato para a paz".

Vá com Kaltenbrunner, Himmler disse.

Kaltenbrunner parecia relutante; ele também estava negociando secretamente com um "contato para a paz", mas concordou em ir.

Quando Wolff e Kaltenbrunner chegaram ao *bunker* de Hitler, o general, percebendo que talvez não saísse de lá vivo, parou o chefe do Escritório de Segurança do Reich e o advertiu: se o acusasse de negociações secretas ou de mostrar ao Führer relatórios de agentes "impostores", ele, Wolff, dirá ao Führer que tanto Kaltenbrunner quanto Himmler já sabiam dos contatos há algum tempo, mas esconderam deliberadamente a informação dele. Como Allen Dulles comentou mais tarde: "Se Wolff fosse mandado para a forca, queria Kaltenbrunner pendurado ao seu lado."

O que Wolff aparentemente não sabia era que Kaltenbrunner já havia contado a Hitler dos contatos de Wolff com o inimigo.

Quando os dois visitantes se sentaram com Hitler, o Führer com ombros curvados, rosto cansado e saliva escorrendo dos lábios, confrontou Wolff com a acusação. Disse, com raiva, que o comportamento do general havia sido uma "desconsideração colossal com a sua autoridade". Entretanto, se Wolff começou a sentir a corda apertando seu pescoço, subestimou seu enorme carisma e autenticidade. Hitler tratou Wolff como um pai trata um filho travesso. Não o acusou de traição, mas apenas de ter agido de forma imprudente ao fazer os contatos sem saber dos planos que Hitler tinha em mente.

Wolff percebeu a oportunidade. Sem hesitar quando os olhos dos dois se encontraram e falando com a franqueza de um grande ator, disse a Hitler que agiu dessa forma apenas porque o Führer não o havia proibido de abordar o inimigo quando a idéia foi sugerida na última reunião entre os dois.

Hitler perguntou por que Wolff não o havia consultado antes de se encontrar com Dulles.

Wolff explicou: porque queria dar a seu Führer a possibilidade de jogar a culpa nele (Wolff) caso os esforços de paz falhassem. Estava satisfeito por ter aberto um canal com o inimigo para caso um dia seu Führer desejasse usá-lo. Estava tentando apenas dar a seu Führer mais uma opção.

Após um minuto de tenso silêncio, Hitler disse que entendia o argumento de Wolff. E para alívio do general, o Führer perguntou quais seriam as condições da rendição exigidas pelo inimigo. A questão não era mais se Hitler iria se render, mas sob quais condições. Wolff disse então o que jamais imaginara dizer ao Führer: o inimigo exigia uma rendição incondicional – com a possibilidade de algumas concessões se os alemães demonstrassem boa vontade para com os italianos.

Hitler, em estado de choque, levantou-se e deixou a sala.

Em uma outra reunião, naquele mesmo dia, Hitler, parecendo confuso e incoerente, falou sobre um novo plano: jogar os aliados contra o Exército Vermelho e então se aproximar do lado que oferecesse mais ou que o procurasse primeiro. E acrescentou: "Não posso amolecer. ... O homem que será responsável pela decisão final não se pode deixar afetar pela miséria e o horror que a guerra traz para cada indivíduo, seja no front ou na pátria."

Hitler, então, deu uma ordem a Wolff: "Proteja-se e defenda-se! Se os seus homens não puderem fazê-lo, perderão o direito de sobreviver. E simplesmente terão que se rebaixar heroicamente diante dos russos, os quais", disse com sarcasmo, "acabaram por se mostrar uma raça superior."

Entretanto, concluiu: "Volte à Itália, mantenha seus contatos com os norte-americanos, mas tente conseguir termos melhores. Espere um pouco, pois uma rendição incondicional com promessas tão vagas seria irracional. Para chegarmos a um acordo com os norte-americanos precisamos de condições muito melhores."

Ao deixar o local, Hitler disse ter gostado da forma cuidadosa como Wolff agiu.

O general ficou animado. Vindo do Führer, que quase nunca elogiava ninguém, essa observação significava uma bênção. Primeiro, uma bênção do papa, e agora uma bênção de Hitler. Absolutamente inacreditável! Desde que decidiu sabotar a ordem de Hitler para seqüestrar o papa e saquear o Vaticano, essa "deslealdade" o atormentava, mas agora aquele tormento brando se dissolvia em uma dor maior de ambivalência moral.

A "bênção" de Hitler diminuiu seu sentimento de culpa por ter violado o juramento sagrado, mas será que ele transformava a culpa em traição por estar se submetendo às exigências de uma rendição incondicional por parte dos aliados e agindo contra as ordens específicas do Führer? Era essa a retribuição por tudo o que Hitler havia feito por ele, pela confiança depositada?

Dulles escreveu mais tarde sobre o estado de espírito de Wolff:

> Ele parecia ter sido um tanto contagiado pela paralisia do clima do *bunker* em Berlim, ou talvez a questão da lealdade tivesse despertado nele um profundo conflito, apesar dos planos confusos e sem sentido de Hitler. O Führer havia, afinal de contas, extraído de Wolff um tipo de promessa e Wolff, de certa forma, tinha que agradecer a Hitler por Himmler e Kaltenbrunner não terem conseguido "eliminá-lo".
>
> De todo modo, ... Wolff, após ter voltado de Berlim, não parecia disposto a atuar pelo "nascer do sol" [o código para as conversas sobre a rendição]. Na melhor das hipóteses, ele estava tentando conciliar a exigência de proteção feita por Hitler e as promessas que nos fez quanto a efetivar a rendição da Itália o mais rápido possível.

Após ter voltado a Fasano, Wolff pediu a um agente do OSS que mandasse a seguinte mensagem a Dulles: "Devido às circunstâncias, não posso negociar no momento. Considero isso trágico, mas não tenho outra opção agora. Diga a ele que volto a contatá-lo assim que for possível, para prosseguirmos com o plano original."

Com o suicídio de Hitler em 30 de abril, Wolff finalmente controlou o mal-estar que sentia pela traição e voltou a lutar por um acordo definitivo. Tudo o que precisava agora era do apoio do marechal-de-campo Kesselring, seu superior na hierarquia militar. Kesselring, porém, estava hesitante em concordar, ainda se sentia preso a seu juramento apesar da morte de Hitler.

Wolff disse que mandou uma resposta furiosa ao marechal-de-campo: "Se não agir agora, quero lembrá-lo de que você é um dos maiores criminosos de guerra de todos os tempos."

Kesselring, por fim, concordou; ele aprovou os termos da paz. E no dia 2 de março de 1945, Wolff entregou todas as forças alemãs na Itália aos aliados. Seis dias mais tarde, a guerra chegou ao fim em toda a Europa. Se isso tivesse acontecido antes da rendição na Itália, a história provavelmente nunca teria percebido a façanha de Wolff – tampouco os tribunais que viriam a julgar se ele deveria ser enforcado.

A grande batalha por poder travada entre seus dois ídolos também chegou ao fim – e foi Pio XII quem sobreviveu.

Com o último tiro já disparado, Karl Wolff podia relaxar num palácio em Bolzano e brindar sua felicidade em uma suntuosa festa de aniversário que simbolizava seu renascimento. Tinha escapado da armadilha e agora não precisava mais que o papa interviesse em seu favor.

A imagem doce e amarga de Hitler desaparecia gradualmente em alguma reentrância obscura da mente até então aprisionada de Wolff, enquanto o general refletia sobre a última observação feita pelo Führer, de que a Alemanha não merecia sobreviver. Como se tivesse acordado repentinamente de um sonho ruim, induzido por alguma droga, pôde finalmente dizer: "O Führer não tinha qualquer senso de realidade e não ouvia conselhos. Senti que havíamos sido enganados. Essa situação foi extremamente difícil para mim. Havia minha honra de oficial, lealdade, meu juramento. ... Mas não era certo nos exigir lealdade. Deveríamos não ter mostrado lealdade alguma. ... Ele sacrificou a nação desnecessariamente."

Em todo caso, Wolff sentia que agora poderia olhar para o futuro e ter uma vida confortavelmente normal, como qualquer ser humano merecia. Teria apenas que exorcizar os incômodos fantasmas daqueles que empilhou em vagões de gado destinados ao esquecimento – o que sua mente relutava em explicar. Enquanto isso, sua memória favoreceria as extraordinárias conquistas sobre um representante do céu e outro do inferno.

Conclusão

Quando a guerra na Europa chegou ao fim, o papa, humilde como era, certamente venceu a batalha final da disputa com Adolf Hitler pelo controle espiritual de grande parte da humanidade. Talvez nenhum líder espiritual moderno antes dele tivesse exercido tamanho poder sobre tanta gente. Com Hitler morto, a grande e consolidada instituição da Igreja, que o papa ajudou a construir com tanta habilidade, como o cardeal Pacelli, não corria mais o risco de ser demolida pelo psicopata que a manteve refém.

O papa provavelmente enfrentou Hitler até o ponto em que não podia mais avançar porque se o fizesse a instituição entraria em colapso junto com seu ilustre supervisor. Cultivou o poder a serviço de Deus e, para proteger o que havia alcançado, sentiu que sua única opção seria não condenar publicamente o genocídio.

Naquele momento, a pergunta crucial era: A preservação do poder da Igreja deveria ter prioridade sobre a tentativa de salvar milhões de vidas, mesmo que o esforço fracassasse e resultasse na destruição de toda a instituição e na perda de outras vidas? Não seria esse o papel da moralidade divina?

Por mais que o diplomático Pio XII estivesse bem-intencionado, a sensibilidade e o entendimento do papa não deveriam ter prevalecido sobre a busca instintiva do diplomata por soluções "realistas"? Pelo menos em se tratando de um genocídio, a moralidade, como valor sagrado, não deveria ter sido considerada mais importante que o realismo, exigindo um pronunciamento público a qualquer custo?

Os defensores do papa respondem de forma pragmática que era simplesmente uma questão de bom senso evitar provocações a um criminoso absolutamente irracional, já que ele poderia intensificar os crimes e matar não apenas mais judeus, como também mais cristãos.

Essa controvérsia mal havia esfriado nos círculos diplomáticos e eclesiásticos, quando em 1963, cinco anos após a morte de Pio XII, a peça *O vigário*, de Rolf Hochhuth, que mostrava o papa quase como um demônio, foi sensação em todo o mundo. E a controvérsia continuou depois disso, mas antes deste livro pouca atenção havia sido dada à importância do plano de Hitler contra o Vaticano e à relacionada captura dos judeus de Roma como fatores determinantes das atitudes e políticas do papa durante a guerra.

Até a publicação desta obra, não ficou claro se a Igreja iria aprovar a proposta de beatificar Pio XII, que ficaria a um passo da santificação. As pesquisas sobre o trabalho do papa terminaram e os funcionários da Igreja dizem que o processo ainda está "em curso". Entretanto, alguns influentes grupos católicos e judaicos argumentam que não podem apoiar a beatificação até que os arquivos do Vaticano do período da Segunda Guerra Mundial sejam abertos e as políticas de Pio XII durante o Holocausto possam ser examinadas. Autoridades da Igreja, relutantes em ofender os judeus, respondem que isso não pode ser feito até que todo o material pesquisado seja catalogado, um processo que pode levar anos.

Em grande parte graças à influência de Allen Dulles, o general Wolff não foi acusado criminalmente em Nuremberg. Mas da mesma forma como um general norte-americano ignorou o desejo de Dulles e, após a rendição, transferiu Wolff de um paraíso para prisioneiros do pós-guerra para uma cela de cadeia, outros oficiais superiores também não viram motivos para serem condescendentes com um general nazista, embora na época não soubessem que ele foi tão próximo do "monstruoso" Himmler ou por quais motivos Dulles queria que o general fosse tratado mais como um aliado do que como um criminoso de guerra.

Como Dulles não se esforçou para honrar a promessa feita a Wolff, o general, enquanto definhava na cadeia, se sentia traído por seu "salvador" norte-americano, especialmente porque sua família precisou recorrer a amigos para não morrer de fome. O papa o havia abençoado, e Hitler, de certa forma, também. Mas e Dulles? Ele pode ter salvado a vida de Wolff, mas e quanto à compensação por seus móveis confiscados? Até as valiosas medalhas que Hitler deu ao general desapareceram.

Por que Allen Dulles "mentiu" para ele? A resposta, aparentemente não percebida por Wolff, era que o chefe do OSS queria liderar a nova CIA e que seu irmão, John Foster Dulles, iria se tornar secretário de Estado. Será que Allen poderia pressionar seus superiores a afagar um criminoso de guerra mesmo tendo ele desempenhado um papel importante na rendição? Era melhor deixar que a história julgasse Wolff.

De qualquer forma, embora Dulles tivesse se sentido obrigado a ajudar o general, não podia pôr em risco o bem-estar de sua própria família. No final, foi salvo das exigências constrangedoras de Wolff quando os norte-americanos entregaram o general aos britânicos, que não sentiam qualquer obrigação em relação a ele.

Wolff, portanto, definhou em uma prisão britânica por dois anos; quando libertado, se viu em uma nova e inóspita realidade, tendo que vender seus pertences, inclusive os valiosos uniformes, para sustentar a família. Em 1958, com novas informações sobre seu passado vindo à tona, um tribunal alemão em Munique julgou e condenou o general por crimes contra a humanidade.

Condenado a 15 anos de prisão, Wolff foi libertado, por razões médicas, após ter cumprido cinco anos e, mais uma vez, se afundou na pobreza. Vendeu todos os seus objetos estampados com suásticas para um colecionador e lutava para ganhar a vida como assistente de um jornalista que precisava de um especialista em história da época nazista.

Wolff talvez tivesse encontrado sua maior fonte de prazer em conversas sobre os velhos tempos com seus amigos da SS – aos quais ele continuava a ver como alemães orgulhosos e elitistas, como ele próprio –, principalmente com Eugen Dollmann. Seu companheiro "escapou" de um campo de internamento norte-americano em Rimini, na Itália – com a ajuda dos oficiais de Dulles do OSS. Como era o principal assistente de Wolff, a ele também prometeram liberdade após a guerra, e deixá-lo sair livraria Dulles da obrigação de defender outro líder da SS.

Barrado pela Alemanha, Dollmann passou a vagar de país em país e era freqüentemente atacado por grupos comunistas, que o acusavam de envolvimento com atividades neonazistas. Foi obrigado a fugir da Itália para a Espanha em 1952, depois de um desses ataques quase ter lhe custado a vida. Alguns anos depois, conseguiu, finalmente, se estabelecer em Munique.

Perguntei a Wolff, em sua modesta casa em Darmstadt, se ele entraria novamente para a SS, caso pudesse voltar no tempo. Ele respondeu com um ar saudoso: "Tive uma vida muito boa. Tão jovem e já era general. Tive tudo o que quis."

Wolff morreu em 1984 sem nada do que queria.

✦ ✦ ✦

À medida que a guerra se aproximava do fim, Himmler, o chefe da SS, percebeu que seu caminho para a salvação seria muito mais difícil que o percorrido por seu protegido, Wolff. Em um primeiro momento, o general tirou proveito de seu quase anonimato para fazer um acordo com agentes da Inteligência norte-americana; mas Himmler era conhecido demais para conseguir isso. Sua única chance, sentia ele, era fazer aquilo que Wolff estava bem menos relutante em fazer: trair Hitler. Himmler precisava convencer Dwight D. Eisenhower que, com seu apoio, o general poderia substituir Hitler e ajudar a conter o movimento soviético em direção à Europa.

Assim, parou de matar e em abril de 1945 até se encontrou com um representante do Congresso Judaico Mundial para conversas mediadas pelo dr. Kersten, nas quais Himmler prometeu libertar todos os prisioneiros judeus que haviam sobrevivido. Encontrou, então, o conde Bernadotte e o pressionou, sem sucesso, a marcar uma reunião com Eisenhower. Porém, a notícia de sua "traição" logo vazou e Hitler, em uma explosão de raiva no *bunker* de Berlim, gritou: "Um traidor jamais me sucederá como Führer", e ordenou a prisão do chefe da SS.

Mais tarde, Himmler, com o bigode rapado e uma venda negra em um dos olhos, tentou fugir das forças aliadas, mas foi preso em um posto de controle britânico. Enquanto era interrogado por oficiais britânicos, admitiu sua verdadeira identidade. Retirou a venda do olho e mastigou o comprimido com veneno que trazia na boca, tomando o mesmo caminho que os milhões por ele envenenados.

Wolff disse a um interrogador norte-americano que Himmler sentia culpa pelos "campos de concentração". Como principal assistente de Himmler, sem dúvida ele estava falando também de seu próprio turbilhão interno. Mas ao menos sentia-se aliviado por Hitler ter morrido antes que o acordo para uma rendição incondicional fosse fechado. O Führer provavelmente nunca teria aceitado o acordo e Wolff, determinado a assiná-lo de qualquer forma, teria que viver com a vergonha da traição.

Wolff certamente sentiu quanto Himmler, em seus últimos momentos, deve ter sofrido por ter matado milhões de pessoas para agradar ao Führer e preparar o terreno para um novo reinado de Heinrich I – mas que resultou apenas em um fim vergonhoso. Durante todo o tempo, Wolff negou que soubesse sobre o genocídio.

O coronel Kappler teve um final mais feliz. Foi condenado em 1948 por assassinato, devido ao massacre das Fossas Ardeatinas, e por extorsão, devido a seu esquema exigindo que os judeus lhe entregassem ouro. Mas ele não cumpriu a pena de prisão perpétua. Fugiu de uma cadeia italiana em 1977 e voltou para a Alemanha. Morreu em casa, em Stuttgart, um ano mais tarde.

Após a guerra, os aliados prenderam o embaixador Weizsäcker e o julgaram em Nuremberg por instigação à guerra, participação em pilhagens na França e envolvimento com crimes da SS, o que incluía a deportação de judeus. Em suas alegações finais, Weizsäcker – um homem em frangalhos, mas ainda com a mesma arrogância e ar desafiador – levantou-se diante da corte e declarou: "O que um marinheiro faz quando o tempo e o capitão põem o barco em perigo? Faz tudo o que pode para ajudar, com toda a força e meios de que dispõe? Eu não tentei abandonar o local perigoso, mas decidi continuar ali até o fim e lutar, essa foi a minha decisão. Minha meta era a paz."

Weizsäcker foi condenado e mandado para a prisão em 1948. Foi libertado em 1950 e morreu no ano seguinte.

A comunidade judaica de Roma continuou a sofrer com a maldição do Holocausto até bem depois do fim da guerra. Israel Zolli foi restituído à função de rabino-chefe pelas autoridades aliadas, e encontrou uma congregação extremamente hostil. Sua presença continuava causando a divisão da comunidade e até seus defensores passaram a achar que ele deveria renunciar ao cargo.

Zolli ficou profundamente deprimido – até o *Yom Kippur*, o dia do jejum, no outono de 1944. Relatou em suas memórias um episódio ocorrido enquanto conduzia os serviços do templo durante o mais sagrado dos feriados judaicos:

> Sentia-me tão distante daquele ritual que deixei outros rezarem e cantarem. Não sentia alegria ou pesar. Estava desprovido de pensamento e sentimento. Meu coração parecia morto dentro do peito. E foi exatamente nesse momento que, com os olhos de minha mente, vi um campo em movimento ascendente. A grama era reluzente, mas não tinha flores. Nesse campo, vi Jesus Cristo coberto com um manto branco e por trás de Sua cabeça vi o céu azul. Experimentei a maior paz interior que já havia sentido.
>
> Se fosse retratar o estado de minha alma naquele momento, diria: um lago de águas cristalinas em meio a montanhas altas. Dentro de meu coração, encontrei as palavras:
>
> "Você está aqui pela última vez."
>
> Considerei-as com a alma serena e nenhuma emoção específica Meu coração respondeu: "Assim precisa ser, assim deverá ser, assim será."

De acordo com Zolli, naquela mesma noite em casa, sua mulher lhe disse: "Hoje, enquanto você estava diante da arca da Torá, senti a figura de Jesus com a mão em sua cabeça como se o estivesse abençoando."

Zolli escreveu que estava "maravilhado, mas ainda muito calmo". E acrescentou: "Fingi que não havia entendido." Zolli disse, então, que Miriam, sua filha mais nova, pediu-lhe que fosse ao quarto dela – embora Miriam tivesse me dito não se lembrar desse episódio – e afirmou: "Você está falando de Jesus Cristo. Sabe, papai, hoje sonhei que vi Jesus, ele era muito alto e branco, mas não lembro o que aconteceu depois."

O que aconteceu depois foi que Zolli começou a tomar aulas de catecismo, secretamente, enquanto continuava no posto de rabino-chefe. Por pressão de outros líderes judeus – que não suspeitavam, contudo, de seus planos –, renunciou ao cargo em 1º de fevereiro de 1945 e recusou uma oferta para comandar uma *Yeshivá**. Apesar disso, entre as aulas de catecismo, continuou a desempenhar suas obrigações de rabino – até mesmo sendo responsável pelos casos de divórcio.

Por fim, em 13 de fevereiro, Israel Zolli e a mulher receberam o sacramento do batismo na basílica de Santa Maria degli Angeli e entraram para a Igreja católica.

Os judeus ficaram chocados e desconfiados ao lerem nos jornais sobre o que definiram como a "traição" e a "trapaça" de Zolli. Estavam convencidos

* Escola rabínica. (N.E.)

de que ele não havia se convertido por convicção, mas por puro despeito. Se não, perguntavam-se, por que ele continuou exercendo a função de rabino até o último momento? Independentemente da resposta, os padres católicos que o conheceram disseram que ele foi sincero.

Zolli, que mudou seu primeiro nome de "Israel" para "Eugenio" em homenagem ao papa, começou a trabalhar por um pequeno salário na biblioteca do Vaticano (a comunidade judaica recusou-se a pagar a aposentadoria que ele reivindicou). Conseguiu, finalmente, ser acolhido pelo Vaticano e conhecer o papa, o que não havia conseguido fazer enquanto era um rabino.

Pelo menos um funcionário judeu admitiu que durante o mandato de João XXIII Zolli ajudou a influenciar a histórica revisão de certas passagens do Novo Testamento que se referiam aos judeus de forma desfavorável. Caso o relato seja verdadeiro, Zolli, ironicamente, foi bem mais importante para os judeus como católico do que como judeu.

O ex-rabino morreu em 1956, solitário e pobre. Os judeus o desprezavam e, apesar do prazer perverso da Igreja em ocultar sua extraordinária conquista, muitos católicos nunca o aceitaram de fato. Zolli disse a visitas em seu leito de morte que a paz ao menos havia preenchido sua alma. Mas ninguém nunca saberá qual o sentimento que preencheu seu coração.

Miriam Zolli, extremamente hostil à comunidade judaica por considerar injusta a forma como trataram o ex-rabino, converteu-se ao catolicismo logo depois de seus pais. Ela me disse que era católica apenas no título, pois não conseguiu obter na nova religião a mesma satisfação que seu pai encontrou. Mas ela, apesar disso, criou seus filhos no catolicismo. A filha mais velha de Zolli, Dora, continuou judia.

Logo antes de morrer, Zolli escreveu em suas memórias que o papa "mediu e prognosticou a extensão da tragédia ... e trouxe para o coração a dor de todos os sofredores". O ex rabino-chefe, contudo, negou boatos de que havia se convertido por gratidão a Pio XII pelos judeus que o papa salvou durante a guerra. Mesmo assim, alguns no Vaticano acreditam que a conversão de Zolli ajudou a mostrar que Pio XII lidou com o Holocausto de forma íntegra.

De todo modo, a ameaça de Hitler ao Vaticano, amplamente desconhecida do público até agora, que começou antes de Eugenio Pacelli se tornar papa e atingiu o clímax com o plano do seqüestro, foi o principal determinante das políticas papais nos últimos anos da Segunda Guerra Mundial – anos bastante difíceis, quando Pio XII se deparou com o maior crime da história.

Notas

Introdução

p.12-13 **Wolff e sua festa de aniversário:** Entrevistas com Eugen Dollmann e Karl Wolff; E. Dollmann, "Call Me Coward", *New York Times*, 16 mai 1945, p.11-20.

1. **Prelúdio à loucura**

p.15-17 **Hitler convoca reunião após a deposição de Mussolini:** Entrevista com Rudolph Rahn; L.P. Lochner, *The Goebbels Diaries, 1942-1943*, p.405-8.

p.18-19 **O rei e o premiê fogem:** Entrevistas com Giacomo Carboni, Giuseppe Cosmelli, Peter Tompkins; P. Badoglio, *Italy in the Second World War*; Carboni, *Pi che il dovere*; M. Davis, *Who Defends Rome?*; P. Tompkins, *Italy Betrayed*; R. Zangrandi, *1943: 25 luglio-8 settembre* (diálogo envolvendo o rei, Mussolini e Badoglio); "The Guilty Victor Emmanuel III", *Collier's*, 10 jun 1944.

2. **Wolff na Toca do Lobo**

p.22-25 **Hitler manda Wolff seqüestrar o papa:** Entrevistas com Wolff, Dollmann, Rhan; anotações feitas por Wolff na reunião com Hitler.

p.25-26 **Wolff como testemunha em Nuremberg:** *Trials of War Criminals Before the Nuremberg Military Tribunals*, vol.5, p.771-8.

3. **Os conspiradores**

p.27-31 **História de Himmler:** Entrevistas com Richard Breitman, Dollmann, Rahn, Wolff; R. Breitman, *The Architect of Genocide*; W. Frischauer, *Himmler, the Evil Genius of the Third Reich*; F. Kersten, *The Kersten Memoirs, 1940-1945*; J. Lang, *Top Nazi*; R. Manvell e H. Fraenkel, *Himmler*; P. Padfield, *Himmler*; G. Reitlinger, *The Final Solution*; H.R. Trevor-Roper, *The Last Days of Hitler.*

p.29-30 **Projeto Madagáscar:** G. Reitlinger, op.cit., p.76-8; F. Kersten, op.cit., p.160-3.
p.31 **Heydrich e o massacre em Lídice:** W. Frischauer, op.cit., p.193-6.
p.31-32 **Massacre em Minsk:** Arquivo do julgamento de Wolff, Staatsarchiv, Munique.
p.33-34 **Experiências médicas:** Ibid., p.177-82; *Trials of War Criminals*, vol.5, p.771-8.
p.34-35 **Carta de Himmler a um integrante da SS de sangue judaico:** R. Manvell e H. Fraenkel, op.cit., p.58-9.
p.35 **Heydrich e sua descendência judaica:** Ibid., p.82; algumas fontes acreditam que apenas o marido de Sarah era judeu.
p.35-36 **Himmler e a moça judia:** W. Frischauer, op.cit., p.72-3.
p.36 **Wolff e Eichmann:** Entrevista com Wolff; J. Lang, op.cit., p.118-9.
p.36 **Wolff é acusado de romance com uma judia:** Ibid., p.61-2.
p.36-37 **Himmler e Rothschild:** W.Frischauer, op.cit., p.108-10.
p.38-39 **Carta de Wolff a sua mulher:** Arquivo do julgamento de Wolff, Staatsarchiv, Munique.
p.40 **Wolff pega no ar a baqueta do bumbo de um major:** Entrevista com Wolff; J. Lang, op.cit., p.69-70.
p.41 **Wolff alega que às vezes se opunha a Himmler:** Entrevista com Wolff.
p.41-42 **Himmler, problemas conjugais e apoio a Wolff como seu possível sucessor:** Ibid., p.187.
p.43 **Himmler e os requisitos físicos arianos:** Ibid.; W. Frischauer, op.cit., p.74-5.
p.43-44 **O cuidado de Wolff e Himmler com os interesses um do outro:** Entrevista com Wolff e Dollmann; W. Frischauer, op.cit., p.74-5.
p.44 **Himmler como "reencarnação" de Heinrich I:** Entrevistas com Wolff e Dollmann; ibid., p.85-8; F. Kersten, op.cit., p.238.
p.44 **O caminho de Gêngis Kahn:** Entrevista com Wolff; H.R. Trevor-Roper, op.cit., p.47; H. Thomas, *The Strange Death of Heinrich Himmler*, p.15.

4. Flerte com a traição

p.45-47 **Himmler, Hitler e o divórcio de Wolff:** Entrevista com Dollmann; arquivo do julgamento de Wolff, Staatsarchiv, Munique; J. Lang, *Top Nazi*, p.202-7.
p.46-47 **Himmler e o Lebensborn:** Ibid., p.97-100. W. Frischauer, *Himmler, the Evil Genius of the Third Reich*, p.138-9.
p.47 **A doença de Wolff, conflitos com Himmler e transferência para a Itália:** Entrevista com Wolff.
p.48-49 **Himmler, Wolff e Schellenberg:** R. Doerries, *Hitler's Last Chief of Intelligence* (interrogatório de Walter Schellenberg pelos aliados), p.115-6.
p.49-50 **Himmler e religião:** F. Kersten, The Kersten Memoirs, 1940-1945, p.150-1.
p.51 **Cerimônia pelo nascimento do filho de Wolff:** Entrevista com Dollmann.

5. Objetivo: convencer Hitler

p.54-55 **Wolff planeja o ataque ao Vaticano:** Entrevista com Wolff.

p.55 **Wolff encontra Kesselring:** Entrevistas com Dollmann, Rahn e Wolff.

p.56 **Rahn e Möllhausen:** Entrevistas com os dois.

p.57 **A conspiração para salvar o papa:** Entrevistas com Dollmann, Albrecht von Kessel, Möllhausen, Rahn e Wolff.

p.57-65 **Rhan se encontra com Hitler e outros nazistas do alto escalão:** Entrevista com Rahn (inclusive as declarações de Hitler).

p.60-62 **Himmler, Wolff, Popitz e Langbehn:** Entrevista com Wolff; S. Delmer, *Black Boomerang*, p.216-7.

p.61-63 **Bormann e o cristianismo:** Entrevista com Rahn; J. Lang, *The Secretary*, p.125-37.

6. A única forma de salvar a Alemanha

p.67-75 **História de Weizsäcker:** Entrevistas com a mulher dele, Marianne von Weizsäcker, com o filho, Richard, e com Leonidas Hill; E. von Weizsäcker, "Memoirs"; *Journal of Contemporary History* (jan 1968); L. Hill, "Three Crisis, 1938-1939", *Journal of Modern History* (jun 1967); L. Hill, *The Vatican Embassy of Ernst von Weizsäcker, 1943-1945*; *Rundbriefe aus Rom* (coleção de cartas não-publicadas fornecidas pela mulher dele, Marianne); gravação oficial, *United States Military Tribunals*, Nuremberg (Case no.11, Tribunal IV [IVA], U.S. vs. Ernst von Weizsäcker et.al., vol. 28), 1948; a história da pistola foi retirada de um depoimento de defesa escrito pela enteada de Weizsäcker, Gundalena, a quem ele contou o episódio.

p.67-70 **Weizsäcker e os judeus:** E. von Weizsäcker, op.cit., p.270-1.

p.72-74 **O papa apóia um golpe militar:** Entrevistas com padre Peter Gumpel, padre Angelo Sodano e outros funcionários do Vaticano; H.C. Deutsch, *The Conspiracy Against Hitler in the Twilight War*, p.102-28. Comentário sobre o "passo arriscado e inconseqüente do papa", p.121. Telegrama de Osborne ao Ministério do Exterior, Londres (data desconhecida).

p.74-75 **Comentário de Leonidas Hill:** "Three Crisis, 1938-1939", *Journal of Modern History* (jun 1967).

7. Mais perto de Himmler que do paraíso

p.77 **A reação do papa à Operação Pontífice:** Entrevista com um funcionário anônimo do Vaticano.

p.77 **O plano de Ciano para derrubar o papa:** Entrevista com padre Robert Graham; *Domenica del Corriere* (Roma), 14 mar 1972.

p.78 **Funcionários do Vaticano temem um ataque nazista:** Entrevista com padre Robert Graham; D. Alvarez e R. Graham, "Nothing Sacred", p.84; *New York Herald Tribune*, 22 mar 1963 (entrevista com o arcebispo Egidio Vagnozzi).

p.78 **Escolhendo um sucessor para Pio XII:** Entrevista com um funcionário anônimo do Vaticano.

p.78 **Telegramas de Weizsäcker a Berlim:** 4 ago e 10 set 1943.

p.78-79 **Weizsäcker encontra Kessel:** Entrevista com Kessel; E. Bentley, *Storm Over the Deputy* (contribuição de Kessel, inclusive citação), p.74-5.

p.79 **Tittmann e o massacre do Gueto de Varsóvia:** Entrevista com Harold Tittmann: H. Tittmann, *Inside the Vatican of Pius XII*, p.120.

p.79 **Fahrener adverte os judeus da captura:** Entrevista com Kessel.

p.79 **Himmler manda um telegrama a Kappler sobre a captura:** R. Katz, *Black Sabbath*, p.222-3.

p.80-81 **Relatório da SS sobre a ocupação da praça de São Pedro:** P. Lapide, *Three Popes and the Jews*, p.235. Relatórios do OSS, U.S. National Archives.

p.80-81 **Weizsäcker manda um telegrama a Ribbentropp sobre soberania do Vaticano:** 18 set 1943.

p.81-82 **Ribbentropp manda um telegrama a Weizsäcker com comentários sobre Roosevelt:** 4 out 1943.

p.81-83 **Himmler manda um segundo telegrama a Kappler; Möllhausen lê e responde:** Entrevista com Möllhausen.

8. Um cão sem dono

p.85-88 **Zolli pede a líderes judeus que mandem a congregação fugir:** Entrevistas com Renzo Levi, Goffredo Roccas e a filha de Eugenio (Israel) Zolli, Miriam; E. Zolli, *Before the Dawn*, p.141-151 (incluindo diálogo).

p.88-90 **Fascismo e os judeus:** R. de Felice, *Storia degli ebrei italiani sotto il fascismo*; L. Lochner, *The Goebbels Diaries*; A. Milano, *Il ghetto di Roma e Storia degli ebrei in Italia*; C. Roth, *The History of the Jews of Italy*; *On the Jewish Question in Fascist Italy*, Yad Vashem Studies, vol.4; M. Grilli, "The Role of the Jews in Modern Italy", *The Menorah Journal* (inverno de 1940).

9. Prisioneiro da situação

p.91-92 **Transmissão da "rádio negra" e a reação do papa:** S. Delmer, *Black Boomerang*, p.119; M. di Santella, *Instantaneo inedite degli ultimi 4 papi.*

p.92 **O Vaticano é informado de que o papa estaria salvo:** Entrevista com Dollmann.

p.92-94 **Weizsäcker visita o papa, 9 de outubro:** Entrevista com Albrecht von Kessel; E. Weizsäcker, *Memoirs*, p.286-7; telegrama de Weizsäcker a Ribbentropp, 9 out 1943.

p.94-95 **História da família do papa:** *Constantine, The Pope*; A. Hatch e S. Walsh, *Crown of Glory*; J.N. McNight, *The Papacy*; M. Marchione, *Man of Peace: Pope Pius XII.*

10. Por medo dos homens

p.97-104 **Pacelli, a concordata e os católicos alemães:** Entrevista com Graham; o comentário de Hitler foi retirado do *Voelkischer Beobachter*, 22 fev 1929, como citado por um especialista italiano; várias idéias de M. Marchione, *Pope Pius XII*; G. Lewy, *The Catholic Church and Nazi Germany*; K. Scholder, *The Churches and the Third Reich*, vol.1; e G.C. Zahn, *German Catholics and Hitler's Wars*.

11. Convivendo com Deus e o diabo

p.105-112 **Sem muita opção – nazismo ou comunismo:** Entrevista com Graham; "Anotações informais de monsenhor Domenico Tardini, 30 de maio de 1943", British National Archives; carta de Osborne, ministro britânico na Santa Sé, para Anthony Eden, Ministério das Relações Exteriores, Londres, 26 abr 1943, British National Archives; memorando de Tardini a Myron Taylor, set 1942, U.S. National Archives.

p.105-106 **Menshausen fala sobre a ameaça dos alemães e russos à Igreja:** registros de diplomatas alemães, U.S. National Archives.

p.106-107 **Tardini, os britânicos e Taylor:** O. Chadwick, *Britain and the Vatican During World War II*, p.213-4.

p.108-109 **O papa fala a um visitante sobre o perigo nazista:** Entrevista com Graham.

p.108-111 **O papa e os partidos comunistas:** Entrevistas com Giorgio Amendola, Rosario Bentivegna, Carla Capponi, Giorgio Caputo, Mario Fiorentini, Pietro Griffoni, Carlo Salinari, Antonello Trombadorf; *Foreign Relations of the United States, 1943*, vol.2 (audiência de Tittmann, 19 out); Amendola, *Il sole è sorto a Roma*; R. Battaglia, *The Story of Italian Resistance*; D. Blackmer, *Unity in Diversity*; B. Croce, *The King and the Allies*; R. Katz, *Death in Rome*; L. Longo, *Un popolo alla macchia*; R.P. Cappano, *La Resistenza in Roma*; E. Piscitelli, *Storia della Resistenza romana*; C. Trabucco, *La prigionia di Roma*; tese sobre o comunismo italiano de J.B. Urban, Catholic University, Washington, D.C.; relatórios do OSS; H.L. Matthews, "A New Chapter in Eternal Rome", *New York Times Magazine*, 18 jun 1944.

p.111-112 **O papa e os partidos antinazistas moderados:** Entrevistas com Luigi Barzini, Ugo La Malfa, Pietro Nenni, Sandro Pertini, Giuliano Vassali; C.F.D. Delzell, *Mussolini's Enemies: The Italian Anti-Fascist Resistance*; M. Salvadori, *Brief History of Patriot Movement in Italy, 1943-1945*.

p.111-112 **Os locais de tortura:** Entrevistas com Dollmann e Möllhausen; material de Goffredo Rocca sobre os crimes fascistas, Roma.

12. O plano do massacre

p.115 **Bormann manda Wemmer a Roma:** Entrevista com Kessel.

p.115 **Diplomatas queimam documentos:** Entrevista com Tittmann.

p.115-116 **Comentário de Kessel sobre o plano para a abdução do papa:** Entrevista com Kessel.

p.116-118 **Operação Rabat:** *Alcuni documenti "riservatissimi" della RSI, Annali di storia moderna e contemporanea*, da professora Anna Lisa Carlotti, que descobriu a carta entre os dois líderes fascistas nos arquivos de uma universidade de Milão.

p.117-118 **Plano para a fuga do papa:** Entrevista com Marchione e um funcionário anônimo do Vaticano; M. Marchione, *Pope Pius XII*, p.79-80.

13. Um dilema doloroso

p.120 **O papa considera exagerados os relatos sobre o genocídio:** *Foreign Relations, 1943*, vol.2 (relatório de Tittmann).

p.121 **O papa não condena as atrocidades de forma explícita:** H.H. Tittmann, *Inside the Vatican of Pius XII*, p.122.

p.121 **Kessel fala sobre a posição do papa:** E. Bentley, *The Storm over the Deputy*, p.71 (contribuição de Kessel).

p.121-122 **Osborne escreve sobre moralidade e neutralismo:** Diário de Osborne, 5 jan 1943 (O. Chadwick, *Britain and the Vatican During the Second World War*, p.213).

p.121-122 **O papa teme ser responsabilizado pela derrota da Alemanha:** Entrevista com Tittmann; H.H. Tittmann, op.cit., p.122.

p.121-122 **O destino dos judeus holandeses:** J. Bottum e D.G. Dalin, *The Pius Wars* (contribuição de Dalin), p.20; M. Marchione, *Consensus & Controversy*, p.30.

p.123 **Orsenigo fracassa em conversa com Hitler:** Informação retirada de um relatório disponibilizado por um funcionário do Vaticano.

p.125 **O papa se encontra com Ribbentropp:** Entrevista com Graham; J. Cornwell, *Hitler's Pope*, p.238-9; Dalin (contribuição para *The Pius War*), p.18; *New York Times*, 14 mar 1943.

p.125-126 **O colega judeu de Pio XII da época de escola:** Entrevista com Marchione; M. Marchione, *Pope Pius XII*, p.24-5.

p.126 **Carta descrevendo ações revolucionárias na Alemanha de 1918:** J. Cornwell, op.cit., p. 74-5.

p.127 **Osborne e a "política do silêncio":** O. Chadwick, op.cit., p.213.

p.128 **O papa queima um protesto:** Entrevista com Marchione; M. Marchione, *Pope Pius XII*, p.79.

p.128-129 **Encíclica** Com profunda ansiedade**:** E.C. Helmreich, *The German Churches under Hitler*, p.281; P. Lapide, *Three Popes and the Jews*, p.111; M. Marchione, *Consensus & Controversy*, p.30-1; G.C. Zahn, *German Catholics and Hitler's Wars*, p.76.

p.130 **Rabino Dalin cita o Talmud:** J. Bottum e D. Dalin (contribuição de Dalin), p.20.

14. A arte de examinar paredes

p.133-137 **A missão de Zolli ao Vaticano:** Entrevista com M. Zolli; E. Zolli, *Before the Dawn*, p.159-61 (inclusive diálogo).

p.137-139 **Kappler encontra Foa e Almansi:** Relatório de Dante Almansi (*Prima relazione al governo italiano circa le persecuzioni nazi-fasciste degli ebrei in Roma [settembre 1943- giugno 1944]*); Ugo Foa, *Relazione del presidente della comunite israelitica di Roma Foa Ugo circa le misure razziali adottate in Roma dopo 18 settembre a diretta opera delle autorite tedesche di occupazione,* 15 nov 1943 e 20 jun 1944 (brochura);

testemunho do julgamento de H. Kappler (Foa, 11 jun 1948; Kappler, 1º e 11 jun 1948).

p.139-140 **Judeus trazem ouro para os alemães:** Entrevistas com Levi, Roccas e M. Zolli; R. Katz, *The Battle for Rome*, p.74-6; Giacomo Debenedetti, *16 ottobre 1943*; R. de Felice, *Storia degli ebrei italiani soto il fascismo*; C. Lizzani, *L'oro di Roma*; "Pereche non si disfero", *L'Expresso* (Roma), 3 dez 1961.

15. Uma questão de prioridade

p.142-143 **Karski e os combatentes do gueto de Varsóvia:** J. Karski, *Story of a Secret State* (incluindo diálogo).

p.143-144 **Ben-Gurion e o Holocausto:** D. Kurzman, Ben-Gurion: *Prophet of Fire*, p.236-7; citação de Gruenbaum, *Haboker* (Israel), 7 dez 1942.

p.144-146 **O papa e o bombardeio de São Lourenço:** Entrevistas com funcionários do Vaticano e sobreviventes do bombardeio, incluindo Angela Maria Romano; Hatch e Walshe, *Crown of Glory* (inclusive diálogo); N. Padellaro, *Portrait of Pius XII*; M.C. Taylor, *Wartime Correspondance Between President Roosevelt and Pius XII*, vol.2, *Foreign Relations of the United States*, 1943 (audiência de Tittmann com o papa, 19 out).

p.146-147 **Osborne: "Quanto mais penso nisso ... ":** O. Chadwick, *German Catholics and Hitler's Wars*, p.216.

p.146-147 **Tittmann: o papa ameaça protestar publicamente contra o bombardeio:** M. Taylor, *Foreign Relations of the United States*, vol.1, p.911.

p.146-148 **A petição "a favor" dos judeus:** G. Lewy, *The Catholic Church and Nazi Germany* p.291-2.

p.148-149 **Tittmann sente que Pio XII escolheu o "melhor caminho":** H. Tittmann, *Inside the Vatican of Pius XII*, p.122-3.

p.149 **Pacelli enfrenta comunistas em 1919:** J. Cornwell, *Hitler's Pope*, p.76-7; P. Lenhert, *Ich durfte ihm dienen: Erinnerungen an Papst Pius XII*, p.15.

p.150-153 **Em busca de ouro:** Entrevista com M. Zolli; E. Zolli, *Before the Dawn*, p.159-61 (inclusive diálogo).

p.151-152 **Levi, Foa e o ouro:** Entrevista com Levi.

p.153 **Kessel pede a Fahrener que mande os judeus se esconderem:** Entrevista com Kessel (inclusive citação).

16. Véspera do desespero

p.155 **O golpe cancelado:** documentos do OSS, U.S. National Archives.

p.156-157 **Delmer e a campanha de Himmler para presidente:** S. Delmer, *Black Boomerang*, p.216-21.

p.157-160 **Möllhausen, Stahel, Kappler e Kesselring discutem a mensagem de Himmler:** Entrevistas com Kessel, Möllhausen e Rhan: embaixada alemã, Roma, despachos diplomáticos.

p.160-168 **Möllhausen e suas mensagens a Berlim:** Entrevistas com Kessel, Möllhausen e Rhan: embaixada alemã, Roma, despachos diplomáticos.

p.160-168 **Wolff encontra-se com Hitler em 7 de outubro:** Entrevistas com Dollmann e Wolff.

p.164 **Kaltenbrunner manda um telegrama a Kappler no dia 11 de outubro:** documentos do OSS, U.S. National Archives.

p.164-166 **Wolff testifica a ordem de Himmler para a deportação dos judeus:** *Trials of War Criminals Before the Nuremberg Military Tribunals*, vol.5, p.771-8.

p.165-169 **Dollmann encontra-se com Hitler:** Entrevista com Dollmann; E. Dollmann, *The Interpreter,* p.282-4, e *Roma Nazista* (diálogo).

17. "Mas eles me prometeram..."

p.171-173 **Princesa Pignatelli implora ao papa que salve os judeus:** Entrevista com a princesa.

p.173-176 **Reunião de Weizsäcker e Maglione:** Entrevistas com Graham, Kessel, padre Burkhart Schneider e com outros funcionários da Igreja; memorando escrito por Maglione após a reunião.

p.176-178 **Plano dos diplomatas alemães para salvar judeus:** Entrevistas com Gerhard Gumpert, Kessel, Möllhausen e Rhan. Funcionários do Vaticano alegam que o sobrinho do papa, Carlo Pacelli, iniciou o protesto de Hudal, mas Kessel e Gumpert me disseram, em entrevistas separadas, que foram eles os responsáveis.

p.178-179 **Kappler manda um telegrama a Himmler sobre os resultados da captura:** Documentos do OSS, U.S. National Archives.

p.179-181 **Deportação dos judeus:** Entrevistas com Levi e Ravenna; S. Bertoldi, *I tedeschi in Italia; Debenedetti, 16 ottobre 1943*; R. Katz, *Black Sabbath*; diário de S. Sorani.

p.180-181 **Weizsäcker engana Berlim sobre a atitude do papa:** telegrama dele a Berlim, 17 out 1943.

p.182-183 **Kaltenbrunner fala sobre eutanásia:** Memorando a Ribbentropp.

18. Barganha com sangue

p.185-187 **Wolff no dia 16 de outubro:** Entrevistas com Dollmann, Rahn e Wolff; *Trials of War Criminals Before the Nuremberg Military Tribunals*, vol.5, p.771-8; arquivo do julgamento de Wolff, Staatsarchiv, Munique.

p.187 **Hitler suspende o plano do seqüestro:** Idem.

19. Lógica assassina

p.189-192 **Comunistas atacam alemães na via Rasella:** Entrevistas com Giorgio Amendola, Rosario Bentivegna, Carla Capponi, Georgio Caputo, Mario Fiorentini, Pietro Griffoni, Carlo Salinari e Antonello Trombadori; G. Amendola,

Il sole è sorto a Roma; R. Katz, *Death in Rome*; L. Longo, *Un popolo alla macchia*; R.P. Capano, *La Resistenza in Roma*; E. Piscitelli, *Storia della Resistenza romana*; C. Trabucco, *La prigionia di Roma*; tese sobre a história do comunismo italiano de J.B. Urban, Catholic University, Washington, D.C.; documentos do OSS, U.S. National Archives; H.L. Matthews, "A New Chapter in Eternal Rome", *New York Times Magazine*, 18 jun 1944.

p.192-200 **A retaliação alemã:** Ver a nota acima; entrevistas com Dollmann, Kessel, Möllhausen e Wolff (sempre que cada um é citado); E. Dollmann, *Roma Nazista*; Möllhausen (diálogo); P. Monelli, *Roma, 1943*; investigação da Comissão para as Fossas Ardeatinas (*Sommario dell'incidente del 23 marzo 1944* [Roma]); testemunho de Kappler, gravação do tribunal italiano (diálogo em que Möllhausen não está presente); *Il Messaggero*, 25 mar 1944; *L'Osservatore Romano*, 24 mar 1944.

20. A caminho do Vaticano

p.201-203 **Resistência ao plano de deportação de romanos e os esforços para manter o papa calado quanto às execuções:** Entrevistas com Dollmann, Möllhausen; Möllhausen (diálogo).

p.203-206 **Wolff deseja uma reunião com o papa e encontra Zeiger:** Entrevista com Dollmann.

p.205-207 **Dollmann e Virginia Agnelli:** Idem; entrevistas com Giovanni Agnelli, Jolanda Berardi, Carla Colli, Susana Agnelli (condessa Pattazzi) e Lydia Redmon (princesa de São Faustino).

p.207-208 **O papa concorda em receber Wolff:** Entrevistas com Dollmann e Wolff.

21. Uma dupla peculiar

p.209-212 **Reunião entre Pio XII e Wolff:** Entrevistas com Dollmann e Wolff.

22. O novo conquistador

p.213-216 **Fascistas e nazistas fogem de Roma:** Entrevistas com Dollmann e Rhan; E. Dollmann, *The Interpreter* e *Roma Nazista*; A. Kesselring, *A Soldier's Story*; P. Tompkins, *A Spy in Rome*; documentos do 10º Exército dos Estados Unidos.

p.214 **Carla, Rosario e a "revolução":** Entrevistas com os dois.

p.215-217 **Comemorações em Roma:** Entrevistas com diversos romanos; E. Severeid, *Not So Wild a Dream*; *New York Herald Tribune*, 5 jun 1944 (artigo de Homer Bigart); *New York Times*, 6 jun 1944; D. Lang, "Letter from Rome", *New Yorker,* 17 e 24 jun 1944; *Stars and Stripes* (Roma), 5 a 12 jun 1944 (diversos artigos sobre as boas-vindas aos aliados).

p.214-217 **Weizsäcker e a chegada dos aliados:** Entrevista com Marianne von Weizsäcker; diário dela; Weizsäcker, *Memoirs*, p.292 e *Rundbriefe aus Rom*; relatório do OSS, A-42208, 1943, U.S. National Archives (sobre a família judia escondida por Weizsäcker).

p.215-217 **Os anglo-americanos não aceitam que o papa negocie a paz:** Relatório do OSS, A- 42208, 1943, U.S. National Archives.

p.216-217 **O papa discursa para os romanos:** Entrevistas com diversos romanos; *New York Herald Tribune*, *New York Times* e *Stars and Stripes*, 6 jun 1944.

p.217-218 **Clark encontra-se com o papa:** Entrevista com Mark Clark; M. Clark, *Calculated Risk* (diálogo).

23. **Salvo da armadilha**

p.221-227 **O papel de Wolff no acordo de paz com Dulles:** Entrevistas com Dollmann, Rahn e Wolff; A. Dulles, *The Secret Surrender*, p.130-77; relatórios do interrogatório de Wolff e gravações secretas de conversas entre Wolff e outros criminosos de guerra, British National Archives; relatórios do OSS sobre a operação "nascer do sol", U.S. National Archives.

Conclusão

p.231-232 **Wolff depara-se com um mundo novo:** Entrevista com Wolff; J. Lang, *Top Nazi*, p. 61-365.

p.231-232 **Dollmann "escapa" da prisão:** Entrevista com Dollmann; interrogatório da Inteligência do OSS, U.S. National Archives.

p.232 **Himmler e o comprimido de veneno:** W. Frischauer, *Himmler, the Evil Genius of the Third Reich*; R. Manvell e H. Frankel, Himmler.

p.232 **Weizsäcker é condenado à prisão:** Entrevista com Marianne von Weizsäcker; diário dela; E. Weizsäcker, *Memoirs*, p.310-2 (citação, p.310).

p.233-235 **Zolli converte-se ao cristianismo:** Entrevista com Levi, Roccas e M. Zolli: E. Zoli, *Before the Dawn*, p.177-84 (inclusive diálogo).

Referências bibliográficas

Documentos não-publicados

Almansi, Dante. *Prima reazione al governo italiano circa e persecuzioni nazi-fasciste degli ebrei in Roma [settembre 1943 – giugno 1944]*. Relatório para o governo italiano, Roma, 15 ago 1944.

Almansi, Renato J. *Notes on Dante Almansi*. Nova York.

Ardeatine Caves Commission. *Inquest, sommario dell'incidente del 23 marzo 1944*. Roma.

German World War II records (microfilme). National Archives, Maryland.

Graham, Robert A. (palestra). "Pius XII and the Axis in World War II". Roma.

Hitler, Adolf. Instruções a Karl Wolff quando o general foi transferido para a Itália, 10 set 1943.

Kesselring, Albert K. *Operations from the Start of the Major Allied Attack up to the Evacuation of Rome*; relatório especial sobre os acontecimentos em Roma entre 25 jul e 8 set 1943.

Neufeld, Maurice. Material sobre Zolli, cópias na Library of Congress.

Notre Dame de Sion. Registros de entradas no convento durante a ocupação alemã. Roma.

Office of Strategic Services (OSS), divisão de pesquisa e análises, N.2993. *The Contributions of the Italian Partisans to the Allied Effort*. Library of Congress.

OSS / Londres (microfilme). Registros de Guerra da Divisão de Operações Especiais e da Inteligência Secreta.

Pacelli, Eugenio (papa Pio XII). Carta a seu superior denunciando nazistas, 14 nov 1923. *Archivio Nunziatura Monaco, protocollo numero 28961, busta 396, fascicolo 7, foglio 6r-7v.*

Registros do julgamento de Karl Wolff. Staatsarchiv, Munique.

Urban, Joan B. Tese sobre o comunismo italiano. Catholic University, Washington, D.C.

Weizsäcker, Ernst von. *Rundbrief aus Rom*. Coleção de cartas enviadas de Roma para sua família, entregue ao autor por Marianne von Weizsäcker

Weizsäcker, Marianne von. Diário pessoal durante a ocupação alemã de Roma, entregue ao autor por Marianne von Weizsäcker.

Wolff, Karl. Anotações de suas reuniões com Hitler lidas para o autor.

Arquivos e bibliotecas utilizados

Archivio Centrale della Stato (Roma)
Associazione Nationale Partigiana d'Italia (Roma)
Bundesarchiv (Berlim)
Centro di Documentazione Ebraica Contemporanea (Milão)
Columbia University Library
Imperial War Museum (Londres)
Library of Congress (Washington, D.C.)
Il Messaggero Archives (Roma)
National Archives (Londres)
National Archives (Maryland)
New York Public Library
Staatsarchiv (Munique)
University of California Library (Berkeley)
Via Tasso Library (Roma)

Jornais e periódicos

Annali dell Istituto storico italo-germanico, Monografia 18, Germania e Santa Sede (Bolonha).
Annali di storia moderna e contemporanea (Roma), 4ª edição, 1998.
Christian Science Monitor Magazine, 9 out 1943.
The Churchman, 1º jun 1945.
La civiltà cattolica, 4 mar 1961, 1972 (vol.1)
Collier's, 10 jun 1944.
Commentary, nov 1950.
Commonweal, 17 dez 1943; 8 jun 1945.
The Congress Weekly, 2 mar 1945.
Contemporary History, jan 1968.
Domenica del Corriere (Roma), 14 mar 1972.
Il Giornali (Milão), 5 jul 1998.
Harper's, jul, ago, 1966.
Incom (Roma), mar 1959.
Inside the Vatican, mar 2002.
Israel (Roma), 14 fev 1945.
The Jerusalem Post, 10 out 1958.
The Jewish Chronicle, 17 out 1958.
Jewish Journal of Sociology (Londres), nov 1960.
The Journal of Ecclesiastical History, abr 1977.
The Journal of Modern History, jun 1967.
Il Messaggero (Roma), 25 mar 1944.
The New Republic, 8 mar 1943.
The New York Herald-Tribune, 21 mar 1964.

The New York Times, 17 abr 1916; 27 jun; 5, 14, 15, 21, 22 set; 12, 14, 15, 17, 30 out 1943; 23 mar; 3, 7, 16 mai 1945; 23 jan 1962; 22 mai; 7, 8, 14, 16, 21 jul 1964; 17 jul 1984; 21 jul 1991.
Oggi Illustrato (Roma), 19 set 1963.
Osservatore Romano (Roma), 25, 26 out 1943; 26 mar 1944.
La Rassegna Mensile di Israel (Roma), jan 1957.
Scientific American, mar 1957.
Stern (Hamburgo), 16 abr 1972.
Il Tempo (Milão), fev, mar 1951; mar 1995.
30 Days, n.8, 2006.

Livros

Alfieri, Dino. *Dictators Face to Face. Londres*, Elek, 1954.
Algardi, Z. *Processi ai fascisti*. Florença, Parenti, 1958.
Alvarez, David J. e Robert A. Graham. *Nothing Sacred*. Londres e Portland, OR, F. Cass, 1997.
Aly, Gotz. *Endlösung: Völkerverschiebung un der Mord an den europäischen Juden*. Frankfurt am Mainz, 1995.
Anfuso, Fillipo. *Roma Berlino Salo*. Milão, Garzanti, 1950.
Arendt, Hannah. *Eichmann in Jerusalem*. Nova York, Viking, 1965.[Ed. bras.: *Eichmann em Jerusalém*. São Paulo, Companhia das Letras, 1999.]
Ascarelli, A. *Le fosse ardeatine*. Roma, Palombi, 1945.
Bacino, Ezio. *Roma prima e dopo*. Roma, Atlantica, 1950.
Badoglio, marechal Pietro. *Italy in the Second World War*. Nova York, Oxford, 1948.
Bandiera Rossa. s.d.
Barkai, M. (org.). *The Fighting Ghettos*. Filadélfia, Lippincott, 1962.
Bartoli, Domenico. *La fine della monarchia*. Milão, Mondadori, 1947.
Battaglia, Roberto. *The Story of the Italian Resistance*. Londres, Odhams, 1956.
Bedarida, Guido. *Ebrei d'Italia*. Livorno, Terrona, 1950.
Bentley, Eric (org.). *The Storm over the Deputy*. Nova York, Grove, 1964.
Berliner, Abraham. *Geschichte der Juden in Rom*. Frankfurt, Kauffmann, 1893.
Blet, Pierre. *Pius XII and the Second World War*. Nova York, Paulist Press, 1999.
Blustein, G. *Storia degli ebrei in Roma*. Roma, Maglione e Stromo, 1921.
Bolla, Nino. *Dieci mesi di governo Badoglio*. Roma, Nuova Epoca, 1945.
Bottum, Joseph, e David G. Dalin (orgs.). *The Pius War*. Nova York,
Lexington Books, 2004.
Breitman, Richard, Norman J. W. Goda, Timothy Naftali e Robert Wolfe. *U.S. Intelligence and the Nazis*. National Archives Trust Fund Board, Washington, D.C, s.d.
_____. *The Architect of Genocide*. Nova York, Knopf, 1991.
Bruce, David Kirkpatrick Este. *OSS Against the Reich*. Kent, Ohio, Kent State University Press, 1991.
Buckley, Christopher. *The Road to Rome*. Londres, Hodder & Stoughton, 1945.

Bull, George Anthony. *Inside the Vatican*. Londres, Hutchinson, 1982.

Bullock, Alan. *Hitler: A Study in Tyranny*. Nova York, Harper, 1953.

Burleigh, Michael. *Sacred Causes*. Nova York, HarperCollins, 2007.

Capano, Renato Perrone. *La Resistenza in Roma*, 2 vols. Nápoles, Macchiaroli, 1963.

Carboni, Giacomo. *Italia tradita dall'armistizie all pace*. Roma, EDA, 1947.

_____. *L'armistizio e la difesa di Roma*. Roma, De Luigi, 1945.

Carli-Bollola, R. *Storia della Resistenza*. Milão, Avanti, 1957.

Carpi, Daniel. *The Catholic Church and Italian Jewry Under the Fascists* (Yad Vashem Studies IV). Jerusalém, Yad Vashem, 1960.

Carroll, James. *Constantine's Sword*. Boston, Houghton Mifflin, 2001.

Carroll-Abbing, J. Patrick. *But for the Grace of God*. Nova York, Delacorte, 1965.

Chadwick, Owen. *Britain and the Vatican During the Second World War*. Cambridge e Nova York, Cambridge University Press, 1986.

Cianferro, Camille. *The Vatican and the War*. Nova York, Dutton, 1954.

Ciano, Galeazzo. *Ciano's Hidden Diary, 1937-1938*. Nova York, Dutton, 1953.

_____. *The Ciano Diaries, 1939-1943*. Nova York, Doubleday, 1946.

Clark, Mark W. *Calculated Risk*. Nova York, Harper, 1950.

Colvin, Ian. *Chief of Intelligence*. Londres, Gollancz, 1951.

Consiglio, Alberto. *Vita de Vittorio Emanuele III*. Milão, Rizzoli, 1950.

Constantine, príncipe da Baviera. *The Pope*. Nova York, Roy, 1956.

_____. *The Pope: A Portrait from life*. Londres, Wingate, 1954.

Conway, John S. *Nazi Persecution of the Churches*, 1933-1945. Nova York, Basic Books, 1969.

Cornwell, John. *Hitler's Pope*. Nova York, Viking, 1999. [Ed. bras.: *O papa de Hitler*. Rio de Janeiro, Imago, 2000.]

Cranckshaw, Edward. *Gestapo*. Nova York, Viking, 1956.

Croce, Benedetto. *The King and the Allies*. Londres, Allen and Unwin, 1950.

Dalin, David. *The Myth of "Hitler's Pope"*. Chicago, Regnary, 2006.

Davis, Melton. *Who Defends Rome?* Nova York, Dial, 1972.

Deakin, F.W. *The Brutal Friendship*. Londres, Weidenfeld & Nicolson, 1962.

Debenedetti, Giacomo. *16 ottobre 1943*. Rome, O.E.T., 1944. (Originalmente impresso em Mercurio [Roma], dezembro de 1944.)

De Felice, Renzo. *Storia degli ebrei italiani sotto il fascismo*. Turim, Einaudi, 1961.

Delmer, Sefton. *Black Boomerang*. Nova York, Viking, 1962.

Delzell, Charles F. *Mussolini's Enemies*. Princeton, NJ, Princeton University Press, 1961.

Deutsch, Harold C. *The Conspiracy Against Hitler in the Twilight War*. Mineápolis. University of Minnesota Press, 1968.

Dineen, Joseph F. *Pius XII, Pope of Peace*. Nova York, McBride, 1951.

Di Santella, Mella. *Instantaneo inedite degli ultimi 4 papi*. Roma, s.n., s.d.

Doerries, Reinhard R. *Hitler's Last Chief of Foreign Intelligence*. Londres e Portland, OR, F. Cass, 2003.

Dollmann, Eugen. *Call me Coward*. Londres, Kimber, 1956.

_____. *The Interpreter*. Londres, Hutchinson, 1967.

_____. *Roma Nazista*. Milão, Longanesi, 1949.

Doyle, Charles Hugo. *Life of Pius XII*. Nova York, Didier, 1945.

Duclos, Paul. *Le Vatican et la seconde guerre mondiale*. Paris. Pedone, 1955.

Dulles, Allen. *Germany's Underground*. Nova York, Macmillan, 1947.

_____. *The Secret Surrender*. Nova York, Harper & Row, 1966.

Ebrei in Italia durante il fascismo. Milão, s.n., 1962.

Falconi, Carlo. *The Silence of Pius XII*. Boston, Little, Brown, 1970.

Farago, Ladislas. *Aftermath*. Nova York, Simon & Schuster, 1974.

Fisher, Desmond. *Pope Pius XII and the Jews*. Nova York, Paulist Press, 1963.

Foa, Ugo. *Relazione del presidente della comunità israelitica di Roma Foa Ugo circa le misure razziali adottate in Roma dopo 18 settembre a diretta opera delle autorità tedesche di occupazione*. Roma, 15 nov 1943 e 20 jun 1944 (brochura).

Fogarty, Gerald P. *The Vatican and the American Hierarchy from 1870 to 1965*. Stuttgart, Hierseman, 1982.

Foreign Relations of the United States. 1943, vol. 2; 1944, vols. 2, 4, Washington, D.C. GPO, 1943, 1944.

Friedlander, Saul. *Pius XII and the Third Reich*. Nova York, Knopf, 1966.

Frischauer, Willi. *Himmler, the Evil Genius of the Third Reich*. Londres, Odhams, 1953.

Gabrieli, Giuseppe. *Italia Judaica*. Roma, Fond, Leonardo, 1924.

Gilbert, Martin. *Auschwitz and the Allies*. Nova York, Holt, Rinehart and Winston, 1985.

_____. *The Righteous: The Unsung Heroes of the Holocaust*. Nova York, Henry Holt, 2003.

Graham, Robert A. *Vatican Diplomacy*. Princeton, NJ, Princeton University Press, 1959.

_____. *Pius XII's Defense of Jews and Others, 1944-1945*. Milwaukee, WI, Catholic League Publications, 1987.

Gregorovius, F. *The Ghetto and the Jews of Rome*. Nova York, Schocken, 1948.

Halecki, Oscar. *Pius XII: Eugenio Pacelli, Pope of Peace*. Nova York, Farrar, Straus and Giroux, 1954.

Halperin, S.W. *Mussolini and Italian Fascism*. Princeton, NJ, Princeton University Press, 1970.

Hassell, Ulrich von. *The von Hassell Diaries*. Boulder, CO, Westview Press, 1994.

Heideking, J. e M. Frey (orgs.). *American Intelligence and the German Resistance to Hitler*. Boulder, CO, Westview Press, 1996

_____. *Hitler Directs His Army*. Alemanha, *Wehrmacht, Oberkommando*, s.d.

Hochhuth, Rolf. "Sidelights on History" (suplemento de *The Deputy* [O Vigário]). Nova York, Grove, 1964.

International Military Tribunal. *Trials of the Major War Criminals Before the International Military Tribunals, Nuremberg, nov 1945-abr 1949*.

_____. *Nuremberg, The Tribunal, 1949-1953*. Washington, D.C. GPO, 1949 e 1953.

Katz, Robert. *Black Sabbath*. Nova York, Macmillan, 1969.

_____. *Death in Rome*. Nova York, Macmillan, 1969.

_____. *The Battle for Rome*. Nova York e Londres. Simon & Schuster, 2003.

Keitel, Wilhelm. *The Memoirs of Field Marshal Keitel*. Nova York, Stein and Day, 1966.

Kershaw, Ian. *Hitler, 1936-1945: Nemesis*. Nova York, Norton, 2000.

Kersten, Felix. *The Kersten Memoirs, 1940-1945*. Nova York, Macmillan, 1957.

Kesselring, Albert. *A Soldier's Story*. Nova York, Morrow, 1954.

Kilzer, Louis C. *Hitler's Traitor*. Novato, CA, Presidio Press, 2000.

Kirkpatrick, Ivone. *Mussolini: a Study in Power*. Englewood Cliffs, NJ, Hawthorn, 1964.

Klemperer, Klemens von. *German Resistance Against Hitler*. Oxford, Clarendon Press; Nova York, Oxford University Press, 1992.

Lamb, Richard. *War in Italy, 1943-1945*. Londres, John Murray, 1993.

Lang, Jochen von. *Top Nazi*. Nova York, Enigma Books, 2005.

_____. *The Secretary*. Nova York, Random House, 1979.

Lapide, Pinchas. *Three Popes and the Jews*. Nova York, Hawthorne Books, 1967.

Lawler, Justus George. *Popes and Politics*. Nova York, Continuum, 2002.

Lehnert, Pasqualina. *Pio XII, Ich durfte Ihm dienen:Erinnerungen an Papst Pius XII.* Würzburg, s.n., 1982.

_____. *Lettres de Pie XII aux Évêques Allemands, 1939-1944*. Roma, Libreria Editrice Vaticana, 1966.

Lewy, Gunther. *The Catholic Church and Nazi Germany*. Nova York, McGraw-Hill, 1964.

Lichten, Joseph. *A Question of Judgment*. Washington, D.C. National Catholic Welfare Conference, 1963.

Linklater, Eric. *The Campaign in Italy*. Londres, HMSO, 1951.

Lochner, Louis P. (org.). *The Goebbels Diaries, 1942-1943*. Garden City, NY, Doubleday, 1948.

Macksey, Kenneth. *Kesselring*. Londres, Greenhill Books, 2000; Mechanicsburg, PA, Stackpole Books, 2000.

Manvell, Roger e Heinrich Fraenkel. *Himmler*. Nova York, Putnam, 1965.

Marchione, Margherita. *Yours is a Precious Witness*. Nova York, Paulist Press, 1997.

_____. *Pope Pius XII, Architect of Peace*. Nova York, Paulist Press, 2000.

_____. *Consensus & Controversy*. Nova York, Paulist Press, 2002.

_____. *Man of Peace: Pope Pius XII*. Nova York, Paulist Press, 2003.

_____. *Pope Pius XII*. Milão, Ancora Editrice, 2003.

McDermitt, Thomas. *Keeper of the Keys: Life of Pope Pius XII*. Milwaukee, WI, Bruce, 1946.

McKnight, John P. *The Papacy*. Londres, McGraw-Hill, 1953.

Mellini Ponce de Leon, A. *Guerra diplomatica a Salò*. Bolonha, Cappeli, s.d.

Michaelis, Meir. *On the Jewish question in Fascist Italy* (Yad Vashem Studies IV). Jerusalém, Yad Vashem, 1960.

Milano, Attilio. *Storia degli ebrei in Italia*. Turim, Einaudi, 1963.

Möllhausen, Eitel. *La carta pendente*. Roma, Sestante, 1948.

Newman, Louis I. *A "Chief Rabbi" of Rome Becomes a Catholic*. Nova York, Renaissance Press, 1945.

Norton-Taylor, Richard. *Nuremberg: The War Crimes Trial*. Londres, Nick Hern Books, 1997.

Official Record, United States Military Tribunals, Nuremberg. Case nº11, Tribunal IV (IVA), U.S. vs. Ernst von Weizsäcker et al., vol.28, 1948.

Padellaro, Nazareno. *Portrait of Pius XII*. Londres, Dent, 1956.

Padfield, Peter. *Himmler*. Nova York, MJF Books, 1990.

Pallenberg, Corrado. *Inside the Vatican*. Englewood Cliffs, NJ, Hawthorn, 1960.

Peterson, Neal H. (org.). *From Hitler's Doorstep: The Wartimes Intelligence Reports of Allen Dulles, 1942-1945*. University Park, Pennsylvania State University Press, 1996.

Phayer, Michael. *The Catholic Church and the Holocaust, 1930-1965*. Bloomington, Indiana University Press, 2001.

Pichon, Charles. *The Vatican and Its Role in World Affairs*. Nova York, Dutton, 1950.

Pietra, I. e R. Muratore. *La Résistance Italiènne*. Milão, Archivio Storico del C.V.I., 1949.

Pisano, G. *Mussolini e gli ebrei*. Milão, FPE, 1967.

Poliakov, Leon. *Il nazismo e la sterminio degli ebrei*. Turim, Einaudi, 1955.

Rahn, Rudolf. *Ruheloses Leben*. Düsseldorf, Diedenrichs, 1949.

Ramati, Alexander. *The Assisi Underground: The Priest who Rescued Jews*. Nova York, Stein and Day, 1978.

Reese, Thomas J. *Inside the Vatican*. Cambridge, MA, Harvard University Press, 1996.

Reitlinger, Gerald. *The Final Solution*. Nova York, Beechhurst, 1953.

Reynolds, Robert L. *Story of the Pope*. Nova York, Dell, 1957.

Ribbentropp, Joachin, von. *The Ribbentropp Memoirs*. Londres, Weindefeld & Nicolson, 1954.

Rippa di Meana, Fulvia. *Roma clandestina*. Roma, O.E.T., 1945.

Roth, Cecil. *The History of the Jews of Italy*. Filadélfia. Jewish Publication Society of America, 1946.

Rychlak, Ronald J. *Righteous Gentiles*. Dallas, TX, Spence Publishing, 2005.

Salvadori, Max. *Brief History of the Patriot Movement in Italy, 1943-1945*. Chicago, Clemente, 1954.

Sanchez, Jose M. *Pius XII and the Holocaust*. Washington, D.C. Catholic University of American Press, 2002.

Scaroni, Silvio. *Con Vittorio Emanuelle III*. Milão, Mondadori, 1954.

Schellenberg, Walter. *The Labyrinth*. Nova York, Harper, 1956.

_____. *The Schellenberg Memoirs*. Londres, A. Deutsch, 1956.

Schotland, A.P. *Der Fall Kesselring*. Bonn, Leellen, 1952.

Scrivener, Jane. *Inside Rome with the Germans*. Nova York, Macmillan, 1945.

Skorzeny, Otto. *Skorzeny's Secret Missions*. Nova York, Dutton, 1950.

Stehlin, Stewart A. *Weimar and the Vatican 1919-1933*. Princeton, NJ, Princeton University Press, 1983.

Stendardo, Guido. *Via Tasso*. Roma, impressão particular, 1965.

Tardini, Domenico. *Memories of Pius XII*. Londres, Newman, 1961.

Taylor, Myron C. *Wartime Correspondance Between President Roosevelt and Pius XII*. Nova York, Macmillan, 1947.

Tittmann, Harold H. *Inside the Vatican of Pius XII*. Nova York, Doubleday, 2004.

Tompkins, Peter. *A Spy in Rome*. Nova York, Simon and Schuster, 1962.

_____. *Italy Betrayed*. Nova York, Simon and Schuster, 1966.

Trevor-Roper, H. R. *The Last Days of Hitler*. Londres, Macmillan, 1972.

_____(org.). *Hitler's Table Talk, 1941-1944*. Nova York, Enigma, 2001.

Trials of War Criminals Before Nuremberg Military Tribunals, Nuremberg, out 1946-abr 1949. Washington, D.C. GPO, 1949-1953.

Valabrega, G (org.). *Gli ebrei in Italia durante il fascismo*. Milão, Centro di Documentazioni Ebraica Contemporanea, 1963.

Warlimont, Walter. *Inside Hitler's Headquarters*. Nova York, Praeger, 1964.

Weizsäcker, Ernst von. *Memoirs*. Washington, D.C. Regnery, 1951.

Westphal, Siegfried. *Germany Army in the West*. Londres, Cassel, 1951.

Wheeler-Bennet, J.W. *The Nemesis of Power*. Londres, Macmillan, 1953.

Wills, Garry G. *Papal Sin*. Nova York, Doubleday, 2000.
Zahn, Gordon C. *German Catholics and Hitler's Wars*. Notre Dame, IN, University of Notre Dame Press, 1962.
Zolli, Eugenio (Israel). *Antisemitismo*. Roma, A.V.E., 1945.
_____. *Before the Dawn*. Nova York, Sheed and Ward, 1954.
Zuccotti, Susan. *Under His Very Windows*. New Haven, CT, Yale University Press, 2001.

Agradecimentos

Gostaria de expressar a minha mais profunda admiração por Florence, minha mulher, que desempenhou um papel crucial na preparação deste livro. Editou e reescreveu o texto, dando um toque de vida e humanismo que refletem sua compaixão e senso de justiça. Também participou de entrevistas e fez pesquisa com muita perícia.

Sou grato ainda a Robert Pigeon, meu editor na Da Capo Press, pela excelente guia e confiança ilimitada neste livro desde o momento que lhe mandei a idéia.

Meus agradecimentos mais calorosos também àqueles que durante muito tempo me ajudaram das mais distintas formas e àqueles que me deram idéias valiosas e informações contextuais para este livro:

Padre Peter Gumpel, encarregado da pesquisa para a beatificação do papa Pio XII, me ajudou muito respondendo às minhas perguntas.

Irmã Margherita Marchione, amiga da família de Pio XII e autora de muitos livros sobre a vida do papa, me presenteou com idéias elegantes e apaixonadas.

William Doino Jr., escritor e especialista em assuntos religiosos, que constantemente me passava novas informações por telefone.

Principais ativistas da comunidade judaica de Roma, que estavam ávidos para contribuir com suas visões sobre o papel desempenhado pelos judeus nessa história.

Garry Krupp, presidente e idealizador da Fundação Pave the Way [Abrindo Caminhos], organização dedicada a melhorar as relações entre religiões, que me ajudou a agendar entrevistas importantes em Roma.

John Taylor, o empregado mais antigo do Arquivo Nacional norte-americano e amigo querido, que, assim como em relação aos meus livros anteriores, encontrou documentos escondidos entre milhares de papéis estranhamente catalogados, que pareciam impossíveis de serem achados.

Elaine Markson, minha agente, e Gladys Justin Carr, conselheira literária e ex-vice-presidente da Harper / Collins, minha amiga desde os tempos em que trabalhava como repórter no *Washington Post*, me estimulou a seguir adiante durante os dolorosos momentos enfrentados por qualquer escritor.

E Jeannete Kronick, que não apenas me ajudou com a pesquisa, mas consertou meu computador nos momentos críticos e exasperantes em que a máquina quebrou e eu estive prestes a desistir do livro.

Outros que merecem minha mais profunda gratidão são:

David J. Alvarez – acadêmico e escritor
Silvia Haia Antonucci – funcionária do arquivo histórico da comunidade judaica de Roma
Robert Armitage – bibliógrafo responsável pela parte de ciências sociais da biblioteca pública de Nova York.
Birgit Bernhard – tradutora do alemão para o inglês
Robert Birschneider – chefe do arquivo de Staarsarchiv, Munique
Jennifer Blakebrough-Raeburn – copidesque
Andrew Bolizi – tradutor do italiano para o inglês
Richard Breitman – historiador norte-americano
Giorgio Caputo – historiador italiano
Rolando Clementoni – camareiro do papa
Renzo De Felice – autor italiano especializado na comunidade judaica de Roma.
Eugene Fisher – membro da Conferência Norte-Americana de Bispos Católicos.
Gerald Fogarty – historiador especializado no Vaticano
padre Robert L. Graham – historiador do Vaticano
Bernhard Grau – arquivista, Staatsarchiv, Munique
Leonidas Hill – biógrafo do embaixador von Weizsäcker
padre Norbert Hofmann – funcionário do Vaticano
Sally Hoult – arquivista do Arquivo Nacional britânico
Abi Husainy – encarregada da digitalização do Arquivo Nacional britânico
padre David Jaeger – jurista canônico, Vaticano
Claire Knopf – ajudou na pesquisa
David Kronick – ajudou com contatos
Thaddeus Krupo – supervisor da biblioteca de Mid-Manhattan
Sally Kuisel – arquivista do Arquivo Nacional dos Estados Unidos
Joseph Lichten – judeu norte-americano especialista no papa Pio XII
Susanne Millet – arquivista, Staatsarchiv, Munique

Jana Nazarro – tradutora do italiano para o inglês
Paul Polaczek – presta ajuda aos usuários do Arquivo Nacional britânico
Claudio Procaccia – funcionário do arquivo histórico da comunidade judaica de Roma
Aldo G. Ricci – superintendente do Arquivo Nacional Central de Roma
Walter Ruby – autor de assuntos judaicos
monsenhor Robert Sarno – funcionário do Vaticano
padre Angelo Sodano – funcionário do Vaticano
Laura Stine – editora do projeto, Grupo Perseus Books
Risto. K. Tahtinen – correspondente do *Turun Sanomat* em Berlim

Sou grato aos seguintes personagens envolvidos neste livro por terem me concedido entrevistas:

Giovanni Agnelli – italiano, da família dona da Fiat
Susana Agnelli – irmã de Virginia Agnelli
Giorgio Amendola – líder comunista de Roma
Richard Arvay – judeu francês em Roma
Dietrich Beelitz – chefe de operações subordinado ao marechal-de-campo Kesselring
padre Bonoit-Marie de Bourg d'Ire – padre francês em Roma que ajudou judeus
Rosario Bentivegna – líder comunista de Roma
Yolanda Berardi – empregada doméstica de Virginia Agnelli
Ottorino Borin – oficial da Resistência italiana
Carla Capponi – líder comunista de Roma
major-general Giacomo Carboni – oficial designado pelo marechal Badoglio para defender Roma em setembro de 1943
general Filippo Caruso – comandante dos *carabinieri* de Roma
Sophia Cavaletti – secretária do rabino-chefe Zolli após a conversão dele
Felice Chilanti – partisan do Bandeira Vermelha
Gloria Chilanti – filha de Felice
Viviana Chilanti – mulher de Felice
Giovanni Cigognani – representante do Vaticano em Washington
Lilo Della Seta – líder judeu de Roma
padre Dezza – padre que conhecia o rabino-chefe Zolli
coronel Eugen Dollmann – oficial da SS em Roma
Donald Downes – agente norte-americano do Escritório de Serviços Estratégicos
Aldo Garsci – líder partisan socialista italiano
Gerhard Gumpert – diplomata alemão em Roma

Wolfgang Hagemann – intérprete do marechal-de-campo Kesselring
irmã Katharine – freira francesa do convento Notre Dame de Sion, Roma
Albrecht von Kessel – assistente do embaixador von Weizsäcker
Renzo Levi – líder judeu de Roma
Franco Malfatti – partisan socialista italiano
padre Giovanni Battista Mocata – padre romano
Robert Modigliani – conhecido do rabino-chefe Zolli
Eitel Möllhausen – cônsul alemão em Roma
Josef Müller – oficial da Resistência alemã
Pietro Nenni – líder do Partido Socialista italiano
Pietro Palazzini – funcionário do Vaticano na basílica de São João de Latrão
princesa Enza Pignatelli Aragona – amiga do papa Pio XII
Fernando Piperno – líder judeu de Roma
Donald Pryce-Jones – agente norte-americano do Escritório de Serviços Estratégicos na Itália
Rudolf Rahn – embaixador alemão do governo de Mussolini em Salò
Alfredo Ravenna – rabino romano
Goffredo Roccas – líder judeu de Roma
Marie Celeste Ruspoli – secretária do coronel Dollmann
Sesttimio Sorani – líder judeu de Roma
Harold Tittmann – representante norte-americano para o Vaticano
Peter Tompkins – agente norte-americano do Escritório de Serviços Estratégicos de Roma
Adelheid von Weizsäcker – filha do embaixador von Weizsäcker
Marianne von Weizsäcker – mulher do embaixador von Weizsäcker
Richard von Weizsäcker – filho do embaixador von Weizsäcker
major-brigadeiro Siegfried Westphal – chefe da equipe do marechal-de-campo Kesselring
general Karl Wolff – chefe da SS na Itália
Miriam Zolli (De Bernart) – filha mais nova do rabino-chefe Zolli

Índice

Este livro foi composto em Bembo, Interstate
e Teutonic e impresso por Geográfica Editora
em março de 2008.